中国佛教史

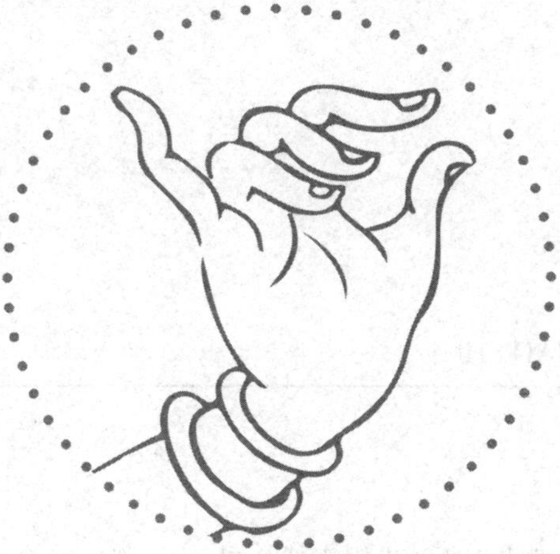

蒋维乔·著

民主与建设出版社
·北京·

图书在版编目（CIP）数据

中国佛教史 / 蒋维乔著．-- 北京：民主与建设出版社，2025. 3. -- ISBN 978-7-5139-4908-8

Ⅰ. B949.2

中国国家版本馆 CIP 数据核字第 2025B9E910 号

中国佛教史

ZHONGGUO FOJIAO SHI

著　　者	蒋维乔
责任编辑	廖晓莹
封面设计	言　成
出版发行	民主与建设出版社有限责任公司
电　　话	（010）59417749　59419778
社　　址	北京市朝阳区宏泰东街远洋万和南区伍号公馆 4 层
邮　　编	100102
印　　刷	天宇万达印刷有限公司
版　　次	2025 年 3 月第 1 版
印　　次	2025 年 8 月第 1 次印刷
开　　本	880 毫米 × 1230 毫米　1/32
印　　张	10.5
字　　数	270 千字
书　　号	ISBN 978-7-5139-4908-8
定　　价	58.00 元

注：如有印、装质量问题，请与出版社联系。

前言

PREFACE

蒋维乔（1873—1958），字竹庄，号因是子，江苏武进（今常州市武进区）人。中国近代著名哲学家、教育家、佛学家。早年就学于南菁书院与常州致用精舍，为兼通中西打下基础。后投身商务印书馆，开教科书编撰之先河。又投身教育，历任民国教育部秘书长、江苏省教育厅厅长、南京东南大学校长、上海光华大学教授等职。曾潜心学佛，著有《中国佛教史》《佛学概论》《佛学纲要》《佛教浅测》等。此外，在哲学方面著有《中国近三百年哲学史》《吕氏春秋汇校》等，并与杨大膺合编了《中国哲学史纲要》《宋明理学纲要》。

《中国佛教史》最初由商务印书馆1931年出版，被公认为中国近代最早出版的一部系统的中国佛教通史佳作，对民国以后的中国佛教研究产生过极大影响。本书结合佛教各宗诞生的时代背景，概述了其宗旨所在及分化出的各派差别，并介绍了各宗祖师生平与主要成就等。同时沿着佛学师承源流、经典传授、佛教思想的继承与演变这三条主线，考察了各宗自唐至民国的主要谱系及盛衰。该书简要系统、语言畅达、史料丰富、考订严谨，被视为“国人所见以近代治史方法撰写的中国佛教简史”经典之作。

此次重新出版，以1989年上海书店《民国丛书》版（据商务印书馆1935年版影印）为底本，同时参校通行的多种整理本。原书为竖排繁体，现改为横排简体；原书的作者自注以小字夹注标出，现统一改为楷体小字以作区分。

本着尊重原著的原则，原书文字当时的语言习惯与作者的行文风格，一般不加改动，但若确系为排印错误或作者笔误等，则以脚注的形式做出说明。标点断句也尽量遵从原书，但为便于读者阅读，部分标点符号按照现行的习惯进行规范处理。

本书内容精博、史料丰富，因编者自身水平所限，虽勉力为之，然难免舛误，恳请大家批评指正。

目录 CONTENTS

叙　言

一切学问，均有学理的研究，与历史的研究二种，于佛教何独不然。然我国佛教，自汉代输入以来，于教理方面，特别发达；且有潜心冥悟，融合西来之义谛，独自成宗者，如天台、华严是也。至于历史，则数千年来，事实复杂，向无有系统之典籍，可供参考；欲从而研究之，正如暗中索物，不易获得。此其故，由佛教徒缺乏历史观念，在印度已然，我国人亦承受其影响也。虽然，研求教理，若有历史为依据，则所得结果，必益精确。是则历史之研究，实足为教理之辅助，岂可忽哉？余夙有志于此，又自审学识谫陋，未敢率尔操觚，乃借资于东籍，竭年余心力，以成此书。实未能自信为完善，读者以筚路蓝缕视之可也。

中华民国十七年六月蒋维乔序

凡　例

一、中国佛教，向乏有系统之通史。是书为适应此需要而作。

一、是书以日本境野哲所著《支那佛教史纲》为依据。惟原书所引事实，不免错误，讹字尤多。今检阅《正续藏经》，于其错误者改正之，缺略者补充之。

一、北魏之南北石窟造像，及隋时静琬所刻之《石经》，为佛教史上重大事实。原书无一语涉及，今特补叙一章。

一、历史通例，应详近代。原书于清代之佛教，略而不言；盖以清代佛教材料不易搜集之故；是一大缺点。今于近世佛教史，自清代至民国，特补叙两章。

一、清代以后佛教史料，至为散漫，苦无可据之典籍。今于官书及私家记述，尽力搜罗外；复致书南北各丛林，详细调查。鱼雁往返，颇费日力。然挂一漏万，自知不免；阅者谅之。

一、佛门中名德高贤事迹，当继续搜访；并望海内缁素，若有见闻，不吝赐教。俾得于再版时增补，或另出补编。

一、是书之成，蒙宁波观宗寺谛闲大师、镇江金山寺融通禅师、宝华山慧居寺光悦律师，助之搜集资料；更得常州清凉寺应慈法师，及徐文霨、江杜二居士，为之指示错误，改正文字，获益匪浅。合志卷端，以表谢忱。

第一章　佛学东传之期

我国人知有佛教，远在汉初；但就历史上显著之事实言，遂相传后汉明帝时，始入中国耳。明帝永平十年（西纪六七），佛教入中国，事详《汉法本内传》。此传作于何代，无可征考。据《续集古今佛道论衡》，此传凡五卷。曰《明帝求法品》，曰《请法师立寺品》，曰《与诸道士比较度脱品》，曰《明帝大臣等称扬品》，曰《广通流布品》，是。其第三卷，载在《续佛道论衡》。就各卷标题，及其大体而论，似在佛教传来后，摹拟佛经体裁之作。《大唐内典录》，谓为佛法初来时所作，未可尽信。今据《汉法本内传》《高僧传》《僧史略》等书，并详加参证，以示佛教初传时之状态。

史称永平三年（60），明帝夜梦金人，身长丈六，顶有白光，飞行殿庭；乃询群臣，傅毅始以天竺之佛对。帝遣中郎将蔡愔、秦景，博士王遵等十八人使天竺，写浮屠遗范。乃与沙门迦叶摩腾、竺法兰，东还洛阳。愔之还，以白马负经而至。因立白马寺于洛城雍关西，以居二僧。中国有僧寺自此始。《高僧传》，则谓此寺原名招提寺，后改白马；其言曰："相传外国国王尝毁破诸寺；唯招提寺未及毁坏，夜有一白马，绕塔悲鸣；即以启王；王即停毁诸寺；因改招提，以为白马；故诸寺立名，多取则焉。”所谓外国国王，应是五胡乱华时之国王；但其姓氏不可确知。《汉法本内传》[1]有白马、兴圣二寺。故白马寺建于何代，尚须研究。

《汉法本内传》称迦叶摩腾、竺法兰抵洛阳后，五岳十八山道士，于永平十四年（71）正月一日上奏，请与佛僧论理角法。明帝遣尚书令宋庠，传谕道释两派，斗法白马寺。而南岳褚善信、华岳刘正念、恒岳桓文度、岱岳焦得心、嵩岳吕惠通以下六百九十道士，筑三坛于寺之南门外；西坛安置符箓书，中坛安置黄老等书，东坛列祭器食物，祈祷诸神。佛僧则于道路西侧，安置佛舍利经像。已而道众宣言，纵火焚坛，不燃圣典。讵知火发，悉归灰烬。佛则舍利放五色光，飞舞空中。迦叶摩腾，亦飞升天际；现诸神怪。观者叹服。自吕惠通以下诸人，暨内宫妇女二百三十人，一时皆愿出家。朝廷敕所司建十寺；以七寺为僧寺，三寺为尼寺。僧寺建于洛阳城外，尼寺建于洛阳城内。而南岳道士费叔才，以法力不及佛僧，愧愤而死。然其说均未可确信。

迦叶摩腾、竺法兰来华后，所译经典，载在经录者，除《四十二章经》外，尚有《佛本行经》五卷、《十地断结经》四卷、《二百六十戒合异》二卷、《法海藏经》一卷、《佛本生经》一卷。惟《四十二章经》尚存，且最有名；其体颇似老子《道德经》。或谓“此经本是天竺经抄，元出大部；撮引要者，似《孝经》十八章”。相传此经译成，朝廷藏之石室，后始流传。《高僧传》称：“初缄在兰台石室第十四室中。”兰台者，后汉禁中藏书府也。至《汉法本内传》所载佛教东渐说；仅迦叶摩腾、竺法兰二人来华事实足采。盖自二人来后，讫桓帝时安世高、支娄迦谶来华之前，八十年间，中国史乘，无一言涉及佛教者。故虽谓中国佛教史，断自安世高、支娄迦谶始，亦无不可。当摩腾、法兰之来，朝廷加以宠异，

---

1 原文脱“汉”字。

后世传说遂歧。我国人之知有佛教，为时更古，不始于汉。迦叶摩腾等之来，仅可谓为天竺人来华之始。至于确定佛教之传来期，应自安世高、支娄迦谶始。

上言摩腾、法兰未来以前，我国人已知有佛教；兹引诸书，证之于下：

（一）《列子》："孔子曰：丘闻西方有圣者焉；不治而不乱，不言而自信，不化而自行，荡荡乎人无能名焉。"此孔子暗示释尊之教化，与儒教不相歧之证也。

（二）朱士行《经录》："秦王政四年。秦王政后灭六国，即皇帝位，是谓始皇帝。王之四年，乃即皇帝位前二十二年。西域沙门室利房一作释利防等十八人，始赍佛经来华；王怪其状，捕之系狱；旋放逐国外。"

（三）《魏书·释老志》："释氏之学，闻于前汉。武帝元狩中，霍去病获昆邪王及金人，率长丈余；帝以为大神，列于甘泉宫，烧香礼拜。此则佛道流通之渐也。"此金人长丈余者，或系指佛像而言。

（四）《释老志》：续前文"及开西域，遣张骞使大夏。还云：'身毒国有浮图之教。'"此明示佛教流行中国之事实。浮图，即佛陀也。

（五）梁阮孝绪《七录序》："成帝时，刘向检校秘书，编定目录，其中已有佛经。盖秦政既设挟书之禁，令民间不得藏书。惠帝始除此律，稍稍搜集天下书籍。成帝之世，命陈农广求遗书，使刘向父子雠校。向亡，帝使歆嗣其前业。乃徙温室中书于天禄阁上。歆遂总括群篇，奏其七略。"《佛祖统记》引刘向《列仙传》曰："吾搜检藏书，缅寻太史，撰《列仙图》。自黄帝以下，迄至于今，得仙道者七百余人。检定虚实，得一百四十六人。其七十余人，已见佛经矣。"据此足为向校书时，已有佛经之证。

（六）《释老志》："哀帝元寿中，景宪受大月氏王口授浮图经。"考元寿元年（前2），距武帝时八十年，在迦叶摩腾、竺法兰来中土前六十余年。

以上所载，《列子》之文，或后人所伪托。此外如《广弘明集》，引《老子西升经》："符子云：'老子先师，名释迦文。'"《佛祖统记》《周书异记》《天人感通传》，俱谓周代已知有佛教，恐系后人揣测之言，悉不足据。

朱士行《经录》谓秦处中国极西，为西域来中国者必经之道。以其时考之，适值印度阿输迦王在位之年。其派遣传道师来华，虽属意中事，然亦不过拟议之辞，未可尽信。朱士行详细情形，另于后章述之。但就《古经录》而言，不足征信之处尚多。例如《开元录》卷十、《贞元录》卷十八载释利防所赍《古经录》一卷，刘向校书时《旧经录》一卷，迦叶摩腾汉时《佛经目录》一卷，其次序朱士行《汉录》一卷。是朱士行前，已有经录，确无可疑。故朱士行《经录》，未可重视。

《魏书》所载，可称实录。武帝遣张骞使月氏，说夹击匈奴，虽不成；然骞知月氏之南有身毒国，观其后谋由蜀赴身毒国赴滇越事可知。其所载景宪事亦足据。盖此时佛教，当已盛行月氏也。但武帝降昆邪王得佛像事，尚须考证。当是时，佛教虽已盛行印度北方，然昆邪王地邻高昌即今之甘肃，距印度远甚。佛教势力，似尚未能及此。或谓此非佛教，系在西域所行之他教。

刘向《列仙传》，载黄帝以来得仙道者百四十六人。其七十余人见于佛经。所谓汉以前列仙七十余名见于佛经者，初不明为何事。而《统记》称今书肆板行者，即指《列仙传》，乃云七十四人，已在仙经。盖是道流擅改之耳。由此观之，或系引文之误。如曰黄帝以来得仙道而名列仙经者七十四人，则其说较妥矣。

要之，我国知有佛教，应在武帝通西域后。至明帝时，天竺人来华，朝廷尊之。遂视为异闻，而传播于后世。实则中国佛教史，当以安世高、支娄迦谶来时为始也。

第二章　佛经传译之初期

我国佛教，传自印度。其经典专借翻译而传。所翻译之经典，正否不一，则经典之解释，亦因之而歧。故我国佛教史，当视翻译家之见解为转移；而此翻译家，即可视为开创一宗，或宣布新义者。鸠摩罗什、真谛、玄奘、不空四人，可推为中国佛教史上四大翻译家。盖此四大家，于佛教上，影响最大也。

佛经传译之初期，指鸠摩罗什前后而言。考鸠摩罗什来华，在姚秦弘始三年（401），距支娄迦谶、安清来时，二百六七十年。今就此期间，列举来华之外人，及其国籍于下。

来华之外人名	国籍	来华之时代
安清　字世高	安息	后汉桓帝建和年间
安玄　优婆塞	安息	后汉灵帝末
昙谛	安息	曹魏主髦正元
安法钦	安息	西晋武帝太康
支娄迦谶	月支	虽有异说，约计当在灵帝时耳

（续表）

来华之外人名	国籍	来华之时代
支曜	月支	灵帝中平
支亮 字纪明，支谶弟子	月支	不详
支施仑 优婆塞	月支	前凉主张天锡凤凰、东晋简文帝咸安
康巨	康居	灵帝中平
康孟详	康居	献帝兴平
康僧会	康居	吴大帝时，或谓其先康居人，世居天竺，其父移交趾
昙果	西域	献帝建安
白延	西域	曹魏主髦甘露
支彊梁接	西域	吴主亮五凤
彊梁娄至	西域	西晋武帝太康
无罗叉	西域 于阗	西晋惠帝元康
帛尸黎密多罗	西域	怀帝永嘉
竺佛图澄	西域	怀帝永嘉
昙摩持	西域	前秦主苻坚建元
昙摩难提	西域兜佉勒	前秦主苻坚建元
鸠摩罗佛提	西域	前秦主苻坚建元
竺昙无兰	西域	东晋孝武帝太元
迦留陀伽	西域	东晋孝武帝太元
鸠摩罗什	西域 龟兹	后秦主姚兴弘始

（续表）

来华之外人名	国籍	来华之时代
昙摩流支	西域	后秦主姚兴弘始
僧伽陀	西域	北凉主沮渠蒙逊永安、东晋安帝时代
竺难提	西域	东晋恭帝元熙
竺法力	西域	东晋恭帝元熙
浮陀跋摩	西域	北凉主蒙逊承和、刘宋元帝元嘉
畺良耶舍	西域	北凉主蒙逊承和、刘宋元帝元嘉
伊叶波罗	西域	北凉主蒙逊承和、刘宋元帝元嘉
安法贤	西域	不详
祇陀密	西域	不详
犍陀勒	西域	不详
涉公	西域	不详
僧伽跋澄	罽宾	前秦主苻坚建元
僧伽提婆	罽宾	前秦主苻坚建元
僧迦罗叉	罽宾	不详
昙摩耶舍	罽宾	东晋安帝隆安
弗若多罗	罽宾	后秦主姚兴弘始
卑摩罗叉	罽宾	后秦主姚兴弘始
佛陀耶舍	罽宾	后秦主姚兴弘始
佛驮什	罽宾	刘宋少帝景平
求那跋摩	罽宾	刘宋文帝元嘉

（续表）

来华之外人名	国籍	来华之时代
昙摩密多	罽宾	刘宋文帝元嘉
昙柯迦罗	中天竺	曹魏主芳嘉平
佛陀跋陀罗	中天竺 迦维罗卫	后秦主姚兴弘始
昙无谶	中天竺	北凉主蒙逊玄始
求那跋陀罗	中天竺	刘宋文帝元嘉
竺佛朔	天竺	后汉灵帝光和
康僧铠	天竺	曹魏主芳嘉平
维祇难	天竺	吴大帝黄武
竺律炎	天竺	吴大帝黄武
昙摩蜱	天竺	前秦主苻坚建元
僧伽跋摩	天竺	刘宋文帝元嘉
僧迦达多	天竺	刘宋文帝元嘉
僧迦罗多	天竺	刘宋文帝元嘉
佛图罗刹	不详	前秦主苻坚建元
若罗严	不详	不详
昙摩	不详	东晋安帝隆安

二百六七十年间，外人来华布教者，实不尽于上列之数。此特举其名重而翻译经典者。其翻译才力，亦各有不同。有仅翻译一二部者，有翻译数十部者。上列诸人来华后，所生之子，亦有从事翻译者：如法度之子，吴之支谦，达摩尸罗之子，西晋之竺叔兰，其最著也。

上列诸人，所翻经典，考诸经录，所载互异，难知确数。如安世高所翻者，《出三藏记》仅载三十四部四十卷。隋费长房《历代三宝记》，则参考诸书，谓有百七十六部百九十七卷。支娄迦谶所翻者，《出三藏记》仅载十三部二十七卷。《历代三宝记》则载有二十一部六十三卷。《开元释教录》则增至二十三部六十七卷。其中虽有为后人所发见者，但传言不实，难于征信。如前章所述之《四十二章经》，即其证也。

况当时翻经之处，非由朝廷指定，朝廷亦不加以保护。不过布教修道之暇，偶尔从事。或成书于行旅之际，或就大部中抽译一二。罕署姓氏，甚至名称混淆，其姓氏有全不可考者。加以外人同名者颇多，如竺法兰、竺昙无兰、昙无谶、竺昙摩罗刹，同为Dharmaraksa；而支彊梁接，与彊梁娄至，其音颇相似，即其例也。

我国西北部，密迩西域，即今甘肃之敦煌、新疆之高昌等处，西汉初，尚属西域。自武帝通西域后，始为中国所征服。西晋之末，五胡乱华；其地为前凉、后凉、北凉、西凉、南凉所割据。因地邻西域，夙受佛教影响，游学西方，归而翻经者，不乏闻人，如竺昙摩罗刹、北凉沮渠蒙逊从弟安阳侯沮渠京声，其最著者。

翻经各家，所传教义为何？颇难决定。《经录》所言，未可尽信。以安世高言，《出三藏记》所举三十四部（四十卷），皆小乘经。**唯《五十校计经》二卷，与《大集经》之《菩萨品》同，皆大乘经典也。**后之经录，自《历代三宝记》为始，则加入大乘经颇多，未知何所依据。安世高所翻之经，为《藏经》所收者，多至八部。释道安《安般注》序曰："昔汉氏之末，有安世高者，博文稽古，特专阿毗昙学。"是明指为小乘阿毗昙矣。以支娄迦谶言，《出三藏记》所举十三部（二十七卷），除五部散佚外，余皆大乘经。《开元录》载有二十三部（六十七卷），散佚者十二部，其中一二部，似属小乘。如《藏》中之《杂譬喻经》，《出三藏记》

谓失译。《历代三宝记》据《别录》，谓支娄迦谶所翻，是支娄迦谶译从中，又多小乘一部矣。但《别录》未可尽信，此不过举其例耳。若据古录，则安世高传小乘教，支娄迦谶传大乘教，可断言者。

翻译者多来自安息、康居、月支、兜佉勒（中央亚细亚地方）及西域、天竺、罽宾等处。西域者，今天山南路各地是也。罗什，西域龟兹国人也。于阗国亦属西域，其国与大乘佛教，关系极深。中国大乘教重要经典，皆来自于阗。其详当于次章述之。至于天竺，版图甚广。居民以中天竺、北天竺为多。其来中国传佛教之人，南以中天竺为限。自北天竺、天竺、跨中央亚细亚而至罽宾。罽宾之北为月支。月支之北为康居。月支之西为安息。自月支东逾葱岭，即入西域诸国境界。西域诸国，夙行佛教，于是辗转传入中国。

诸国之中，罽宾为小乘教之中枢。由罽宾传来之佛教，皆小乘教也。上列僧伽跋澄、僧伽提婆诸人，皆罽宾人，皆小乘教传导师也。《阿含经》者，小乘教之根本经典也，今述之于下：

《中阿含经》六十卷，东晋僧伽提婆译。昙摩难提所译者五十九卷，为第一译，今佚。僧伽提婆所译者，第二译也，今存。

《增一阿含经》五十一卷，东晋僧伽提婆译。昙摩难提所译者三十三卷，为第一译，今佚。此五十一卷本，乃第二译也，今存。

《长阿含经》二十二卷，姚秦佛陀耶舍译。

《杂阿含经》五十卷，宋求那跋陀罗译。

上列四种《阿含经》，仅《杂阿含经》，非罽宾人所译。盖求那跋陀罗，中天竺人也，所译尚有《胜鬘》《无量寿》诸大乘经。此人乃兼译大小二乘者。

前列四种《阿含经》，前三者皆传自罽宾人，其一则传自天竺人。考小乘律，传自昙柯迦罗，中天竺人也。五大律中，仅《摩诃僧祇律》四十卷，为佛陀跋陀罗所译。余皆罽宾人所译也。

《十诵律》六十一卷，姚秦弗若多罗译。《十诵律》，本弗若多罗与罗什共译。书未成而弗若多罗圆寂。于是西域昙摩流支，应庐山慧远并罗什之请，继续其业，译成五十八卷。卑摩罗叉修饰之，加《毗尼序》三卷，共六十一卷。弗若多罗、卑摩罗叉，俱罽宾人。昙摩流支，是龟兹人。卑摩罗叉在西域，曾以律授罗什，其来华也，以宣布《十诵律》为毕生之责。

《四分律》六十卷，姚秦佛陀耶舍译。

《五分律》三十卷，宋佛陀什译。

《迦叶遗律》，中国无传。

至于论部，成于罽宾人手者，则有昙摩耶舍所译之《舍利佛阿毗昙》（三十卷），僧伽提婆所译《迦旃延阿毗昙》第一译三十卷，一名《阿毗昙八犍度论》。其第二译，法显所译，十三卷，皆小乘经也。传大乘经者，仅昙摩密多一人而已。罽宾人来华传小乘经者，至前秦苻氏时代始盛。

罽宾以外之人，来华传经者，难知其详。大概来自中天竺者，多与大乘教为缘；月支人、西域人亦然。其传大乘教著名高僧有五：第一，大乘教传华始祖支娄迦谶；第二，传密教初祖帛尸黎密多罗；第三，鸠摩罗什三藏；第四，觉贤三藏（即佛陀跋陀罗）；第五，创佛性常住说者昙无忏三藏。皆月支、中天竺、西域产也。

密教初传中土时期，相传始自唐代金刚智、不空。实则前此四百年，西域人帛尸黎密多罗所译《大灌顶经》（十二卷）、《大孔雀王神咒经》（一卷）、《孔雀王杂神咒经》（一卷），已肇其端。此三者，皆密教经典也。传记所称帛尸黎密多罗“善持咒术，所向皆验，时人呼为高座法师”，足为密教初传中土之证。

传布大乘教有最著之一人，即昙摩罗刹，后改名竺法护，世所称敦煌菩萨是也。其祖先为月支人，后徙敦煌。竺法护生于敦煌，出家为竺高座弟子，遂冒姓竺。巡游西方诸国，学佛教还，号称通外国语三十六种。其来晋也，较帛尸黎密多罗稍前，当武帝、惠帝时代。从事翻译经典，四十余年。《经录》所载部数，稍有异同。《出三藏记》载有一百五十四部三百九卷；《高僧传》载有一百六十五部；《历代三宝记》载有二百十部三百九十四卷；《开元录》载有百七十五部三百五十四卷；所举部数，虽各不同，约计当在二百部左右。卷帙之多，时罕其匹。在传教初期，可推为大翻译家矣。故《出三藏记》论之曰："孜孜所务，以弘通为业。终身译写，劳不告倦。法经所以广流中华者，护之力也。"其推崇可谓至矣。但其中亦有小乘经，而大乘经居多。藏中现存大乘经六十余部。小乘经二十余部。其散佚者，虽不可详计，然大乘经究较小乘经为多。大乘经之重要者曰：《大宝积经》之分品；《大宝积经》，大乘佛经之丛书也。成于唐代菩提流支之手。共一百二十卷，四十九会。自昔康僧铠、昙摩罗刹、鸠摩罗什，以迄唐之玄奘、义净、宝叉难陀等，咸选历代三藏，抽译一二部。至菩提流支，始汇集成书。昙摩罗刹所译《大宝积经》分品，凡十七部，二十六卷。其入《大宝积经》，成为一部而现存者，仅十一卷。其不入《大宝积经》之中为分品而现存者，尚有十余部。《大集经》中，则有《华严经》之分品，并《光赞般若经》（十五卷）、《新道行经》（十卷）、《正法华经》（十卷）、《般舟三昧经》（二卷）、《无量寿经》（二卷）、《维摩诘所说问经》（一卷）。由此观之，竺法护与大乘教关系之深，可以知矣。

上述之翻译家，乃指外人来传佛教者而言。至于我国人，学梵语，助外人翻译，或润饰其文，或自翻译者，亦不乏其人。其中以安侯世高、都尉安玄、严佛调后汉灵帝时人三人，汉世称其传译，号为难继。而安侯、都尉，犹为安息国人。我国人实以严佛调为始。魏之朱士行，以及助竺法护翻译之聂承远，其子聂道真，皆其卓卓者。前秦后秦之际，僧伽跋澄、昙摩难提之来长安也，适小乘诸典翻译极盛之时；而助之最力者，有竺佛念。后世称“自世高、支谦以后，莫逾于念。在苻姚二代，为译人之宗”者是也。与竺佛念同时，请僧伽提婆等译经，为之审音润文者，则有释道安。此二人俱负重名。竺佛念所自译者，则大乘居多。昙摩难提所翻之经，如《中阿含》与《增一阿含》；佛陀耶舍所翻之经，如《长阿含》与《四分律》；皆竺佛念笔受，或共译者。又东晋法显三藏，游历西域、印度，与玄奘三藏并称，著《佛国记》，归后翻译经典最多。智猛、宝云，亦游历印度之著名者。智严则自西域往罽宾，佛教东渐，其力居多。

当是时，僧徒多以支如支娄迦谶、安如安世高、竺如竺法兰、康如康僧会为姓。或标其所生之国名，或出家后袭其师姓。如其先为月支人，生于敦煌，则称敦煌昙摩罗刹是。如初本姓支，后以竺高座为师，遂袭其姓，易名竺法护是。他如我国人竺佛念，冒竺姓者颇多。又如支彊梁接、康僧铠等，人望而知其祖先为月支或康居人。而我国人之有此姓者，必袭诸其师者也。盖当姚秦初元，僧徒未知出家后，既舍俗姓，即可无姓之义；只知继承师法，袭师姓为姓而已。至道安始唱出家应无姓之说，返大圣释迦之本，单号释道安；后获《增一阿含经》，诵“四河入海，无复河名。四姓为沙门，皆称释种”文句，遂则而效之，永以为例。僧之无姓，自此始。

第三章　四大翻译

初期翻经时代之终，得四大翻译：第一第二，同出鸠摩罗什三藏一人之手，《般若》诸经，及与《般若》有关之《大智度论》《中论》，一也；《法华经》，二也；昙无谶三藏之《大般涅槃经》，三也；佛陀跋陀罗之《华严经》，四也。

鸠摩罗什三藏，西域龟兹人也。幼而出家，与母往罽宾，遍游西域各地，学佛教；初专小乘，后转习大乘，以奉空宗为主。时值五胡乱华，十六国竞起；秦苻坚建国长安，地当西域来华要冲。是时苻坚势盛，统一北方诸国，使其臣吕光征西域，携罗什归。苻坚后遭淝水之败，北方再乱，前秦遂亡。后秦姚苌，代兴长安，而吕光适灭龟兹，遂独立西陲，国号后凉。罗什当龟兹灭亡之时，奉吕光命来居姑臧后凉都。苻坚已死，罗什遂留后凉。姚苌死，姚兴即位，大崇佛法，频招之。弘始三年（401），罗什至长安。兴大悦，待以国师之礼。以西明阁、逍遥园为译场，广译经典。为我国佛教翻译大革新时期。罗什所译经典，范围广博，部帙浩繁。《出三藏记》载有三十二部（三百余卷）；《历代三宝记》载有九十七部（四百二十五卷）；《开元录》载有七十四部（三百八十四卷）。其所尽力者，属于大乘空宗，以发挥印度龙树、提婆之说，为其教系。在我国佛教教理革新方面，亦为大发展之时期。

大乘空宗根本经典，当推《般若》部诸经。其中之《仁王般若》，虽在《大般若经》之先，号称独立经典，而《大般若经》，足以囊括之。实《般若》部诸经之一大丛书也。《大般若经》全书，虽成于唐代玄奘之手；但其中主要部分，罗什早经译就，所谓《大品般若》《小品般若》是也。考我国《般若》部诸经翻译历史，当以《大品》《小品》翻译时期为最古；此外部分，翻译之卷数既少，时期亦较后。

《般若经》之传来也，有一佳话焉。咸推此经为朱士行或作朱子衡之苦心谈。《释氏稽古略》称朱士行为中国最初之僧徒，原未足据。在朱士行之先，尚有严佛调；《历代三宝记》称为清信士。虽《出三藏记》《高僧传》从略，然严佛调是出家人，则无可疑。考严佛调为临淮郡人，三国时僧徒，在朱士行前八九十年。朱士行在魏都讲竺佛朔所译《道行经》此第二译也。其第一译成于支娄迦谶之手，今佚，有难通晓处；乃舍其生命，于魏甘露五年（260）赴于阗，访求原本，客死不返。所得《大品经》原本，九十章六十万言，使弟子弗如檀携归洛阳。适于阗人无罗叉来，遂与竺叔兰共译之；是即《放光般若波罗蜜经》。前人称此为朱士行《放光经》者，乃推原其效力而言者也。先是已有竺法护所译之《大品》。但竺法护所译，在太康七年（286）。无罗叉所译，在元康元年（291）。相距仅五月[1]，可称同时。

今为考查《般若》诸经翻译历史便利计，特制下表，以与玄奘所译之《大般若经》对照。（经名下有着重号者，为藏中现存之本。）

1 “月”当作“年”。

第一会（四百卷）

- （一）《光赞般若波罗蜜经》十五卷
  西晋竺法护译

第二会（七十八卷）——（二）《放光般若波罗蜜经》二十卷
  西晋无罗叉、竺叔兰译

- （三）《摩诃般若波罗蜜经》二十七卷
  姚秦罗什译

（以上般遮于奢——娑诃利迦——般若波罗蜜）

第三会（五十九卷）

- （四）《道行般若波罗蜜经》十卷
  后汉支娄迦谶译
- （五）《道行经》一卷
  后汉竺佛朔译
  《大明度无极经》四卷
  吴支谦译

第四会（八　卷）——（六）《新道行经》十卷
  西晋竺法护译
  《大智度经》四卷
  东晋祇陀密译

- （七）《摩诃般若波罗蜜钞经》五卷
  苻秦昙摩蜱、竺佛念译
- （八）《小品般若波罗蜜经》十卷
  姚秦罗什译

（以上陀索萨诃利迦——般若波罗蜜多）

第五会（十　卷）

第六会（八　卷）——《胜天般若波罗蜜经》七卷

陈月婆首那译

（以上周唯兰塔唯克拉弭——般若）

第七会（二　卷）—（九）《文殊师利所说摩诃般若波罗蜜经》二卷

梁曼陀罗仙译

—《文殊师利所说般若波罗蜜经》一卷

梁僧伽婆罗译

（以上索补塔萨胝迦——般若）

第八会（一　卷）—（十）《濡首菩萨无上清净分卫经》二卷

后汉严佛调译

—《软首菩萨无上清净分卫经》二卷

宋翔公译

—《大般若经》六百卷　　唐玄奘译

（以上般遮输迦般若波罗蜜）

第九会（一　卷）—《金刚般若波罗蜜经》一卷

姚秦罗什译

—《金刚般若波罗蜜经》一卷

北魏菩提流支译

—《金刚般若波罗蜜经》一卷

陈真谛译

—《金刚能断般若波罗蜜经》一卷

隋笈多译

—《能断金刚般若波罗蜜多经》一卷

唐义净译

（以上伐折罗折提迦般若波罗蜜多）

第十会（一　卷）——（十一）《实相般若波罗蜜多经》一卷

唐菩提流志译

（以上般若波罗蜜多——阿留达索胝迦）

第十一会（五　卷）——（一）比《大般若》第二会仅三分之一，散花品以下缺。

第十二会（五　卷）——（二）《出三藏记》载朱士行《放光经》二十卷，一名《旧小品》；以为即《道行经》异译，此误也。又此经卷数，现存者凡二十卷。但经典卷数，传译之初，即屡有变迁，故不以何者为正。今所载者，以古《经录》之说为主。此外罗什之《摩诃般若》（现存二十七卷），支谦之《大明度》（六卷），亦同此理。

第十三会（一　卷）——（三）一名《大品般若经》，又名《新大品》。

——（四）《出三藏记》以支谶所译之《古品遗日说般若经》一卷，为《小品》经异译。他《经录》谓一名《佛遗日摩尼宝经》，盖属于别种也。

第十四会（一　卷）——（五）此非《小品》之全译，乃抄出者。但道安云："非译者之抄出，乃抄出之梵本也。"此或系《小品》四种之小者。又别有西晋优婆塞卫士度所成之《摩诃般若波罗蜜道行经》二卷。但此为旧《道行》所删改者，非译本也。

第十五会（二　卷）　（六）此外《历代三宝记》谓《小品经》有七卷，为竺法护所译，殊属可疑。

第十六会（八　卷）

（七）道安《摩诃钵罗若波罗蜜经》序云：此原本传自车师国，为《大品经》，有昙摩蜱执本，佛护为译，对而检之，慧进笔受之说。所以名《钞经》者，为就前译《放光》《光赞》之所缺而补译之耳。其译文曰："与《放光》《光赞》同者，无所更出也。其二经译人所漏者，随其失处，称而正焉。其义异不知孰是者，辄并而两存之。往往为训其下，凡四卷。其一经五卷也。"就其译文观之，其为《大品》之异译明甚。然诸《经录》，皆以之为《小品》异译。较罗什所译，不过三分之一，缺后十品。有以《须菩提品经》为《小品》异译者，实则此书之异名也。《开元录》等谓："共传云，与《大品》《放光》《光赞》同本者，恐寻之未审也。"但道安译时，已与《放光》《光赞》校勘矣。本书现存，望学者研究之。

（八）又名《新小品》。僧叡《小品经》序云："此经梵本有四种：大者十万偈，小者六百偈。今此译经，为其中品。"

—（九）此经编入《大宝积经》第四十六会；比于僧伽婆罗所译，稍有不同。此共为第七会曼殊室利分异译。

—（十）第八会那迦室利分异译；翔公译亦同；濡首为旧译，新而在后译者，文殊也；有谓为宋软首译者。

—（十一）较大本广略稍异。

宗此《般若经》，发挥一切皆空之理者，龙树、提婆二菩萨也。罗什受此教系，龙树、提婆之重要著作，皆罗什所译。如《大智度论》（百卷）、《中论》（四卷）、《十二门论》（一卷）、百论（二卷）等。余如《十住毗婆沙论》（十四卷）、《成实论》（二十卷）、《大庄严经论》（十五卷），皆其翻译中最著名者。

罗什所译，《般若》而外，当推《法华》。《般若》扫迷妄；《法华》示究竟。《法华》实属重要。就我国佛教教义史上之影响言之，《法华》较《般若》，尤为重要也。罗什之前，译《法华》者，虽不乏其人。然罗什所译之《法华》，在译界上，与以一大革新，有关于佛教史者匪浅，究非前人所译者，可以几及。兹据前说，示《法华经》翻译表于下。（**经名下有着重号者，为藏中现存之本。**）

（一）《法华三昧经》六卷　吴　支彊梁接译

（二）《萨芸芬陀利经》六卷　西晋　竺法护译

（三）《正法华经》十卷　西晋　竺法护译

竺法护所译《法华》，虽有二部，是否有误，不可得知。或误传为二，或谓非出自竺法护之手。其六卷本，今佚。

又《吴录》失译部所载《法华光瑞菩萨现寿经》三卷，一说以为抄自

《正法华经》者。

（四）《萨昙分陀利经》一卷　西晋 失译

此单从见《宝塔品》与《提婆达多品》，译出少分，无全译者。

（五）《方等法华经》五卷　东晋 支道根译

（六）《妙法莲华经》八卷　姚秦 罗什译

罗什初译，凡七卷，二十七品；后世加《提婆达多品》，为二十八品；分为八卷。现传罗什所译《法华》，有下列二部，乃后所编入者。

《妙法莲华经提婆达多品》一卷　萧齐 达摩摩提、法献共译

《妙法莲华经普门品重诵偈》一卷　北周 阇那崛多译

罗什译时，在弘始八年（406），无《提婆达多品》。达摩摩提译时，在武帝永明八年（490），距罗什译时，八十年矣。《普门品》亦然；罗什译时，有长行而缺重诵。阇那崛多当武帝时来北周，其所译，距罗什译时，百五十余年矣。故《普门品》，决为后加无疑。一说，罗什译有《提婆达多品》，所谓缺者，当属附会。但合一者，究属何人？殊不可考。

（七）《添品妙法莲华经》七卷　隋 阇那崛多译

阇那崛多，北周时来华，至隋始大译经典。其在北周所译者，则曰北周阇那崛多；其在隋所译者，则曰隋阇那崛多。借此可知译书时代，非有二阇那崛多也。其《添品法华》，与达摩笈多共译；其见《宝塔品》，与《提婆达多品》不分；都凡二十七品。

此外尚有宋失译《法华三昧经》一卷。《经录》谓为《法华》部之支派，非《法华经》中之一部分。

罗什所译《法华经》原本，其来何自？学说不一：《出三藏记》引僧叡《喻疑》之说，谓朱士行赴于阗得《光赞般若》原本时得之。即朱士行《光赞般若》所谓："遂得有此《法华》正本，于于阗大国，辉光重壤，

踊出空中，而得流此。”此虽近于附会，然《法华》原本，来自于阗，当为事实。惟原本既无《提婆品》，则《宝塔》《提婆》二品，或系晚出而附入《法华》者，不可考矣。现此二品有单译者失译之《萨昙芬陀利经》，后达摩摩提唯译《提婆品》，而《添品法华》，则不分《宝塔》《提婆》二品。因此二品与其他诸品相异之处颇多，故达摩摩提、法献共译之《提婆品》，有谓法献得其原本于于阗者。又阇那崛多自乾陀罗国即其本国来华时，道经西域诸国，言于阗东南有遮拘迦国，国王崇大乘佛教。宫中有《摩诃般若》《大集》《华严》三部大经。其国东南二十余里山中，藏有《摩诃般若》《大集》《华严》《宝积》《楞伽》等十二部大乘经。于此可见当时大乘教集中于于阗附近诸国；而古之求大乘经者，咸往于阗，亦必有所据。则阇那崛多之说，当非出于臆造。又道安《合放光光赞随略解》序谓：《光赞般若》即竺法护所译。与《放光经》同一原本者。原本，亦祇多罗携自于阗者。推而至于《法华经》《涅槃经》《华严经》，其原本亦咸自于阗传来。即谓中国佛教小乘来自罽宾，大乘来自于阗，亦无不可。此乃译经历史上有趣味之事迹也。罗什所译经典，除通行者外，尚有《金刚经》《维摩经》《阿弥陀经》《楞严三昧经》。其文章通畅，在旧译诸经中，最为可采。

次就《涅槃经》言之，《大般涅槃经》传我佛入灭状态，及最后教诫，为最重要经典。此经典，有大小乘之区别。其区别因何发生，虽不可得知；但《大乘涅槃经》，当比《小乘涅槃经》发达较后，则无可疑。

《涅槃经》在《长阿含经》中，谓之前分之《游行经》；遂别为《小乘涅槃经》，终成为《大乘涅槃经》。《小乘涅槃经》，中国译者，则有白法祖西晋之《佛般泥洹经》，法显之《大般涅槃经》，及失译之《般泥洹经》三部。《长阿含经》，及《一切有部毗奈耶杂事》中所存者俱同。今据诸《经录》，考古昔所译之《涅槃经》，凡十五种，今存十种。（经名下有着重号者，为藏中现存之本。）

（一）《胡般泥洹经》二卷　后汉　支娄迦谶译

古时译梵为胡，后知失宜，梵仍用音译，《经录》改为《梵般泥洹经》。

（二）《大般涅槃经》二卷　曹魏　安法贤译

（三）《大般泥洹经》二卷　吴　支谦译

（四）《方等般泥洹经》二卷　西晋　竺法护译

《经录》有《哀泣经》二卷，此盖以《方等泥洹》之初品（即《哀泣品》）为名者；其与《方等泥洹》稍异者，《哀泣经》少后三品，故不得谓之异译。

（五）《佛般泥洹经》二卷　西晋　白法祖译

（六）《大般泥洹经》六卷　东晋　法显、佛陀跋陀罗共译

（七）《大般涅槃经》三卷　东晋　法显译

《大般涅槃经》，是否法显所译？不无可疑。盖法显前所译之《大般泥洹经》为大乘经；而此译为小乘经；且同一原语，前曰泥洹，后曰涅槃，不应歧出至此。《出三藏记》暨《历代三宝记》，载法显所译有《方等泥洹经》二卷，而《出三藏记》复曰今阙。若此说信然，则法显当别有《方等泥洹经》在。既冠以方等字样，当然属于大乘经。而译《大般涅槃经》者，不知何人矣。

（八）《般泥洹经》二卷　失译

（九）《佛遗教经》一卷　姚秦　鸠摩罗什译

此经流传颇广，细案之亦属小乘《涅槃经》一种异译。

（十）《大般涅槃经》四十卷　北凉　昙无谶译

即大乘《涅槃经》之最完全者，所谓《北本涅槃经》是也；今改为《南本涅槃经》（三十六卷），此二本今存。

（十一）《般泥洹经》二十卷　刘宋　智猛译

（十二）《般泥洹经》一卷　失译

《出三藏记》载刘宋求那跋陀译。《开元录》谓："上下文句，非是跋陀所翻，似是谦、护等所译。"《历代三宝记》谓与竺法护所译《方等泥洹经》，大同小异。

（十三）《四童子三昧经》三卷　隋　阇那崛多译

与竺法护所译《方等泥洹经》同本异译。

（十四）《大般涅槃经后分》二卷　唐　若那跋陀罗、会宁共译

（十五）《大悲经》五卷　高齐　那连提耶舍、法智共译

此外《经录》中尚有存其目者，因疑而阙焉。上列各经中四、六、十、十三、十四、十五，六种，属大乘部；五、七、八、九，四种，属小乘部。此十种今存。余五种散佚。第十三种以下，所述甚新，不属于译经之初期。昙无谶所译《大般涅槃经》，南本北本并存。合计可得十一种。实则二本同为一物。

所散佚之五种，第一种之《胡般泥洹经》不明；《经录》谓与第二种《大般涅槃经》同本，或以为别是一本。《历代三宝记》注谓第二种为初出。乃于支娄迦谶之下，列《梵般泥洹经》名。盖支娄迦谶仅译大乘经典，恐与第二种同为《大乘涅槃经》。以昙无谶所译之大本言之，则第二种为略其前数品而译之者。第三种之《大般泥洹经》，亦略去大本之序分，与《哀泣品》者；《出三藏记》称："支谦《大般泥洹》与《方等泥洹》大同。"故疑第三、第四二种亦同。第十一种之《般泥洹经》，与第十种之《大般涅槃经》昙无谶所译者，同本异译。第十二种之《般泥洹经》，《历代三宝记》称："与晋世竺法护双卷《泥洹》，大同小异。"由是观之，散佚之《涅槃经》，皆可信为属于大乘，而自大本之一部分译出者也。但此诸经，果属大本一部分耶？抑原为一部，后集成大部耶？或各

小部独立而单行者耶？皆属可疑。无论类似《佛遗教经》之小册，可视为《涅槃经》之全体；纵使四十卷之大本，亦是《涅槃经》之一部；非彼为此一部，此为彼全体也。同一《涅槃经》，实有如斯长短伸缩之差；其间关系，足资研究。

梵本全书，计三万五千偈；昙无谶所译大本，尚非梵本原书；其最初携至北凉者，仅有一部分前分十二卷，与在于阗所得者合计之，得三十六卷；约译成一万余偈，仅及原本三分之一。此大本，与智猛所译之二十卷本，同本异译。惜智猛本不存，难以判别。法显、觉贤（即佛陀跋陀罗）共译之六卷本，“是《大涅槃经》之前分，大众问品，同本异译”。此六卷本，较大本次序整齐。厥后大本传于南方，当宋文帝之世，慧严、慧观与谢灵运，据法显六卷本，加以修正，附益品目，成为三十六卷；所谓《南本涅槃经》。因名在北凉者，曰《北本涅槃经》。《出三藏记》所载《大涅槃经记》谓：昙无谶所译之梵本，乃智猛自印度携归者。智猛归至高昌之时，适昙无谶来北凉；北凉主沮渠蒙逊迎之。遣使高昌，取智猛所携归之《涅槃经》使译之。此即《大涅槃经》翻译之起源。又谓智猛携归者唯五品，而六品以下，则求自敦煌。其说如此，恐系误传。

第十四种之《大般涅槃经后分》，或名《阇维分》，或称《荼毗分》；谓系大本《涅槃经》之后分，不过想象之词。相传会宁游历印度，行抵南海波凌国，与若那跋陀罗共译者。其译本传到我国交州，会宁弟子运期承交州都督命，持至洛阳。唯此经说佛涅槃后之佛体焚烧诸事，恐初未必译为大本之后分也。《开元录》称“《陈如品》末，文势相接”。亦不过想象之词。《陈如品》者，《大本涅槃》末品名。义净三藏《求法传》称“于《阿笈摩》，抄如来涅槃焚烧之事，非大乘《涅槃经也》”。《阿笈摩》，即指《长阿含》而言。不见有所谓大本之后分者。然细绎义净之言，果为纯粹之小乘。《开元录》则曰：“今寻此经，与《长阿含》初分游行经，少分相似而不全同；经中复言法身常存，常乐我净，佛菩萨境界，非二乘所知；与《大涅槃》义理相涉。”据此说观之，则此经其介于大乘小乘之间，而占小乘至大乘中间过渡之位置者欤？

试就《涅槃经》译入中土之由来述之。《涅槃经》之翻译完成，昙无谶之力也。盖《大乘涅槃经》法身常住之思想，在我国佛教教理发展上，影响极大；何则？《大乘涅槃经》之教理，其重大之根本要点，不外法身常住；而《大般涅槃经》四十卷所说，亦不外乎法身常住，佛陀真身不灭而已。故我国学者，呼为涅槃常住教，其法身常住说，一转而成佛性遍通论；唯佛之法身，非仅常住；我等一切生类之法身，与佛之法身，并无差别；因此之故，“一切众生，悉有佛性”；而佛性遍通论，即由之而生。且法身常住与佛性遍通二义，颇于我国佛教开示新意义；何则？法身常住云者，谓佛有大我；此语为说无我教者所闻，未尝不骇为新奇。当昙无谶之前，法显六卷本译出时，彭城僧渊，异而排之，已有舌根销烂之传说。又罗什弟子道生，见法显六卷本，遂唱阐提成佛说，大受世之非难。及昙无谶所译大本告成，其所主张，一切众生，悉有佛性；无论阐提，亦可成佛；闻其说者，莫不服其卓见。当时因此经，而佛徒之思想，为之一新，可以概见。法显六卷本，译于晋义熙十三年（417），翌年告成，昙无谶所译大本，始于北凉玄始三年（414），阅七年始告成。按玄始三年，适当东晋义熙十三年，二译同年开始[1]，良非偶然，可称佳话。后之学者，研求佛教教义，决难置涅槃常住教于度外也。

《大乘涅槃经》所唱法身常住之根本思想与《小乘涅槃经》发达上之关系，尤为密接，不可不知。盖《小乘涅槃经》，原本于《大乘涅槃

1　实则非同年所译，此处系作者笔误。

经》，特教义及其组织，未曾明示，仅以释迦最后事实为根据耳。当佛陀入灭时安慰弟子之言，及弟子追慕之殷，遂产生佛不灭之思想。而佛陀安慰弟子之言，与弟子借以永其追慕之说，实为《小乘涅槃经》中一番大事业，可推而知也。

《小乘涅槃经》三部中，白法祖所译之《佛般泥洹经》第五，及失译之《般泥洹经》第八，殆同一原本。法显所译之《大般涅槃经》第七，措辞较前二经，多形容而远事实。兹择前二经所载者，而示《小乘涅槃经》中要语。其经文曰："佛出王舍城耆阇崛山精舍向吠舍离时，于竹芳荟萃之处，大感苦痛，此大病始。阿难侍旁，见之大惊叹。"尔时佛言载在《佛般泥洹经》者，则曰："我已有经戒，若曹但当案经戒奉行之；我亦在比丘僧中。"载在《般泥洹经》者，则曰："佛岂与众相违远乎？吾亦恒在比丘众中；所当施为教诫，以具前后所说，皆在众所；但当精进，案经行之。"所谓我之经戒，即为我体；汝等若奉持此经戒不失，则我亦恒常永久存在汝等之中；自佛一方见之，确是安慰弟子之言，而对于弟子等所授之遗嘱，自弟子等一方见之，则奉为唯一之凭依。盖此言为《涅槃经》枢纽，驯至产生法身常住思想之信仰，决非偶然也。又此言载在《遗教经》者，则曰："如来之法身，常在而不灭也。"但此法身，非实存在宇宙之意，乃仅以佛之经戒为法身之意。更自《阿含经》，一转而为《荼毗分》经中法身常存之语；更变而为《大乘涅槃经》之法身常住说；其所历之径路，足以明示其发展次序与其心地。以上所述，乃《小乘涅槃经》与《大乘涅槃经》之要点，并其关系之大略情形也。

试就《华严经》言之：《大方广佛华严经》，为佛教重要经典；其分品早经译就，迨至觉贤三藏始将《华严经》全部译出。此经原本，与前诸经同，皆得自于阗；有支法领者，游学西域，自于阗得此经梵本三万六千偈以归，与佛陀跋陀罗共译之。其始也，仅分五十卷，后人更分为六十卷，遂呼为《六十华严》。自《华严经》译成，我国佛教，大受影响。其研究价值，在佛教上占重大位置。其说法分七处八会；《六十华严》，分为三十四品；《八十华严》，分为三十九品。《八十华严》，实叉难陀（唐代自于阗来者）所译；较《六十华严》完备。就我国佛教史上所受影响论，其关系与《六十华严》均属重要。盖此二种《华严经》，梵本详略既有不同，后者可补前者之不足也。佛陀跋陀罗以前所译分品经，为《六十华严》所无。如西晋竺法护所译《等目菩萨所问三昧经》，即《八十华严·十定品》之异译；此《十定品》，为《六十华严》所无。此二大《华严经》外，尚有唐般若三藏罽宾人所译四十卷本，俗呼为《四十华严》者；因其就二大《华严》之终所谓《入法界品》者，详细译成；故详名之曰《大方广佛华严经入不思议解脱境界普贤行愿品》。兹为便宜计，示《华严经》译本对照表于下。（经名下有着重号者，为藏中现存之本。）

六十华严	八十华严	异译
第一　寂灭道场会 四卷二品	第一会　菩提场中说 十一卷六品 《世主妙严品》 《如来现相品》 《普贤三昧品》 《世界成就品》 《华藏世界品》 《毗卢遮那品》	

（续表）

六十华严	八十华严	异译
第二　普光法堂会　四卷六品	第二会　普光明殿说　四卷六品	
	《如来名号品》	《兜沙经》一卷（《如来名号品》异译） 后汉支娄迦谶译
	《四圣谛品》	
	《光明觉品》	
	《菩萨问明品》	
	《净行品》	《菩萨本业经》一卷（《净行品》异译） 吴支谦译 《诸菩萨求佛本业经》一卷（《净行品》异译） 西晋聂道真译　《经录》别载觉贤译《菩萨本业经》一卷；但此或系大部中者，无须别举。
	《贤首品》	
第三　忉利天宫会　三卷六品	第三会　忉利天宫说　三卷六品	
	《升须弥山顶品》	
	《须弥山顶上偈赞品》	
	《十住品》	《菩萨十住行道品经》一卷（《十住品》异译） 西晋竺法护译 《菩萨十法住经》一卷（《十住品》异译） 西晋聂道真译 《菩萨十住经》一卷（《十住品》异译） 东晋祇多密译
	《梵行品》	
	《初发心功德品》	
	《明法品》	

（续表）

六十华严	八十华严	异译
第四　夜摩天宫会　三卷四品	第四会　夜摩天宫说 三卷四品 《升夜摩天宫品》 《夜摩宫中偈赞品》 《十行品》 《十无尽藏品》	
第五　兜率天宫会　十卷三品	第五会　兜率天宫说 十二卷三品 《升兜率天宫品》 《兜率宫中偈赞品》 《十回向品》	
第六　他化自在天宫会　十三卷一品	第六会　他化自在天宫说 六卷一品 《十地品》	《渐备一切智德经》五卷（《十地品》异译） 西晋竺法护译 《十住经》四卷（《十地品》异译） 姚秦罗什、佛陀耶舍共译 《十住经》十二卷（《十地品》异译） 西晋聂道真译

（续表）

六十华严	八十华严	异译
	第七会　普光明殿说 十三卷十一品 《十定品》（六十华严无此品） 《十通品》 《十忍品》 《阿僧祇品》 《寿量品》 《诸菩萨住所品》 《佛不思议法品》 《如来十身相海品》 《如来随好光明功德品》 《普行品》 《如来出现品》	 《等目菩萨所问三昧经》二卷（《十定品》异译） 西晋竺法护译 《如来兴显经》四卷（《如来出现品》《十忍品》异译） 西晋竺法护译 《显无边佛土功德经》一卷（《寿量品》中佛之自说异译） 唐玄奘译 《佛说较量一切佛刹功德经》一卷（《寿量品》中不思议光王菩萨说异译） 宋法贤译 《如来秘密藏经》二卷（《如来出现品》异译） 失名译
第七　普光法堂重会　七卷一品	第八会　普光明殿说 七卷一品 《离世间品》	《度世品经》六卷（《离世间品》异译） 西晋竺法护译

（续表）

六十华严	八十华严	异译
第八 给孤独园会 十四卷一品	第九会 给孤独园说 二十一卷一品《入法界品》	《佛说罗摩伽经》四卷（《入法界品》异译）乞伏秦圣坚译

《六十华严》《八十华严》之外，可续《四十华严》者东晋佛陀跋陀罗《文殊师利发愿经》，略似《普贤行愿偈》。《普贤行愿偈》者，乃《四十华严经普贤行愿品》中之偈。此偈异译，有唐不空三藏所译之《普贤菩萨行愿赞》一卷，则有唐地婆阿罗所译《续入法界品》一卷。其他诸经可属于《华严》部者尚多，兹不赘述。

昙无谶、罗什、觉贤四大翻译之大体，略如上述。此四大翻译，在中国佛教史上之关系，后当述之；兹略言其梗概焉：我国大乘佛教重要宗派，概以四大翻译为基础；而《涅槃》《般若》《法华》，最初已有密接之关系，后熔成一大宗派。即谓我国大乘教宗派，导源于罗什、觉贤二派，亦可。

罗什与《涅槃经》之翻译，有无关涉？不可得知。罗什、法显、昙无谶三人，时代相同；但就法显、昙无谶翻译《涅槃经》考之，似罗什未尽知此事。然罗什于《般若》《法华》《涅槃》，具有见解；征诸其徒僧叡所述，而益信矣。僧叡于所著《喻疑》，举其师罗什之言曰：“《般若》除其虚妄；《法华》开一究竟；《泥洹》阐其实化；此三津开照，照无遗矣，但优劣存乎人，深浅在其悟，任分而行，无所臧否。”又僧叡自言：“此三经者，如什公所言，是大化三门，无极真体，皆有神验，无所疑也。什公时，虽未有《大般泥洹文》，已有《法身经》，明佛法身，即是《泥洹》；与今所出，若合符契。此公若得闻此佛有真我，一切众生皆有佛性，便当应如白日朗其胸襟，甘露润其四体，无所疑也。”僧叡所言《大般泥洹文》乃法显之六卷本。此时尚未见昙无谶之大本。所谓“无极真体，皆有神验”者，承前说此三大经有不可思议处，而为此言者也。但所谓罗什之《法身经》，则为《经录》所不载。

《涅槃经》之研究，后来全移于罗什派学者之手。道生，罗什之高足也；讲昙无谶《大般涅槃经》，颇负时誉；后遂于讲此经时，卒于讲座；可谓以身殉道也矣。即谓《涅槃经》之法身常住论，为罗什派学者所统摄亦可。此罗什、觉贤二派所以并立，而为中国大乘佛教之二大源头也。

第四章　南地佛教之中心

罗什之来长安也，北地佛教之盛，实可概见。当其译经逍遥园时，门徒如云，号称三千余人。其传译《大品》也，受其意旨，与之有关者，名僧有五百余人，或八百余人。其传译《法华经》也，四方义学之沙门，集者二千余人。《法华宗要》序所载。或谓其时听受领悟者，八百余人。《法华经》后序所载。其译《思益经》也，僧徒集者二千余人。其译《维摩经》也，集者千二百余人。此仅指当时学者而言，然其盛已可想矣。当苻秦之际，有小乘持律坚固者，自罽宾国陆续来华，传译小乘。罗什来长安时，适当小乘传译隆盛之后；故其学说，能倾动一时。僧叡所谓："鸠摩罗法师至自龟兹；持律三藏集自罽宾；禅师徒众，寻亦并集；关中洋洋十数年中，当是大法复兴之盛也。"此言盖纪实也。罗什门下，知名者十人，即道生、僧肇、道融、僧叡、昙影、慧严、慧观、僧䂮（音略）、道常、道标是也。此十人，古称罗门十哲。道生、僧肇、道融、僧叡四人最贤，号关中四杰。所谓英才林立，而罗什在长安之势，如旭日方升，其声名遂洋溢乎域外。青眼律师卑摩罗叉在西域时，以《十诵律》教授罗什。闻其有盛名于长安，亦不辞远道而来。有佛陀耶舍者，罗什往沙勒国时，曾从而受教者，亦闻风遥集。有弗若多罗，曾译《十诵》。此三人者：辈行皆在罗什之先，其视罗什声势烜赫，不觉瞠乎其后。此虽由于罗什学深识高，亦未始非秦主保护之厚，有以致之也。

当是时，惟新来之佛陀跋陀罗，可与罗什比肩，论其德或过之。罗什学识，诚足冠绝当代。但苻秦以来，僧徒之自罽宾等处至者，咸持戒律，人民已视为固然。而罗什则为秦主所逼，受其所赠妓女十人，带妻而居，从事俗家生活。其行为虽不满人意，而无一人加以非难者，其政治上保护之功乎？抑其弟子推尊其师如活佛所致乎？然罗什违异小乘，专传大乘，自不免受小乘学者之攻讦；如《大品般若》出，则慧导难之；《法华》出，则昙乐诽之；即其例也。

佛陀跋陀罗，学佛教于印度北方之罽宾。智严游学西域，请与俱来。凡自罽宾来中国者，咸由中央亚细亚，逾葱岭，出天山南路。佛陀跋陀罗则异是。相传其来也，出罽宾，跋涉三年，道由雪山，备极艰阻；中途附船，遵海而至。其说虽未可尽信；然其航海之际，遭遇暴风，飘流至山东青州东莱郡登陆，则确无可疑。自罽宾来华，而复遵海，其方向难明；意者其故乡乃北天竺、中天竺欤？实非印度南部也。当是时，秦主姚兴，力崇佛教，罗什名满天下；佛陀跋陀罗，遂闻风而至长安。其始至也，罗什喜而迎之，备极欢洽；然因质疑于佛陀跋陀罗，有不合处，交情乃变矣。

佛陀跋陀罗之居长安也，所处境遇，大异罗什。罗什为朝廷所崇奉，优与保卫，故其声势显赫。佛陀跋陀罗，力避俗权，独以教养弟子为务。相传“时秦主姚兴，专志佛法；供养三千余僧；并往来宫阙，盛修人事；唯觉贤守静，不与众同”。觉贤者，佛陀跋陀罗之略称；盖译佛陀为觉，而译跋陀罗曰贤也。是知罗什、觉贤二派，明明有对立之倾向。厥后觉贤不能安，《高僧传》载：贤“语弟子云：‘我昨见本乡，有五舶俱发。’既而弟子传告外人，关中旧僧，咸以为显异惑众。又贤在长安，大弘禅业；四方乐静者，并闻风而至。但染学有浅深，所得有浓淡；浇伪之徒，因而诡滑。有一弟子，因少观行，自言得阿那含果。贤未即检问，遂致流言，大被谤讟，将有不测之祸。于是徒众或藏名潜去，或逾墙夜走；半日之中，众散殆尽。贤乃怡然，不以介意。时旧僧僧䂮、道恒等，谓贤曰：‘佛尚不听说己所得法。先言五舶将至，虚而无实。又门徒诳惑，互起同异。既于律有违，理不同止。宜可时去，勿得停留。’贤曰：‘我身若流萍，去留甚易。但恨怀抱未伸，以为慨然耳。’于是与弟子慧观等四十余人俱发；神志从容，初无异色。识真之众，咸共叹惜；白黑送者千有余人。**关中旧僧，指罗什弟子。**姚兴闻去怅恨，乃谓道恒曰：‘觉贤沙门协道来游，欲宣遗教，缄言未吐，良用深慨；岂可以一言之咎，令万夫无导。’因敕令追之；贤谓使者曰：‘诚知恩旨，无预闻命。’于是率侣宵征，南指庐岳。”《高僧传》之言若此，则当时二派之不相容，可以想见。于是智严退处山东精舍，静修禅定。觉贤遂南往庐山，依慧远矣。**五舶之预言云者，即觉贤所言本国舶来之谓。其后五舶果来，诚如预言所云。此事传记多载之。是觉贤本乡，或非罽宾山国也。**

次更言慧远。慧远、罗什，称南北二派。罗什为北派领袖，所居之长安，为北地佛教中心。慧远为南派领袖，所居之庐山，为南地佛教中心。罗什受政府优遇，义学之徒，麕聚云集；长安佛教，譬如春花盛开，生气勃发。庐山反之，地既幽静，适于隐者；慧远又力避权势，持沙门不拜王者之主张；学者数百人，萃止一山，发挥南地佛教特色；庐山佛教，譬如深秋枯木，旨趣闲寂。当是时，实南北二派并立之时。慧远、罗什，未尝谋面；而书问往还，互相推重。觉贤之南来也，慧远久耳其名，深致敬礼；愿居罗什、觉贤之间，负调解之责。

慧远者，道安弟子，乃竺佛图澄再传弟子也。**见第二章**。竺佛图澄之来华，值五胡侵入之初；匈奴刘渊独立，国号汉；后分前赵、后赵；前赵为后赵石勒所灭；石勒死，石虎继立；即竺佛图澄来华时也。竺佛图澄未尝翻译经论，唯以德望，感化后赵。后赵石氏，羯人也，本匈奴一部落，素未立教化。石虎凶暴性成，无所忌惮。终归依竺佛图澄，渐改其行焉。

后赵衰，鲜卑来自满洲，立燕国。苻健者，西方氐人也；立国于长安，号前秦。当是时，中国北部，纷乱益甚。竺佛图澄之弟子，避乱东西，求居南北，流转四方，未尝辍学。道安留寓襄阳时，适襄阳为苻坚所陷，载之北去，此前秦佛教初兴时期。而罽宾小乘教之来，势如潮涌，亦即其时也。其助之翻译暨宣传者，以竺佛念、释道安为尤著。**出家则称氏为释，自道安始，前既述之矣。**

道安为注释佛经之始祖。当是时，为翻译学极幼稚时期；所译经文，索解不易；讲佛学者，不过叙其大意，以便转读而已。至道安始有注释，诠解文义，俾文之首尾易明。其所注解者，凡二十余卷。兹据《出三藏记》，示其重要书目于下：

《光赞折中解》一卷

《光赞抄解》一卷

《般若析疑准》一卷

《般若析疑略》二卷

《般若起尽解》一卷

《道行集异注》一卷

《小十二门注》一卷

《大十二门注》二卷

《了本生死注》一卷

《密迹金刚持心梵天二经甄解》一卷

《贤劫八万四千度无极解》一卷

《人本欲生经注撮解》一卷

《安般守意解》一卷（此经今藏中所存者，唯有道安注。）

《阴持入注》二卷

《大道地经》《十法句义》合为一卷

《义指注》一卷

《九十八结解》一卷

《三十二相解》一卷

以上总计十九部二十卷；此外尚有《诸天录》一卷、《经录》一卷、《答法汰难》二卷、《答法将难》一卷、《西域志》一卷，但非注本耳。

按道安所注书目，盖于般若诸部暨禅经最为注重。虽翻译小乘经论，亦称尽力，其序文尝自道之；然道安极崇超俗脱尘之风规，自甘淡泊，离弃拘束，以玩味般若诸部之说；尝退居一室，安心瞑坐，离一切情欲妄念，而忘吾我，静参禅悦。《大小十二门》《安般守意》《阴持入》《大道地》之类，皆属之。《安般注》序文所云，信可谓道安得意之言也，其文曰："阶差者，损之又损之，以至于无为；级别者，忘之又忘之，以至无欲也；无为故无形而不因；无欲故无事而不适；无形而不因，故能开物；无事而不适，故能成务。"《安般经》说禅之进境，设有四禅六行之阶级。今所谓阶差级别云者，即指此而言。

道安所处时代，混乱已极。当是时，适承西晋末流，犹沿崇尚老庄余习；学者以无为无欲为理想，以恬淡生活为高尚。佛教为中国人所喜，亦因其学说，与老庄有类似之处。是以初期译经时代，研究国人心理，以期推广佛教，惟近乎无为无欲恬淡诸说者为宜；而空禅诸经，遂特别受国人之欢迎，盖有故焉。考道安素习道教，后归佛教；其趋向若此，其注解亦可想见矣。道安之在长安也，居恒与罽宾三藏指小乘之持律坚固者相接。尝就安世高所译诸书，加以注解；如《大十二门》《小十二门》《人本欲生》《安般守意》《阴持入》诸书，皆可信为安世高所译者。道安尝云："若得面禀安世高，无异见圣。"其崇信之笃若此，殆喜其长于禅乎？

《安般注》序曰："学其所出经，禅数最悉。"《小十二门》序曰："安世高善开禅数。"其论若此，信崇之故，可以明矣。然为此论者，非独道安一人。《僧伽跋澄传》亦云："苻坚之末，来入关中。先是大乘之典未广，禅数之学甚盛。"此实当时风气使然。盖道安在佛教初期时代，解释经典，代表中国人，奉迎佛教，信可谓能揣测国人之习尚者也。

出道安之门，擅青出于蓝之誉者，慧远也。道安系统，以超俗脱尘恬淡无为为旨；严持戒律，坚离六情六尘之迷，力保精神安静；非如西晋老庄学者之放浪不检也。其所主张，与罗什异，而与罽宾诸师同。道安《增一阿含经》序曰："而今以后，幸共护之，使与律同；此乃兹邦之急者也。斯谆谆之诲，幸无藐藐听也。"又曰："此二经，有力道士，乃能见当以著心焉。如其轻忽不以为意者，幸我同志鸣鼓攻之可也。"慧远既受此感化，其持律严肃，实无足异。传闻慧远病笃，弟子等劝进豉酒，谓违律不饮；又请进米汁，不许；又请以蜜和水为浆进者，亦恐违律，乃命检寻律文得饮与否？卷未半而逝。其遗诫云："死后露骸松林下，视同土木。"观此可以知其风格矣。故庐山之教，以超俗严肃为骨髓；与长安罗什习尚相反；此南北二地二大中心对立之状态也。

兹述南地佛教缘起：我国佛教，自通西域，始来长安，决无可疑。印度人直接由海道来中国南部者，为时较后。《高僧传》载印度佛教僧来中国南部。所谓南部者，当指船泊广州或交州而言，但此乘船而来者，至刘宋后始盛；刘宋以前，航路交通，可称绝无。虽相传佛陀跋陀罗航海而来，法显三藏遵海而回；然二人之船，乃泊山东半岛，非抵南部也。

相传安世高圆寂于南方，近于附会。阅七十载，康僧会南来，建寺于建业，名建初寺，是为南地寺院之始。其前四五十年，有牟子者，居交州；著《理惑论》，颇为佛教辩护；似南方此时已有佛教。但牟子名称，近于假托；《理惑论》亦属伪书。南方佛教，传自何人？真际难明。

相传建业佛教，传自康僧会；但康僧会之前，有支谦居士者，在古代翻译家中，当首屈一指；所译经典，今日尚有存者。支谦所译经典，《出三藏记》载三十六部，或三十七部。《高僧传》载四十九部。《历代三宝记》载百二十九部，《开元录》载八十八部。支谦之往吴也，其南方佛教之始乎？考维祇难以译《法句经》知名者、竺律炎之往武昌，尚在支谦之前；其事迹不详，其影响及于佛教亦不大。稽诸史册，吴主孙权即位时，维祇难、竺律炎初赴武昌，但未入吴都建业耳。其在建业弘佛教者，居士则始自支谦，出家人则始自康僧会；盖支谦广译经典，弘宣佛教，而康僧会则为君民所归向者也。故推究南方佛教之原始者，往往以康僧会，与其建初寺，相提并论也。

尔后，三国为晋所并。晋末，五胡乱华，南地变为东晋。实西域中国交通便利时代。传佛教者，亦乘机源源而来。即前所述苻秦、姚秦相继据有长安时也。当是时，大法流布之势，寖盛于南方。于是昔日号称法缘薄弱之南地，比于北地，得先沾佛陀德泽矣。慧远本北人，其师道安被苻坚载之北去，慧远即别师来庐山。当时高僧之来庐山依慧远者，概来自北方者也。

北人质直，南人洒脱，南北风气各殊，自古已然。东晋沿西晋崇尚老庄余习，故庐山一派，所示高逸之风，颇合时宜。况自北方来者，多厌离乱，而欲安静乐道于山水间者乎？庐山派之兴盛，非偶然也。

庐山虽不假政治力之保护，但闻慧远之风，自西自东，慕其学而来者，络绎不绝。慧远凭其力之所及，黾勉从事。既迎来学者，复遣求法者，往西域求取梵本更传译经论，其事业可谓盛矣。道安《比丘尼大戒》序曰："世尊立教，法有三焉：一者戒律也；二者禅定也；三者智慧也。斯三者，至道之由户，泥洹之关要也。戒者，断三恶之干将也；禅者，绝分散之利器也；慧者，齐药病之妙医也。"其言之意味，虽极平淡；但当时严肃佛徒，想象其真际，兼三者而修之，视为活语。慧远尤奉行惟谨，持律极严；传译禅经，苦心独具；信可谓当代杰出之学者矣。《十诵律》本弗若多罗与罗什共译。弗若多罗，半途圆寂。其后昙摩流支来长安，携有《十诵》梵本。远乃致书敦请，令在关中续译之。卒能完成弗若多罗未竟之业者，远之力也。佛陀跋陀罗在长安被逼而去。发使至关中迎入庐山者，亦远之意也。佛陀跋陀罗素以禅著称，慧远罗而致之，俾得一意传禅；所译《达摩多罗禅经》，乃其得意之作也。慧远弟子法净、法领俱受师命，远赴西域，多携梵本而回。僧伽提婆，亦自罽宾来庐山，所译经典颇多。故相传有“所以禅法经戒，皆出庐山，几且百卷”之语。佛陀跋陀罗所译《华严经》梵本，亦法领自于阗携还者。故相传有“初经流江东，多有未备；禅法无闻，律藏残缺；远大存教本，愤慨道缺，乃命弟子法净等，远寻众经，越沙雪，旷岁方还”之语。但译《华严经》之处，乃在建业道场寺，不在庐山。由此观之，南地佛教，风行一时者，慧远一人之功也。故相传有“葱外妙典，关中胜说，所以来集兹土者，皆远之力也”之语。斯言也，可称实录。

后慧远复在庐山结念佛社，即历史上有名之白莲社也。所谓白莲社者，在庐山般若台精舍，适谢灵运凿池东林寺前，植白莲其中，遂因以为号焉。入社者凡百二十三人：有僧，有俗，有道安弟子，有罗什门徒，皆避世遗荣，慕庐山之风而来集者；其中尤贤者十八人，世称庐山十八贤；是为中国兴行念佛之始。谢灵运为慧远弟子，未经入社。陶渊明亦与慧远善，常往来庐山，缔世外之交，亦莲社中人也。

庐山至今尚有慧远遗风，惟近来所传念佛宗，其旨乃合念佛与禅二者而一之。在慧远当时，则未尝倡禅净一致之理论。盖戒、定、慧三者，为佛徒所必修；而念佛则视为一种禅观而修之；故念佛亦有种种修法。慧远所谓定心别时念佛，殆分昼夜六时昼三度，夜三度，使按时念佛耳。定心者，即凝观念，即指所谓禅观而言之也。故庐山念佛，不过于阿弥陀佛像前，口唱佛名，心观佛相佛德；可由此想到未来往生西方之位置而已。

第五章　佛教之弘传与道教

佛教初入中土，与道教冲突之说，第一章已据《汉法本内传》，述其概要矣。第所传冲突事迹，不无可疑，恐系后代所伪托。相传冲突之时，道士等上表，请与佛徒角力；其表文曰："臣等诸山道士，多有彻视远听，博通经典；从元皇已来，太上群录，太虚符咒，无不综练，达其涯极；或策使鬼神；或吞霞饮气；或入火不烧；或履水不溺；或白日升天；或隐形不测；至于方术，无所不能。"其言夸张若此，似非实录。《广弘明集》谓："有人疑此传近出，本无角力之事；按《吴书》明费叔才憾死，故传为实录矣。"由此观之：在当时已有疑此冲突之说为新出者；《广弘明集》则谓费叔才憾死事，既出《吴书》，可信为实录；所谓《吴书》者，指吴阚泽答吴主孙权之书；其书曰："自汉明永平十年（67），佛法初来；至今赤乌四年（241），则一百七十年矣。初永平十四年（71），五岳道士与摩腾角力之时，道士不如；南岳道士褚善信、费叔才等在会，自憾而死；门徒弟子归葬南岳，不预出家，无人流布。后遭汉政陵迟，兵戎不息，经今多载，始得兴行。"按书中自憾而死，事属秘密，人何得知，已觉可疑；且所载与《汉法本内传》相左，虽载在《吴书》，未必可信；推究当时情事，益信为后代夸张之辞。盖迦叶摩腾、竺法兰初履中土，佛教未昌，尚不致招道士挤排若是之甚也。

道教始于老子，不过就一方而言；其他方面，实根据下等社会之迷信；盖因崇尚老子虚无恬淡之教；生超俗脱尘之神仙思想；与民间信仰灵异之俗相结合，而求长生不死之方；谓符水咒法，可以愈病；愈益卑陋矣。我国信仰道教之风，由来已久；实人民思慕神仙所致。其起原虽不可得知，而为国人宗教思想发展之初步，可断言者。大抵思慕神仙之思想，广行于无智人民之间，乃最古之一种宗教信仰。此信仰与道家者流之教义相结合，遂以老子为仙人上乘，而奉为始祖耳。相传老子西涉流沙而去，不知所终；后人以为羽化登仙，时临下界；遇有修行者，辄授以秘箓；所谓太上老君是也。

据道家者流所自述，神仙起源极古，三皇、五帝时代已有之；其说固怪诞难稽。史称秦始皇酷慕神仙，令徐福入海求不死之药，亦莫能知其究竟。张良从赤松子游，亦类此。至于北伐匈奴，西征天山，东至朝鲜，南及两越，武功文事，号称极盛之汉武帝，亦崇信神仙；卒因道士之故，敢多行失政而不顾。于是神仙之教，在昔只为无智人民所迷信者，今则有权势之帝王，亦为所动；而道教势力，乃日愈大。其成为稍具形式之宗教者，实始于后汉之张道陵生于徐州沛县；后世称张天师，推为创立道教之祖；盖道陵在西蜀鹤鸣山传道，乃东汉末叶，与佛教传来时期，不相远也。

当张道陵退居鹤鸣山时，自称太上老君授以秘书，以博愚俗之信。适值东汉衰微，道陵遂得逞其妖说，传至其子衡及孙鲁，信者益多；所在蜂起，遂不可制；号称黄巾贼之张角，亦其流亚也。自后道教，代有变迁；卒因民间迷信，迄至今日，一般社会，尚崇奉惟谨焉。

相传汉献帝时，有牟子者，著《理惑论》在张道陵后五六十年，即道佛二教比较论也。牟子之为人不详，有谓即汉之牟融，非是。其《理惑论》，一名牟子，亦有题为《苍梧太守牟子博传》，似牟子曾在两广附近之地为太守者。《弘明集》谓灵帝崩后，天下扰乱；独交州差安，北方异人，相率南来，多为神仙长生之术；牟子力斥之；后忽奉母赴交趾，绝仕宦之念，专志学问。其言若此。实则牟子系假托者，未必真有其人。何则？当时谈神仙者，盛于南方；牟子是否为之忧虑？殊不可知；佛教行于南方，与道教是否冲突，亦不无可疑；且牟子何以得在南方学佛教？亦一疑问也。献帝时距安世高、支娄迦谶之来，不过四五十年；纵安世高赴南方，成为事实；而道佛二教比较论，不久即唱于其地，为时似觉稍早；此种问题，尚须加以研究。

《理惑论》凡问答三十七条；不仅论道佛，并及儒教；乃推究三教性质，唱三教一致说之调和论者；其说曰："夫见博则不迷；听聪则不惑；尧、舜、周、孔，修世事也；佛与老子，无为志也。"其说若此，足以窥其旨意矣；盖视佛老二教，同一性质也。又曰："吾未解佛经之时，惑甚于子；虽诵五经，适以为华，未成实矣。既吾睹佛经之说，览老子之要；守恬憺之性，观无为之行；还视世事，犹临天井而窥溪谷，登嵩岱而见丘垤矣；五经则五味，佛道则五谷矣。吾自闻道以来，如开云见白日，炬火入冥室焉。"此言三教消息相通也。独于神仙虚诞之道教，则其议论之态度，为之一变；曾言："辟谷之法，数百千术；行之无效，为之无征；观吾所从学师三人，或自称七百、五百、三百岁，然吾从其学，未三载间，各自殒没。"又问以"为道之人云：能却疾不病，不御针药而愈，有之乎？"则答以"仲尼病，子路请祷；吾见圣人皆有病矣，未睹其无病也。神农尝草，殆死者数十。黄帝稽首，受针于岐伯。此之三圣，岂当不如今之道士乎？"又问以"道家云：尧、舜、周、孔，七十二弟子，皆不死而仙。佛家云：人皆当死，莫能免。何哉？"则斥之曰："此妖妄之言，非圣人所语也。"其余各条：大率"讪神仙，抑奇怪，不信有不死之道"。

《弘明集》述牟子之传曰："既修经传诸子，书无大小，靡不好之；虽不乐兵法，然犹读焉；虽读神仙不死之书，抑而不信，以为虚诞。"又曰："乃叹曰：老子绝圣弃智，修身保真；万物不干其志，天下不易其乐；天子不得臣，诸侯不得友；故可贵也。于是锐志于佛道，兼研老子五千文；含玄妙为酒浆，玩五经为琴簧。"其所论据，与《理惑论》无以异也。此书纵非后汉时人所著，其论三教一致，当推为最古之学说；其为佛教者对于道教表明思想之初期，则决无可疑也。《理惑论》略载迦叶摩腾、竺法兰初传佛教事，翻译《四十二章经》始末，洛阳造寺源流。其所载佛教初传之传说，前已据《汉法本内传》述之矣。《广弘明集》所引《汉法本内传》之文，亦书此佛教初传之事，而言"广如前集牟子所显。"由是观之，牟子当视《汉法本内传》较古。则《汉法本内传》距佛教东渐时代，不甚近，明矣。况《理惑论》亦云《四十二章经》藏在兰台石室之中，且言"今沙门耽好酒浆，或畜妻子，取贱卖买，专行诈绐。"其所举当时僧侣之行为若此，就其所举各项观之，似述西晋僧侣之事。盖后汉时代，僧侣之在中国北方者，尚无受若斯指摘之人，况南方乎？

总之佛教弘传中土，首先与之龃龉者，当属道教；其宗旨与之相近者，亦道教也。窃思道教与初期佛教之间，并以超俗脱尘为旨；而道教盛时，适值佛教传来；于是最初入佛教之人，多研究老子之学者，亦因二教消息相通之故也。此事实可以两晋之事证之；盖两晋崇尚老庄之际，佛教固与之并兴而不悖也。即道安、慧远之事迹，见于前章者，亦足证之。且五胡时代，罗什所传空宗，能深入我国人之心而适其嗜好者，其原因亦在是也。

老子言无为自然；佛教言空无相；语虽相近，而宗教之组织，理论之说明，经典之体裁，道教俱不及佛教远甚；道士之模拟佛徒口吻，亦势所必然。或谓其始也，道教似与佛教混和；尔后老庄一派，以为道教根源于佛教；斥道家者流所言老子之西涉流沙，自昆仑山上天诸说为虚诞；而以老子往印度受佛教化之说为实录。自后道教造出所谓《老子化胡经》者，谓老子西游，化为胡人，释迦为其侍者。此经为西晋末王浮所造，浮尝与白法祖论邪正，屡为所屈，故愤而为此，以诬谤佛法。此即老子为释迦师之说，所自出也。《弘明集》载，《正诬论》一篇中有曰："其经云：闻道竺乾有古先生，善入泥洹，不始不终，永存绵绵。"其经者，指道教之经，但不详何经耳。尝举其语以证之曰："老子，即佛弟子也。"此外道教徒所唱神通得道诸说，皆模拟佛徒口吻而为之也。

道教复唱为国粹论，其所据者，则斥佛教为外国夷狄之教；而以道教为中国固有之教，其说颇占势力。五胡之初，后赵石勒受佛图澄之化，佛教遂兴。迨石虎篡位，中书著作郎王度上书曰："佛出西域外国之神，功不施民，非天子诸华所应祠奉。往汉明感梦，初传其道；唯听西域人得立寺都邑，以奉其神；其汉人皆不得出家。魏承汉制，亦修前轨。"其意乃请禁赵人奉佛。中书令王波和之。然石虎，羯人也北方匈奴种族；乃下诏曰："佛是戎神，正所应奉。"遂寝其议。是时我国人之排外论，其可述者仅此。但道教徒敢排斥佛教与否，尚无确证也。至于道教徒之积极运动，使佛教受绝大挫折者；在隋以前，莫如北魏太武帝、北周武帝之破佛之二大事迹。

五胡十六国，相继灭亡，我国北方，为北魏或号后魏，亦号拓跋魏道武帝所并，即北朝也。南方都建康，历宋、齐、梁、陈四朝，即南朝也。南朝佛教，后章述之。太武帝者，北魏第三帝也。北魏后衰，分东、西魏。东魏都洛阳，西魏都长安。东魏为其臣高氏所篡，即北齐也。西魏为宇文氏所篡，即北周也。北周武帝，即北周第三帝也。

北魏太祖道武帝，亲政之暇，以奉佛为大事；所过郡国，若见沙门皆致敬，禁军旅毋得有犯；且下诏曰："佛法之兴，其来远矣；济益之功，冥及存亡。神踪遗法，信可依凭。其敕有司，于京城建饰容范，修整寺舍，令信向之人，有所依止。”时天兴元年（398）也。并设置僧官，任命法果为沙门统。太宗明元帝，更尊法果为辅国宜城子忠信侯，加以殊遇。法果固辞不受。迨入寂后，追赠光寿将军赵郡胡灵公；觅其出家前所生子名猛者，令袭其爵。虽云法果之德所致，亦足证二帝信佛之笃矣。至太武帝则为道教徒所煽惑，遂一反前代之所为。

太武帝即位之初，尊崇佛教，颇染父祖余习。有玄高者，深通禅法，受帝之招，来自凉州。帝深契之，命为太子晃师。时司徒崔浩，极崇道教；信方士寇谦之。帝本好老庄书，朝夕玩味。故浩常以道教仙化之说进，且极言佛教之短。佛之教义，帝本不深悉，遂信浩言，改年号为太平真君。会帝讨盖吴盖音閤至长安；偶入佛寺，从者见沙门室有兵器，出告于帝；帝怒，命有司按诛之；发见沙门皆饮酒，藏酿具；造窟室，匿妇人；牧守富人，所施财宝，积累巨万。浩因请帝诛沙门毁经像；帝从之；悉杀长安沙门；焚烧经卷佛像。帝还都平城，更发诏敕，四方悉如长安法，烧寺舍经像，悉杀僧尼。其诏敕中有曰：“愚民无识，信伪惑妖；私养师巫，挟藏谶记。沙门之徒，假西域虚诞，坐致妖孽；非所以一齐政化，布淳德于天下也。自王公以下，至于庶人，有私养沙门者，限今年二月十五日，过期不出沙门身死，容止者诛一门。”此据《广弘明集》所引者。《魏书》《佛祖通载》所引，则甚有异同，今不详列，仅就《佛祖通载》所引者比较之。《佛祖通载》曰：“有司宣告征镇将军刺史，诸有浮图形像及一切经，皆击破焚烧，沙门无少长，悉坑之。”时太子晃信佛颇笃。浩恐太子后将不利于己；乃在帝前谮太子有异志而幽杀之。太子师玄高坐罪凉州。沙门慧崇，尚书韩万德师也，亦被捕处死。是役也，称魏武之法难；北地法踪，一时遂绝；实太平真君七年（446）事也。

太武帝崩，文成帝即位，发出敕令，再兴佛教。其文曰：“世祖太武，德泽遐被；沙门道士，往往成林。而寺舍之中，致有凶党。先朝按治，戮其有罪。所司失旨，一切禁断。”后献文帝复力护佛教；召道士姜斌，与融觉寺昙谟辩论；怒其虚妄惑人，拟处以死刑；赖菩提流支谏之；始释。帝又于五级大寺，用赤金二十五万斤，铸丈六释迦像五躯；为道武帝以来五帝造福。应沙门昙曜之请，在京西武州西山石壁，造石窟五处，各镌六七丈佛像于其中，雕饰奇伟，冠绝万代。又于长安北台建永宁寺，起七重塔；又于天宫寺用赤金十万斤、黄金六百斤，铸四十三尺释迦大像；更建石塔三重高十丈，实京华壮观也。至孝文帝护持佛教益笃。自后累代建寺施僧，事迹甚多，不遑枚举。此实为佛教隆盛达于极点之时期。

文宣帝，北齐创造天子也；归依僧稠禅师，奉佛尤力。**僧稠忽被“黑人之谶”之嫌疑。黑人谶历史详后。**适南朝梁武帝提倡佛法，屏斥道教，道教徒来北齐者极多，与佛教龃龉，在所不免。道士陆修静自梁来，欲兴道教；帝意稍动，使道、佛二教辩论；沙门昙显胜焉。自是北齐遂禁道教，而佛教益盛矣。

北周闵帝、明帝，在位日浅。至武帝法难遂起。初，武帝亦与佛教为缘，曾招僧玮禅师，在长安天保寺宣讲，帝亲往听；使后妃公卿，皆受十善戒。其使帝倾心道教者，有二人焉：道士张宾及卫元嵩是也。卫盖曾为僧而还俗者。帝素信谶纬，因昔有“黑人当王”之谶，遂大恶黑，使僧徒法衣悉改黄色。于是张宾等说黑为僧徒；黄为黄老之教，即道士也；遂建佛教为国不祥、道教为国祥之议；决意破坏佛教。夫黑人之谶，已传播于北齐僧稠之时，其为当时广行之谶语可知。帝父名黑泰，为西魏大丞相，自思已应黑人之谶；其入关也，朝章野服，凡黑色者，悉改皂色，以防谶之叠来；故帝信之甚切。排佛之举，在建德三年（574），乃即位第十四年也。其间有一二端足述者：排佛之前四年，为天和四年（569），是年三月十五日，先使文武官，召儒僧道等二千余人，论三教优劣，议其废兴；持议纷纭莫决，此盖帝排佛之初念也。是月二十日，令再集议；帝发言曰："儒道二教，国所常遵；佛为外国新来之教。"帝之为此语，乃昌言排佛；众庶闻言，咸怀恐惧，莫能置答；是日未成议而散。四月，复举行三度集议，促其立决；且命司隶大夫甄鸾评论道佛二教；鸾撰《笑道论》三卷奏之；颇嘲道教肤浅。帝大不快，焚书殿庭。释道安撰《二教论》十三篇，论佛道二教优劣奏之，即其时也。佛徒抗议，虽若斯之甚，帝终不为所动；其意以为仅废佛教，未免偏颇，恐遭物议；乃于建德三年，举道佛二教并废之；别建通道观，招道佛二派有名德者居之；呼为通道观学士，为数凡百二十人，使皆着衣冠笏履。其时诏敕中有曰："圣哲微言，先贤典训，金科玉篆，秘赜玄文，所以济养黎元，扶成教义者；并宜弘阐，一以贯之。"就诏文外象观之，似谋道佛二教之一致；实则毁寺塔，焚经像，励行废佛。所谓通道观者，唯以道教为主而已。当是时，蜀之新州愿果寺僧猛亲自诣阙，陈不可排佛者十八条，以非难道教；静蔼法师谒帝，亦论辩不屈，终被逐出宫中而自杀焉；宜州道积见其不纳谏言，与同志七人，相率饿死；皆其时之事也。

自后实行破佛者凡三年，关、陇佛法，诛除略尽。时为建德六年（577）。北齐幼主承光元年（577）。武帝攻北齐灭之；以此为破灭佛法之功德，召诸大德谓前修大德，此时盖已还俗者五百余人于殿中，帝自述破佛理由，清辩滔滔；诸人咸慑于王威，默不置答。有慧远法师者，慧光律师弟子也；进而驳辩。帝辞屈。慧远厉声曰："陛下今恃王力自在，破灭三宝；是邪见人；阿鼻地狱，不简贵贱；陛下何得不怖。"帝勃然作色，睨远曰："但令百姓得乐，朕何辞地狱诸苦。"远更曰："陛下以邪法化人，现种苦业；当共陛下同趣阿鼻，何处有乐可得？"帝乃命僧等皆出。慧远行动，颇快人意。帝益厉行破佛；举北齐庙寺，悉充王公第宅；三百万僧徒，悉命还俗。由此可知当时北齐佛法之盛矣。沙门任道林，在邺宫新殿，与帝抗议，即其时也。林亦为冒死图佛法再兴之人；相传对面交论二十余日，前后七十余番；然终不能挽回帝意，惜哉。此道安慧远，不独其人与弥天道安庐山慧远不同，即其年代亦异，应注意。

武帝灭北齐，不一年而死。子宣帝立，在位仅一年，而静帝立，遂为隋灭。宣帝时道林继续请求兴佛教；帝许之；先建陟岵寺于东西二京，置菩萨僧，使祈国家平安；菩萨僧者，未许剃度之有发僧也。此外则尚未有所建立。自是佛教渐行而入隋代。

南朝道佛二教，所关不大，兹不赘述。自古道佛二教冲突，佛教所受厄难最大者。我国佛教史上，凡四见焉：谓之三武一宗之难。本章所述之魏武周武，盖三武中之二武也。

第六章　隋唐以前之二大系统（一）

自佛教来华，所开宗派，罗什而后，凡十三种：即毗昙、成实、律、三论、涅槃、地论、净土、禅、摄论、天台、华严、法相、真言是也。此说为日本凝然大德所著之《三国佛法传通缘起》及《内典尘露章》所载；若此说信然，则隋唐以前，罗什以后，当已有毗昙、成实、律、三论、涅槃、地论、净土、禅、摄论九宗。又凝然大德所著《七帖见闻》中，除去涅槃、地论、摄论，成为十宗。故隋、唐以前，成为六宗。此种问题，大可研究。盖隋唐以前，实尚未有所谓宗派。喜研究《三论》者，可谓为以《三论》为宗，然非可称为三论宗也。当时讲经之人，尚有以讲《四论》为主者；讲演《成实论》者有人；玩索《涅槃经》者有人；专心《法华经》而说之者有人；宣扬《维摩经》者有人；弘传《地论》《摄论》者有人；凡此皆限于探究一种经典，非如后世所谓宗派宗旨也。譬如罗什系统，多有兼习《三论》《四论》《成实》《涅槃》者；或努力阐扬《法华》者；此非兼学他宗派，乃欲贯彻其根本义而讲求之者也。若一一加以区别，则法华宗早应成立矣。罗什之译《新法华》也；弟子僧叡为其后序；昙影著《法华义疏》四卷（昙影固以通《成实论》著名者）；慧观著《法华宗要》；此后《法华》之流行，决不逊于《大品》《小品》《三论》《成实》《涅槃》诸经论，固意中事也。有谓《法华》之见重于世，自天台大师始者，乃大谬误；盖《法华经》为会三归一之法门，足以超绝诸经；罗什译时，已有定论；决非天台大师所创。今引僧叡《后序》以证之：其文曰："诸华之中，莲华最胜；华而未敷，名屈摩罗；敷而将落，名迦摩罗；处中盛时，名分陀利；未敷喻二道；将落譬泥洹；荣曜独足，以喻斯典；至如《般若》诸经，深无不极，故道者以之而归；大无不该，故乘者以之而济；然其大略，皆以适化为本；应务之门，不得不以善权为用；权之为化，悟物虽弘，于实体不足，皆属《法华》。"观慧《法华宗要》序亦曰："权应既彰，则局心自废；宗致既显，则真悟自生；故能令万流合注，三乘同往；同往之三，会而为一乘之始也。"由上所引二说观之：罗什门下之于《法华经》，其眼界之高，借此可以想见；而罗什对于《法华经》之思想，亦可推测矣。若谓隋唐前已有九宗？则法华亦应加入而为十宗。

成实宗之为一宗，亦颇难断定；隋唐以前，于三论、四论之空宗，般若皆空论之外，似无人承认有成实宗者。其讲成实学者，以刘宋时东安寺道猛，萧齐定林寺僧柔、谢寺慧次为尤著。梁之三大法师，僧旻、法云、智藏，乃僧柔、慧次之弟子。萧齐永明七年（489），文宣王萧子良使僧柔、慧次讲《成实论》于普弘寺；集名僧五百前来听讲；僧柔、慧次受命之后，撮《成实论》要旨，撰《抄成实论》九卷；周颙字彦伦，著《三宗论》《音空假义》等书；建山茨寺于钟山，即今之草堂寺也。明帝好佛，颙常入内殿，居帝左右，与之讲论制序；其序文中有曰："删赊探要，取效本根；则方等之助无亏，学者之烦半遣；得使功归至典，其道弥传；波若诸经，无坠于地矣。"波若即般若，乃视《成实》为《方等般若》之教也。故梁之三大法师，亦视《成实》为般若部大乘之书；其视《成实》为小乘，而谓为别一宗者；乃隋唐以后之事。或者我国学者之思想上视为别宗，实非印度传来之本意也。

世谓罗什未来华之前，无所谓宗派；及其来也，空宗甚至谓三论宗为一宗者始现为一宗。但大乘空宗，决非始于罗什；缘罗什之前，般若诸经，已有译之者；而以道安法师为嚆矢；盖罗什以前之大乘佛教，固重空无相说，即相传与老庄教有关之说也。《高僧传》谓竺法雅、康法朗唱格义；其为人不可考，抑东晋初人乎？乃北方人，非来南方者。格义云者，以佛经中事，参配外书，以释其例；大都用老庄书解佛经者。又刘宋大庄严寺昙济著《七宗论》昙济为加入三论宗系统之人，但其传不详，其七宗不详。僧叡谓："格义迂而乖本，六家偏而未即。"其所谓六家亦不明。要之罗什以前，已有七宗、六家诸异说，其中本无说、心无说、即色说，乃散见于诸书；此三说在罗什以前学说中，为最重要者。

第一本无说，颇似老庄之说；即天地之初，造端于无，自无而有，而万物生存之说也。《中论疏》谓为琛法师之说琛法师，何许人，不可考。《肇论新疏》谓为竺法汰之说。按竺法汰与道安同学，此竺法汰恐另是一人。《中论疏》谓道安亦主张本无说，但其说与琛法师有别；谓一切诸法，本性空寂，与佛教空宗之理相同。是以竺法汰论本无义一篇，与琛法师之说稍异。而道安等之说，与后世空宗之意不相违。学者咸许之。

第二心无说，乃表明佛教所说空之意义，非外界之万物，与内界之心，一切皆空无之意义；唯观我心空无，则不为外物所迷；即仅空其心而不空外界之说也。《高僧传》谓道恒在荆州盛倡此说。竺法汰别道安，自襄阳来荆州时，见道恒之说风行，斥为邪说；因负病，使弟子昙壹难之；不能屈。适慧远奉道安命，来省竺法汰之病；代昙壹难之。道恒辞穷，不能置答。心无之义，自此渐衰。但嘉祥大师即著《中论疏》者谓温法师温法师，何许人，不可考主张此说。或者温法师为初创此说之人，所谓倡自道恒者，乃仅就荆州所流行者而言之耳。

第三即色说，即色者，即色是空也；外界万物之存在，由于心相计、人相名之故；若心无所执，人不相名，则色之为色无可名，故色即空也。《肇论新疏》谓此说为支遁字道林之说；嘉祥称之为关内即色之义；明支遁即色说与之有别。支遁著《即色游玄论》，述即色之义。《中论疏》谓此许因缘所成假法之存在；既为因缘所成假法之存在，则可谓为法空；而论诸法之实相，与一般空宗之正义，可称一致。《高僧传》谓有于法开者，于法兰弟子也，居剡之石城山元华寺；后移住白山之灵鹫寺，常与支道林论即色空义，有所辩争。若支遁信如嘉祥之说，则法开何致必持异议。且法开南人也，纵持异议，与所谓关内即色义，自当有别。

以上所列三说：除道安本无说、支遁即色说外，僧肇（罗什弟子）曾于所著《不真空论》中，述其大要，以破斥之。然就诸说考之，俱不过解释大乘佛教之空，所立之异说耳。本无者，万物之初本无之谓；以万物原出于无，为佛教之空也。心无者，非物无之谓；以心不执万物，为佛教之空也。即色者，以心无所执，则万物本无之理，为佛教之空也。由此观之：罗什以前诸说，不过空之争执而已；而道安、支遁所说，与罗什所传，无大差异焉。然则龙树系妙空之说，必非出于罗什以后，可推而知也。《高僧传》载智林（死于萧齐永明五年）著《二谛义》；明三宗不同；同时周颙亦作《三宗论》，宗旨相合；乃大喜悦。又智林自称年少时，见长安耆老，多言关中学者中，尝有持三宗之义者；当佛法传译盛时，深得此趣者不多；既超越常情，后世听受者宜甚寡也。信如智林所云：当罗什来长安时，关中纵有三宗之义，但较后世之说，究属何如，不可知矣。故此系统之称号，宁谓为道安、罗什系，为得宜也。今举道安、罗什相续法系于下：

（一）道安系

- 佛图澄
  - 道安
    - 昙翼
    - 法遇
    - 昙徽
    - 道玄
    - 昙戒
    - 慧远
      - 慧宝
      - 法净
      - 法领
      - 僧济
      - 法安
      - 昙邕　初为道安弟子
      - 僧彻
      - 道汪
      - 道祖
      - 慧要
      - 昙顺
      - 昙洗
      - 法幽
      - 道恒
      - 道授
    - 慧持
      - 道泓
      - 昙兰
    - 慧永
  - 法和
  - 竺法汰
    - 竺昙壹
    - 竺道壹
    - 竺昙二
  - 法首　出佛图澄传
  - 法常　出佛图澄传
  - 法佐　出佛图澄传
  - 僧慧　出佛图澄传
  - 道进　出佛图澄传
  - 法祚　出佛图澄传
  - 竺佛调　天竺人
  - 须菩提　康居人
  - 竺法雅　格义之祖

此图示佛图澄法子法孙，由北来南，布教系统。初道安等避乱南至襄阳，居白马寺，寺宇过狭。遂以张殷宅为寺；地方富人，为之兴筑，建五重塔，起屋四百间；其盛可想，此即檀溪寺也。当道安等仓皇南下，途次新野，各自分途他适；竺法汰携弟子昙壹、昙二等四十余人，沿江东下，适建康。法和携弟子，溯江西上，适蜀。道安遂携弟子慧远等四百余人来襄阳。襄阳陷；道安适长安，徒众星散。慧远拟适罗浮山；途经浔阳，登庐山；遇同门慧永；遂止焉；盖慧永固先慧远行，亦往罗浮山者；其留居庐山西林寺也，应郡人陶范之请也。慧远既至，慧永以慧远弟子众多，西林寺屋宇狭隘，乃言于刺史桓尹，更建寺山东，以居慧远；此即东林寺也。

法和闻道安赴长安，亦自蜀往依之。竺法汰居建康瓦官寺。其地本是烧窑场，东晋兴宁中哀帝，僧慧力乞以建寺。竺法汰扩而大之，遂为名寺。其弟子竺道壹往居虎邱；盖虎邱，亦南方佛教中心之一也。

道安居檀溪寺时，长沙太守腾含，舍江陵宅为寺；向道安求一僧住持；道安命昙翼往，此即长沙寺也。后法遇亦居之；襄阳陷，道安西去；昙徽往荆州上明寺。僧彻（慧远弟子）居江陵五层寺；后移居琵琶寺。其同门道祖，偶在瓦官寺讲说；桓玄欲使沙门敬王者，盖即慧远著《沙门不敬王者论》五篇时也；道祖之出建康，往吴之台寺，实因愤桓玄之不重视沙门而去之也。蜀地佛教，原委不明；法和之后，慧持在蜀布教，备尝艰苦。慧持为慧远俗弟，别道安后，暂与慧远同住荆州上明寺，后移居庐山；一旦出建康，居东安寺；隆安三年（399），奋志入蜀，遂居成都龙渊寺以终焉。

道汪，慧远弟子也；亦在蜀布教，住祇洹寺费文渊所建；刘思考归依道汪，颇具热忱。《高僧传》谓“先是峡中人，每于石岸之侧，见神光夜发；思考以大明年号之中，请汪于光处起寺，即崖镌像，因险立室，行途瞻仰，咸发净心。”此即思考崇信道汪之证。后道汪应王景茂之请，居武担寺，为蜀地僧主僧正。

据上所列佛图澄道安等系统：足证此系统弘传佛教势力，自荆州暨建康西蜀，而被于扬子江流域矣。

（二）罗什系

- 鸠摩罗什
  - 僧䂮　居长安大寺。
  - 道融　罗什死后，道融自长安返彭城，从事讲说；随从者常三百余人。
  - 昙影
  - 僧叡
  - 道恒、道标　此二人颇有经国器量；姚秦尚书令姚显逼令还俗，以备朝廷之用。二人终不许焉。
  - 僧肇
  - 竺道生
    - 道猷　道生初居庐山七年，与慧叡、慧严往长安，依罗什；后还建康，居青园寺；即后改名之龙光寺也。
  - 慧叡　初亦为庐山徒众，后从罗什；罗什死，还建康，居乌衣寺。
  - 慧严
    - 法智　慧严初亦为庐山徒众，后从罗什；罗什死，还建康，居东安寺。
  - 慧观
    - 法瑗
      - 僧宗　慧观经历，同前三人；罗什死，慧观建高悝寺于荆州，后居建康道场寺。
  - 僧弼　遊化楚郢（荆州），十有余年，后居建康彭城寺。
  - 僧苞　居建康祇洹寺。
  - 昙鉴　昙鉴居荆州江陵辛寺。
    - 僧济
    - 慧严
  - 慧安　初入庐山，后从罗什。
  - 昙无成　姚秦将亡之际，来居淮南中寺。
  - 僧导　僧导应东晋刘裕之请，居寿春东山寺；及裕即位，出建康，居中兴寺。
    - 僧威
    - 僧音
  - 僧因
  - 道温　初为慧远弟子；宋元嘉中，居襄阳檀溪寺；后移居建康中兴寺；温之禅房，特改名天安寺焉。
  - 僧楷

此外尚有僧业、慧询，俱从罗什传律者。

罗什弟子三千：以上仅举列名于《高僧传》者，不过一小部分人数而已。就此图观之：罗什死后，徒众往南方者居多；图中名字下有着重号者，指南来之人。盖此辈大概生于南方；入庐山后，闻罗什盛名，多赴长安；罗什死后，返其故居，势所必然；至于北方之人，则多留北地也。是以罗什门下，分北方南方，亦势所必然；尔后南北人自成风气，学风遂致相违。北方则有僧肇、道融；南方则有道生、慧观；其首选也。《高僧传》谓时人称之曰："通情则生、融上首；精难则观、肇第一。"观此，则当时品骘，可窥一斑矣。

道安时代，对于空义，似尚无详密议论，明确思想；较之罗什以后，当远不如。盖是时印度论部，未经翻译；其视为重要者，不过般若诸部而已；亦势所不得已也。但道安与罗什终可视为一系统，而称为道安罗什系。罗什以后，此教系之立足处愈明，故亦可单称为罗什系。其与罗什系立于对待地位者，则有觉贤所传之教系，当属别派。故可称此二派为隋唐以前之二大潮流。又觉贤之来华也，专弘禅法，其教义解释不明。所译之经，关于禅观者居多；《出三藏记》举其所译之经十一部。实则八部，观下述自明。其中以《观佛三昧海经》（八卷）、《新无量寿经》（八卷）、《达摩多罗禅经》（二卷）一名《不净观经》，又名《庾伽遮罗浮迷》。译言《修行道地》，又名《修行方便禅经》三部，属于禅观；其余七部上中有二部，为《华严经》之一部分，实止五部，除《华严经》外，举之于下：

《大方等如来藏经》一卷。元熙二年（420），译于道场寺。

此经东晋白法祖曾译之，今佚，其经名亦同其主旨，言一切众生心中，虽为烦恼所覆蔽，实有如来宝藏；以种种譬喻说明之。卷册虽少，经文颇妙。

《出生无量门持经》一卷。此第五译也，译于庐山。

此经异译甚多；觉贤以前，已有四译：以吴支谦《无量门微密持经》

一卷为第一译；觉贤以后，以刘宋求那跋陀罗所译《阿难陀目佉尼呵离陀经》一卷为第六译；至唐智严所译《出生无边门陀罗尼经》一卷为十一译；现存六译。本经以说陀罗尼密语之深秘为主旨；支谦译与本译，俱以华语译密语；六译以下，陀罗尼，则就原语音译之；但意译者，其意义颇不明晰。

《新微密持经》一卷。《出三藏记》谓今佚；实则《出生无量门持经》别名也；兹不赘。

《菩萨十住经》一卷。

《本业经》一卷。

此二部为《华严经》中之一部分，非其他经典也。

《净六波罗蜜经》一卷。今佚。

《文殊师利发愿经》一卷。元熙二年，译于道场寺。

《经录》谓外国四部众礼佛时，咸诵此经，似短偈文也。

此外言律者：则有《摩诃僧祇律》四十卷，《僧祇比丘戒本》一卷，后之《经录》皆载之；尚有《方便心论》一卷，《过去因果经》四卷，亦其译著之善而可举者，今佚。

由上所译之经观之，觉贤所传教义为何？苦难索解；中有如来藏之说，亦有陀罗尼密语之经，有关禅观者，亦有关戒律者，又有如《华严经》者。当觉贤之初至长安也，与罗什在姚秦太子泓姚兴子前问答。罗什问："诸法何故空？"答曰："一切万有，为极微之聚合；故曰假。"问曰："然则极微如何可谓之空耶？"答曰："多数学者，剖析一微，剖析尽，则归于空；此决不然，一微亦因缘而生，固无自性。"其意若此。答以一微故众微空，以众微故一微空，即为此意之解释。由此观之：觉贤之思想，可窥见一斑；但其所传教义之全体，则不能借是而明。以今考之，觉贤乃罽宾深修禅观者；其于理论，非所特长也；故《达摩多罗禅经》

《观佛三昧海经》，为其本领所在；自余诸作，乃下庐山往建康道场寺时，百忙中所译。例如《华严经》，本非觉贤所持来，乃支法领等携自西域者也；《摩诃僧祇律》《僧祇戒本》亦同亦法显三藏自印度赍至者；与觉贤关系不深，可断言者。即就《如来藏经》《无量门持经》小部经典观之，其与觉贤之关系，亦可推而知也。当是时，建康通梵语者，觉贤而外，首推法显；次为宝云（随侍觉贤者）、智严（伴觉贤来中土者），其他颇有印度西域之人来居者；以觉贤负有重名，各以所携梵本，诣觉贤前，请求翻译，亦意中事。盖觉贤之居建康也，极被教徒推崇，于是道场寺遂成为译经中心；其所译者门类庞杂，未能一致；未可视为觉贤所传教义也。但其翻译之《华严经》，乃对于罗什所传之空宗而设；实为中华佛教史上一大潮流之发源，故可称为觉贤所传教系。

印度大乘佛教，分为龙树空宗、世亲有宗二大教系；此二教系，自昔即立于相对地位，纵欲合而为一，亦有所不能。自此二教系传于中国，其所推阐之理，乃层出不穷：空宗云者，谓一切万有，乃因缘所成，定非实存，即消极说也；有宗云者，明其因缘所成意义，归于三界唯心，故其致力处，各有不同，即积极说也。今从小乘教发达上之关系立说，俾其理易于显明，并示其大凡焉。夫此世界何由而成乎？乃万有相互集合而成也；宇宙间之万物，皆相助相依，无有能独立者；即甲乙交相集合，甲为乙之成立原因，乙为甲之成立原因，如是甲乙双方依倚，假名为空间的因果法；佛教谓之俱有因、士用果。佛教所说因果，不仅指时间的变化之上而言，由此可见。从时间上考之，万有之变迁，悉由甲生乙、乙生丙之原因结果而成；此时间的因果，即佛教所谓同类因、等流果是也。观此：则世界现象，其空间时间，无论或纵或横，俱不过以因果之法则，造成假象而已；若无因果之法则，则万有失其定形，其基础荡然无存矣。然则此世界究为何物乎？夫世界本无定形定体，唯以因果之线，维系其假现状耳。

更进一步言之，现在之因果所造成之世界，果因何而现出乎？佛教则指为过去我等善恶行为之结果；此行亦由于心之无明（即迷惑）而成；故世界为我心所造，又归于一大因果法矣。此因果，佛教谓之异熟因、异熟果。故因果二字，足以包括佛教全体也。小乘教义，在二方面中，立一说以调剂之，谓之因果论，以示世界之所由成；大乘教则名此论为实相论，结果成为空宗，其示世界之所由成者，大乘教谓之缘起说，遂成三界唯心论；此佛教发达史上之途径也。若以在中国之大乘教言之：认罗什、觉贤所传者，为二大潮流之发源，则谓前者为龙树系，后者为世亲系，亦可；即谓中国佛教史之初期，由大乘教二大思潮并传而成，亦无不可。盖中国佛教，虽立多宗，当以二大思潮为其中心；至于其极，则一方成天台宗，一方成华严宗焉。

第七章　隋唐以前之二大系统（二）

佛教得以三字概之，曰戒、定、慧。罗什空宗，与《十诵律》并传中土罗什在西域，已学《十诵》；非因来中华从事翻译，始与《十诵》发生关系也，事属偶然；觉贤则译有《僧祇律》；二派所传，在戒律上自生派别。虽《僧祇律》之传播，不如《十诵律》之广；然迄至南北朝中叶，传播中土者，以此二律为主；而《十诵律》则流行南北，压倒诸律。先是罗什学《十诵》于卑摩罗叉，卑摩罗叉之来华也，在罗什后；卑摩罗叉既到长安，更游历南方荆州各地，专事弘宣《十诵》；《十诵》传播若斯之盛者，卑摩罗叉一人之力也。或谓翻译《十诵》，与慧远有关；故以庐山势力，传《十诵》于南方；其说亦有理由。慧猷或作昙猷在江陵辛寺，从卑摩罗叉学《十诵》；僧业从罗什学《十诵》；姚秦之末，关中扰乱；僧业乃返吴，传布《十诵》；慧观，亦其流亚也；余如慧询罗什弟子、僧璩僧业弟子、僧隐等辈，《十诵》律匠，继续出世。当是时，《十诵》《僧祇》二律外，《四分律》《五分律》，虽已译出；终不敌《十诵》之盛；如道俨所著之《决正四部毗尼论》，意欲融会四部，迄未广行；即其例也。齐梁之际，撰著《出三藏记》《弘明集》《释迦谱》之僧祐律师，实乃《十诵》名匠。慧皎所撰《高僧传论》，则曰："虽复诸部皆传，而《十诵》一本，最盛东国；以昔卑摩罗叉律师，本西土元匠；来入关中，及往荆陕，皆宣通《十诵》，盛见崇录；昙猷亲承音旨，僧业继踵，弘化其间，璩、俨、隐、营等，并祖述猷业，列奇宋代。”所指璩、俨、隐、营，不仅就《十诵》而言；乃就传律者而广言之，盖道俨立四部融会说，营（即道营）乃《僧祇律》学者；二人固不以《十诵律》擅名也。道宣所撰《续高僧传论》，则曰：“自律藏久分，初通东夏，则萨婆多《十诵》一本，最广弘持；实由青目律师，敷扬晋世，庐山慧远，赞击成宗。”此盖述《十诵》盛行之所由来也。青目律师，即卑摩罗叉。

《僧祇律》之传播，虽不如《十诵律》之广，但南北朝中叶，《四分律》渐行于北方，《僧祇律》专行于关中。自洪遵律师入关中，大唱《四分律》，《僧祇律》势力渐微；降及唐世，《四分律》遂压倒其他诸律矣。盖《四分律》，乃佛陀耶舍在长安所译，其时其地，俱与《十诵律》同，佛陀耶舍后返罽宾，继承宣布者无人，致《四分律》久不行于世。然古来相传讲敷学习，乃至受戒羯磨，皆以《四分律》作法为之；后之学者，谓《四分律》缘深于中国者，其此之谓欤？或云《四分律》之昌大，端赖慧光僧统之力；慧光属觉贤华严教系；所谓觉贤系统，与罗什系统之戒律，犹如《四分律》与《十诵律》，立于相对地位；此则近于附会也。

慧光，北魏末叶人也；弟子众多，以道云、道晖为最著。道云著《四分疏》九卷，专务弘律；道晖约之为七卷。名僧如昙隐、洪理、慧远皆出其门。其从道云、道晖学律者，洪遵也；当关中专行《僧祇律》之际，洪遵独说《四分律》；《续高僧传》评为“开导《四分》，一人而已；迄至于今，《僧祇》绝唱”；其推崇可谓至矣。道云之下有道洪，道洪之下有智首。智首著《五部区分钞》二十一卷，为《四分律》筑一大基础。《续高僧传》有曰：“自律部东阐，六百许年；传度归戒，多迷体相；五部混而未分，二见纷其交杂，海内受戒，并诵法正之文；至于行护，随相多委师资相袭；缓急任其去取，轻重互而裁断；首乃衔慨披括，往往发蒙；商略古今，具陈人世；著《五部区分钞》二十一卷；所谓高墉崇映，天网遐张；再敞殊文，统疏异术；群律见翻四百余卷；因循讲解，由来一乱；今并括其同异，定其废立。”文中法正，指昙无德所译之《四分律》而言。观此，足知本书之价值矣。《四分律》既若斯，慧光以后，遂与华严系统并兴，而渐盛于北方矣。

次述禅定之概要：禅定语义甚广，自数息观以至不净观、慈悲观、因缘观、念佛观之类悉谓之禅定。古称安世高长于禅，道安继之，最推崇世高；此禅即指此类之禅，称曰禅数之学。今据《经录》所载已译之禅数经典，列之于下。（经名下加着重号者，藏中现存之记号；加下划线者，恐有重译之记号。经名旁括弧内数字，为所译次数。）

《大安般守意经》二卷 后汉 安世高译

安般系音译，梵语阿那波那，即数息观。此经吴康僧会注释之；今藏中现存之本有此注；惟本文与注，混杂难辨，未易得其真意。康僧会注《安般》序文云：“会见南阳韩林、颍川文业、会稽陈慧，此三贤者，余从之请问，规同矩合，义无乖异；陈慧注义，余助斟酌；非师所传，不敢自由也。”

《禅行法想经》一卷 后汉 安世高译

《大十二门经》一卷 后汉 安世高译

《小十二门经》一卷 后汉 安世高译

《禅行三十七品经》一卷 后汉 安世高译

《禅定方便次第法经》一卷 后汉 安世高译

《禅法经》一卷 后汉 安世高译

《<u>五门禅要用法经</u>》一卷（一） 后汉 安世高译

《<u>思惟要略经</u>》一卷（一名《思惟经》）（一） 后汉 安世高译

《禅经》二卷（一） 后汉 安世高译

《禅经》一卷（二） 后汉 支娄迦谶译

《禅要呵欲经》一卷 后汉 失译

《阿兰若习禅法经》一卷（一） 后汉 失译

《修行方便经》二卷（一名《修行方便禅经》） 吴 支谦译

《禅秘要经》四卷（一） 吴 支谦译

《坐禅经》一卷（三） 吴 康僧会译

《安般行道经》一卷 吴 失译

《内禅波罗蜜经》一卷 吴 失译

《禅数经》一卷 吴 失译

《禅行敛意经》一卷 吴 失译

《法观经》一卷 西晋 竺法护译

《修行道地经》七卷（一名《榆遮伽复弥经》） 西晋 竺法护译

《治禅法经》一卷 东晋 竺昙无兰译

《达摩多罗禅经》二卷（一名《修行方便禅经》，亦称《不净观经》，或《修行道地经》） 东晋 佛陀跋陀罗译

《内身观章句经》一卷 东晋 失译

《禅秘要法经》三卷（又名《禅秘要经》）（二） 姚秦 罗什译

《坐禅三昧经》二卷（一名《阿兰若习禅法经》，后改名《坐禅三昧经》，又名《菩萨坐禅法经》《禅经》《禅法要》）（二） 姚秦 罗什译

《禅法要解》二卷（一名《禅要经》）（一） 姚秦 罗什译

《思惟略要法》一卷（二） 姚秦 罗什译

《禅要经》一卷（二） 姚秦 失译

《治禅病秘要法》二卷（一名《禅要秘密治病经》） 后凉 沮渠京声译

《禅法要解》二卷（三） 后凉 沮渠京声译

《禅秘要经》三卷（一名《禅法要》）（二） 刘宋 昙摩蜜多译

《五门禅经要用法》一卷（《佛陀蜜多撰》）（二） 刘宋 昙摩蜜多译

《阿兰若习禅经》二卷（三） 刘宋 求那跋陀罗译

《治禅鬼魅不安经》一卷 刘宋 失译

《六禅经》一卷 刘宋 失译

《禅行法经》一卷 刘宋 失译

《修禅定经》一卷 陈 真谛译

以上所列书目乃援据《经录》者，是否有误？殊难明确。但刘宋以前所译《禅经》，名目繁多，于此可见矣。

前所列诸典中：今更就其现存者为之分类，如《大安般》《禅行法想》《三十七品》《内身观》《治禅病法》，此五部，可属于小乘；如《呵欲》《法观》《达摩多罗》《禅秘要法》《坐禅三昧》《禅法要解》《思惟略要法》《五门禅》，此八部，可属于大乘。但此种区别，不得谓之严密；盖我国译经初期，决不在此诸典之中，立大乘、小乘之区别也。向来之分类者，以《禅秘要法经》（罗什译）属于小乘，未免大误。本经第十一《白骨流光观》下有言曰："佛说诸法，无来无去；一切性相，皆亦空寂，诸佛如来，是解脱身；解脱身者，则是真如；真如法中，无见无得。"细味其言，其理自见。

按上列禅经属于小乘者，乃安世高所译；卷册极少，或说明三十七品，或述五停心、四念处诸观；俱排列数字，故称为禅数之学；至于《达摩多罗禅经》《坐禅三昧经》，属于大乘；故称为菩萨禅。《达摩多罗禅经》，向来称为菩萨禅，但事实内容，均不类大乘。其说大乘禅观者，以《思惟略要法》最易明了；此书谓初入禅解法空者，应先修诸观。试举其例于次："佛在恒水边坐禅。有一多闻比丘，自怪无所得，而问于佛。佛言：'取恒河水中小石，以君迟水净洗。'比丘如教。佛问：'恒河水多？君迟水多？'答：'不可为喻也。'佛言：'不以指洗，虽多无用也。行者当勤精进，用智定指，洗除心垢；若不如是，不能离法也。'"此即言多闻无益，当先修观以除心垢；否则不能离于迷惑。

第一，四无量观法　慈、悲、喜、舍之四无量心，即以爱念一切众生视为平等而救济之，为其观法；于亲，于怨，于非亲非怨三种人，毫无间隔；于一切众生，忍辱不瞋，谓之众生忍；进而得法忍；法忍云者，所谓诸法不生不灭，毕竟空相是也；能信受是法忍，则谓之无生忍。四无量心中之慈悲喜舍四心：慈心者，与众生以乐之心也；悲心者，拔众生之苦之心也；喜心者，见众生之离苦得乐，相与共喜之同情心也；舍心者，于一切众生，无爱憎之分别，一视同仁，达于同体之谓也。

第二，不净观法　贪欲、瞋恚、愚痴三者，迷之根本也；欲断贪欲，则观我身不净可厌；贪欲既去，则瞋恚、愚痴，自随之而去；例如破竹，初节最难。

第三，白骨观法　白骨观者，除去吾身皮血筋肉，而观骨骨相拄成一骨人；既见骨人；当观骨人之中，其心生灭相续，如线穿珠。复观外人之身，一切如是。此观可入初禅。

第四，观佛三昧法　此即念佛观之初步；盖众生罪恶，自过去世以来，积罪重重；初入禅定，若有困难时，则诚心念佛，当为佛所护念，心自不乱。所谓："令无量劫重罪微薄，得至禅定；至心念佛，佛亦念之；如人为王所念，怨家债主，不敢侵近；念佛之人，诸余恶法，不来搅乱。"即此意也。其观佛法，先就佛像自顶至足、自足至顶观之；终至闭目开目，常了然如见像在眼前而修行之。

第五，生身观法　此法，较前之念佛观更进一层；前所观者为佛像，此则观佛之生身，如观佛坐菩提树下成道；或鹿野园之初转法轮；或灵山会上，为大众说般若法诸状态；是也。

第六，法身观法　此为观佛之功德；既于空中见佛之生身，当因生身观内法身；法身云者，对佛之十力、四无所畏、大慈大悲、无量善业、诸无形之力以为观者也。观生身而后观法身，譬如先念金瓶，而后念瓶内之摩尼宝珠也。

第七，十方诸佛观法　先观东方，廓然明净，无山无河，唯见一佛，结跏趺坐，举手说法；一佛化十佛，十佛遂化百千佛，无数佛；现其微妙之相，光光相接。更自东南，而南方、西南方、西方、西北方、北方、东北方、上下方，顺次环观；终见十方八面皆佛。闻佛说法，疑网尽消，得无生忍；若宿罪深者，不获见诸佛时；须一日一夜六时忏悔、随喜、劝请，当能见之。

第八，观无量寿佛法　愿往生无量寿佛之极乐国者，修此无量寿佛观。其修法，依利根钝根而有区别：利根之人，先观空中大放光明，晃然于空净之中，得见无量寿佛；钝根之人，则观人额上除去皮肉之赤骨；复观此骨一方寸中，变为纯白，洁如珂雪；更观其身体，总成白骨，亦洁如珂雪；且观其骨身成琉璃光色，此琉璃骨身，放白光，光明遍满世界；光明之外，不见一物；乃于光中，观无量寿佛，如紫金山，西向结跏趺坐。

第九，诸法实相观法　一切诸法，皆因缘所生，毕竟空相；以此为观，谓之甚深清净观；对此空之诸法，虽起种种烦恼；但烦恼不由内生，由外缘而起；烦恼亦不由外起，盖所谓外者，元来空相也；求诸内外，则烦恼不过迷影而已；此观名之曰淫怒痴实相观；淫怒痴即贪瞋痴；三毒无相，故名之曰实相；精心思惟，了得实相本不生者，名得无生法忍。此诸法实相观，亦与前观无量寿佛法欲生极乐国者所观相同；故云“观诸法毕竟空相；于众生常兴大悲；所有善本，尽以回向；愿生无量寿佛国，便得往生”是也。

第十，法华三昧观法　此以《法华经·见宝塔品》为观者。所说释迦佛与多宝如来坐七宝塔中；以十方分身化佛，遍满众生国土之中；欲证实法；出其舌相；音声遍满十方世界，宣说《法华经》，惟一大乘，无二无三，所谓无生无灭，毕竟空相；习如是观者，即得禅定；名曰一心精进如说修行正忆念《法华经》。

又罗什所译《坐禅三昧经》分为上下卷：上卷分为五门五门《禅经要用法》所列五门，盖即此也：第一，治贪法门淫欲多者，用不净观；第二，治瞋恚法门瞋恚偏多者，用慈心法门，即慈悲观；第三，治愚痴法门愚痴偏多者，用思惟法门，即因缘观；第四，治思觉法门思觉偏多者，用阿那般那三昧法门，即数息观；第五，治等分法门治等分行及重罪者，用念佛三昧，即念佛观；下卷说明色界初禅、二禅、三禅、四禅；进说四念止观即四念处观，谓观身不净，观受是苦，观心无常，观法无我也；暖法常勤精进；诸烦恼如薪，以无漏智火烧之，名为暖法；顶法从暖更进向上，能除种种苦患及老病死，名顶法，亦名顶善根；忍法更勤精进，观五阴无常、苦、空、无我，于心能忍，不悔不退，是名忍法，亦名忍善根；世间第一法言在世间禅中为第一也；更以法忍、法智、比忍、比智，自初心至十五心为断道观五阴无常、苦、空、无我，中心忍受，名苦法忍，由是生智名苦法智，更有苦比忍，苦比智；苦是四谛之一，每谛有法忍、法智、比忍、比智四心，共十六心，在十五心能断诸烦恼，故云断道；以十六心为须陀般那须陀洹，即小乘初果；又就息忌陀伽迷斯陀含，即小乘二果，阿那迦迷阿那含，即小乘三果，阿罗汉即小乘四果，详加说明，进及辟支佛与佛。再明十方三世诸佛之生身观，佛之功德智解观此即念佛三昧，并举不净观、慈心观、因缘观、阿那波那观数息观；最后说明生忍、柔顺法忍、无生法忍三种；以悟诸法实相者，为无生法忍；所谓诸法实相云者，乃龙树系之口吻，即“非有常，非无常，非乐非不乐，非空非不空，非有神非无神”，及“不生不灭，不不生不不灭，非有非无，不受不著，言说悉灭，心行处断”之说是也。

《禅法要解》所说，与《坐禅三昧经》大体相同。罗什谈禅经典，当以《坐禅三昧经》为最完备。但《坐禅三昧经》非出于罗什一人之手，乃其弟子僧叡续成者；合读全文，前后颇有重复混杂之处。僧叡序文，曾载此事；兹将《出三藏记》所引僧叡序文，列之于下：

初四十三偈，是究摩罗罗陀法师所造；后二十偈，是马鸣菩萨之所造也；其中五门，是婆须密、僧伽罗叉、沤波崛、僧伽斯那、勒比丘、马鸣、罗陀禅要之中，抄集之所出也；六觉中偈，是马鸣菩萨修习之，以释六觉也；初观淫恚痴相及其三门，皆僧伽罗叉之所撰也；息门六事，诸论师说也。此经最初有四十三偈（即究摩罗罗陀所造四句一偈之赞文），又长行文说明五门，前已述之矣；五门之中，思觉法门所举三种之粗思觉，三种之细思觉，此六觉应除之；尚有偈文，即马鸣六觉中偈也；又此经最后有马鸣所造二十偈；五门之中，前三门为僧伽罗叉之说，数息观之六觉，为诸论师之说。总之此书，乃集究摩罗罗陀、婆须密、僧伽罗叉、沤波崛、僧伽斯那、勒比丘、马鸣诸论师之说而成，据此序文，可以知矣。

且序文又曰：

究摩罗法师，以辛丑之年十二月二十日，自姑臧至常安；予即以其月二十六日，从受禅法……寻蒙抄撰众家禅要，得此三卷……出此经后，至弘始九年闰月五日，重求检校，惧初受之不审，差之一毫，将有千里之降；详而定之，辄复多有所正；既正既备，无间然矣。

由此观之，此经源流，可以知矣。罗什所传之禅，次章另述之。其在南方译禅经者，觉贤也；试先述觉贤之禅。

传载觉贤生于北天竺那呵利城；其先世迦毗罗人，祖达摩提婆，迁北天竺；父达摩修耶利，觉贤幼即丧父，往罽宾学佛教；其师佛大先，大禅师也；觉贤从之，专习禅法。故《达摩多罗禅经》序，有“今之所译，出自达摩多罗与佛大先”之语。《达摩多罗禅经》，以禅法之传统自大迦叶，阿难、末田地、舍那婆斯、优波崛、婆须密、僧伽罗叉、达摩多罗，乃至不若密罗云。觉贤居罽宾时，西凉智严适至；亦随佛大先于摩天陀罗精舍传受禅法；其还也，发愿欲聘印度人，弘宣禅法于中土；众乃推觉贤膺斯职；遂偕智严来华传禅法。故觉贤之居长安也，专务弘禅；往庐山后，应慧远之请，主译禅数诸经。

觉贤所译诸经，以禅为其本色。所译禅数经典之尚存者，则有《达摩多罗禅经》，此经题为《达摩多罗禅经》，然实根据佛大先、达摩多罗二人之说，有慧远序文可证；兹列于下：

今之所译，出自达摩多罗与佛大先；其人西域之俊，禅训之宗，搜集经要，劝发大乘，弘教不同，故有详略之异；达摩多罗阖众篇于同道，开一色为恒沙，其为观也，明起不以生，灭不以尽，虽往复无际，而未始出于如；故曰：色不离如，如不离色；色则是如，如则是色；佛大先以为澄源引流，固宜有渐；是以始自二道开甘露门；释四义以返迷，启归途以领会，分别阴界，导以正观；畅散缘起，使优劣自辨；然后令原始反终，妙寻其极，其极非尽，亦非所尽；乃曰无尽，入于如来无尽法门。

由是观之，此经自二道四义之区别，以至阴观、界观，迄十二因缘观，皆佛大先之说也；达摩多罗则传如（平等）色（差别）平等之观；佛大先之教人也，由浅而深，使入奥理；就此经所说可以见之；故宜名为佛大先禅经，方为适当。《萨婆多部记目录》，以佛驮先为第五十二祖，以达摩达罗菩萨为第五十三祖。一说第四十九祖佛大先，第五十祖昙摩多罗。是佛大先在达摩多罗之前之明证。又慧观《不净观经序》，有“昙摩多罗菩萨与佛陀斯那俱共”之语。是指此二人同时矣。就佛陀斯那而言，宁谓富若密多罗、富若多罗为罽宾第一、第二教主，佛陀斯那为第三教主较为妥善。《达摩多罗禅经》所明诸禅，可分三观：一为安那般那观，二为不净观，三为界观。此三观中，安那般那观分作方便道、胜道二大段为诸修行说未曾有法，度诸未度，令得安稳。谓二甘露门：各有二道。一曰方便道，二曰胜道，即此；方便道区别为四种，即退分、住分、升进分、决定分是也序文所谓释四义者即此；胜道亦有此四区别；不净观亦分退、住、升进、决定四段；界观地、水、火、风、空、识则不立此区别。以上皆偈文；其次之四观，则以长行述之。所谓四观者，即四无量三昧、阴观五阴、入观六入，即六处、十二因缘观，是也。据上所列各目而研究之：《达摩多罗禅经》所说观法，其大体可推而知矣。

觉贤之来华也，以传布禅法为专务；其于佛教理论的教义，关系不深；盖其学之本源出于罽宾，而罽宾实为小乘教之中心也。《出三藏记》中《萨婆多部记目录》，则称为“长安城内齐公寺萨婆多部佛大跋陀罗”齐公寺或系觉贤在长安时所居之寺。有疑其专传有部宗者，此但就其所传禅法而言。若就其与罗什问答情形推之，似非纯然有部系统中人；证之慧远序文，可无疑义。即以其所译经典观之，律则有《僧祇律》；经则有《华严经》；此种经典，在中国佛教史上，关系重大；即对于罗什所传成一教系，认为　大潮流之发源者，不可谓为非偶然也。反之，罗什所传者，系龙树系教义；自空无相之根本义，弘布中土以来，本固枝荣，终能在中国佛教上发展庞大势力。故自罗什系统所发展之重要教义，则有二大宗，即天台宗、禅宗是也。

第八章　禅之由来

禅宗宗旨，前既述之；考禅所由来，相传菩提达摩传入中土。然征诸史乘，菩提达摩事迹不明；即其大体，今尚揣想不出也。

达摩传禅之说，以《续高僧传》所载为最古；相传达摩为南天竺之婆罗门种禅宗概谓为香至王之子，刹帝利种也；宋代始由南海履中土，后北度至魏地；所至传禅；自称年百五十余岁。兹述达摩之说如下：

如是安心，谓壁观也；如是发行，谓四法也；如是顺物，教护讥嫌；如是方便，教令不著；然则入道多途，要唯二种，谓理行也。借教悟宗，深信含生，同一真性，客尘障故；令舍伪归真，凝住壁观，无自无他，凡圣等一；坚住不移，不随他教，与道冥符，寂然无为；名理入也。行入四行，万行同摄，初报怨行者；修道苦至；当念往劫，舍本逐末，多起爱憎；今虽无犯，是我宿作，甘心受之，都无怨诉；经云：逢苦不忧，识达故也；此心生时，与道无违，体怨进道故也。二随缘行者；众生无我，苦乐随缘；纵得荣誉等事，宿因所构，今方得之；缘尽还无，何喜之有；得失随缘，心无增减；违顺风静，冥顺于法也。三名无所求行；世人长迷，处处贪著，名之为求；道士悟真，理与俗反，安心无为，形随运转；三界皆苦，谁而得安；经曰：有求皆苦，无求乃乐也。四名称法行；即性净之理也。

有谓“达摩以此法开化魏土”者。且此二入四行之说，载在禅宗诸书，文句稍异。其说明理入之处，以“不随他教”之“他”字，易作“文”字（见《少室六门集》）；虽仅一字，颇足注意；确为后世所修改无疑。当达摩之时，禅教虽相违，尚不若后世所言之歧；观前所述“借教悟宗”一语，可以明其故矣。

据禅宗所云：达摩受法于般若多罗不如密多罗弟子；初学小乘禅观于佛陀跋陀；时佛陀跋陀门下有二弟子：曰佛大先；曰佛大胜多；佛大先因般若多罗之教，转习大乘；佛大胜多之后分六派六派，即有相宗、无相宗、慧定宗、戒行宗、无得宗、寂静宗；达摩之力，终悉伏之。按诸书所载传法系统，其说纷歧，不易确定；据觉贤（即佛陀跋陀罗）传，佛大先乃觉贤之师，据《出三藏记》佛大先之嗣法者，达摩多罗也。佛大先之前，有佛陀跋陀其人，为诸书所不载；又般若多罗为何如人？除禅宗以外之书，亦无所考。《出三藏记》称列于弗若密多罗之次者，有婆罗多罗、不若多罗、佛驮先、达摩多罗诸人。《达摩多罗禅经》所举，仅及僧伽罗叉、达摩多罗，乃至不若密罗诸人；无般若多罗之名；此亦须研究者。此上所述，其以不若多罗为般若多罗乎？若然，则未免捏造；盖不若、般若，梵语固全异也。

达摩履中土年代，自古异说；有谓在梁武帝普通八年（527）九月者《景德传灯录》之说。考普诵八年三月，改元大通；《传法正宗记》谓在普通元年（520）九月。《续高僧传》有“初达宋境南越”之说；则是达摩之来，早在宋代。若然，则梁武帝与达摩生不同时，何来问答？此亦应确为考订者也。

《高僧传·慧览传》曰："曾游西域，顶戴佛钵；仍于罽宾，从达摩比丘，谘受禅要；达摩曾入定，往兜率天，从弥勒受菩萨戒；后以戒法授览。"《续高僧传·僧副传》曰："裹粮寻师，访所不逮；有达摩禅师，善明观行；循扰岩穴，言问深博；遂从而出家。"副之殁在普通五年（524）；《续高僧传》列副之名于菩提达摩前；此则其所受教之达摩，信其非菩提达摩也。《菩提流支传》称北魏孝明帝时与梁武帝同时，波斯国菩提达摩来，自称一百五十余岁云。同时北魏又有达摩菩提译《涅槃论》一卷；此人与禅宗之菩提达摩无关。相传《达摩多罗禅经》乃佛大先与佛陀跋陀罗集达摩之说而成者。其妄据前说可明。世称《少室六门集》为达摩所著；但除二入四行之外，无一可名为达摩之说者。《少室六门》，即第一门心经颂、第二门破相论、第三门二种入，即二入四行、第四门安心法门、第五门悟性门、第六门血脉论。要之罗什时所传之禅，乃从教悟入之禅；达摩所传之禅，乃不立文字之禅；方法虽不同，而其为般若则一。惟其不立文字；故自来传述达摩之事迹，多不足征信；其说亦难确指；乃无可疑之事实也。梁武帝时，如有名之保志《高僧传》作保志，其他诸书多作宝志，暨所称之傅大士（即傅翕）。其言行所传，多涉怪诞；但保志之《大乘赞不二颂》，傅翕之《心王铭》，颇有特异之风。此盖佛教空宗之系统，及老庄之学，与南方风气所酿成者。达摩不立文字，为南禅之起源；保志、傅翕亦其流亚欤？

如前所述：罗什既传空宗，同时盛译禅经；其禅经中影响最大者，《坐禅三昧经》也。《坐禅三昧经》中有言曰：

汝于摩诃衍中不能了，但著言声；摩诃衍中诸法实相，实相不可破，无有作者；若可破可作，此非摩诃衍；如月初生，一日二日，其生时甚微细，有明眼人能见，指示不见者；此不见人，但视其指而迷于月；明者语言，痴人何以但视我指，指为月缘，指非彼月；汝亦如是，言音非实相，但假言表实理；汝更著言声，暗于实相。

此种譬喻，非必始于《圆觉》《楞严》二经；殆罗什译禅经以来，其门徒所久传之譬喻；妙在于言语之外，彻见真性，而为南人所素喜者。《圆觉经》有“修多罗教，如标月指。若复见月，了知所标，毕竟非月”之语。《楞严经》亦有相同之语。亦即空宗禅发达之端绪也。是则南方禅风，道生、慧观，亦已开其端矣。

道生有顿悟成佛之言。《高僧传》曾载之，兹引之于下：

乃喟然叹曰：夫象以尽意，得意则象忘；言以诠理，入理则言息；自经典东流，译人重阻，多守滞文，鲜见圆义；若忘筌取鱼，始可与言道矣。于是校阅真俗，研思因果，乃言善不受报，顿悟成佛。

“善不受报顿悟成佛”八字，详细之解释不传；但自前言推之，亦可得其大要。此说不独唱自道生，其同门之慧观，亦主张之；虽为一般佛教者所反对，但同时有一学说，最占势力，即《高僧传》所载“顿悟不受报，等时亦宪章”之说也。此说，道生、慧观之弟子，各自传授，奉为圭臬者也。证之上列《高僧传》所言，可以知其故矣。

道生之殁，在宋元嘉年间；其后二三年，宋文帝偶述顿悟成佛说道生之说；僧弼等起而反对之；文帝曰：“若道生在，当不屈于汝等。”《高僧传》以此问答在太祖武帝时，自年代上考之，道生之示寂，在元嘉十一年（434）；太祖时道生尚存，太祖或系文帝之误，僧弼，罗什弟子也。居彭城寺，为文帝所重。当是时，道猷道生弟子亦继承顿悟成佛义者；文帝问慧观，习得顿悟义者何人？慧观以生公弟子道猷答之；文帝敕临川郡，遣道猷赴建康；道猷既至，帝乃大集义学僧与之论难；道猷力屈之；因道猷得道生真传，故《高僧传》称为“积思参玄，又宗源有本”；并云“乘机挫锐，往必摧锋，帝抚几称快”。观此，则当时辩论状况，可概见矣。同时有法珍者，不知何人之弟子；与道猷同居新安寺；创“使顿悟渐悟，义各有宗”之说。龙光寺亦道生所居有宝林者，与其弟子法宝，皆祖述道生之义。盖道生之义，以《涅槃经》之阐提成佛，及顿悟不受报，为其特色；即谓此二人祖述顿悟义亦可。

慧观有著作一篇，题曰《论顿悟渐悟义》；其弟子法瑗附和之；适文帝访求通此义者，乃召法瑗于宫中使说之。何尚之闻之叹曰：“常谓生公殁后，微言永绝；今日复闻象外之谈，可谓天未丧斯文也。”昙斌宋末元徽年间殁亦申顿悟渐悟之旨。因人主偶然之好尚，顿悟渐悟之义，遂赖之以传；而渐及于齐、梁之世矣。

兹就保志、傅翕之事略言之。保志金城人，俗姓朱氏，僧俭弟子也；专习禅业；宋初祝发，常执一锡杖，杖头挂剪刀及镜，或帛一二匹；步行市中。奇迹甚多，颇涉怪诞；似不见重于宋、齐两朝间；梁武帝特皈依焉。入寂后葬遗骨于钟山；就墓地建开善寺；即梁之三大法师智藏所居者也。傅翕字玄风，号善慈，婺州义乌人躬耕松山，修佛道；梁大通六年[1]（534）奉召来建康。相传与武帝问答：帝尝请讲《金刚经》；翕才升座，以尺叩案即下；一日戴冠，着法衣，靸履（深头之履），参宫中；帝见之，谓曰：今日为僧装耶？则默然指其冠；又问曰：然则道士耶？即指其履；又问曰：俗人耶？则指法衣而还。其《心王铭》文辞简要，可推杰作。今之轮藏，亦其所建，知名于世。傅翕有二子，普建、普成，今之轮藏，多设此三人之像。

---

1 “大通六年”当作“中大通六年”。

上述禅宗之所由来，不过举其一端耳。自安世高以来，禅既传于中土，所谓修习禅业，自佛教传来之初，已推行之矣；况竺法护、道安辈出而鼓吹之耶？至于大乘禅、小乘禅、习禅、如来禅（祖师禅）等，乃后世禅学者所设之名目；隋唐以前，决不设此种严密之区别。揆之事实，罗什之《坐禅三昧经》，虽与大乘无甚差别；但此中之大部分，世已指为小乘之禅。《达摩多罗禅经》谓为大乘禅，可称允当；非仅以其为慧远之言而遽信也。《禅要秘密治病经》（沮渠京声译）序曰：天竺比丘大乘沙门佛陀斯那。佛陀斯那，即佛大先也。就其内容言之，其似大乘之处，能确指否乎？要之此时代所谓大乘小乘，半系形容之词；必于书中区别何者为大乘，何者为小乘，殊觉匪易；且译者构思之际，欲设上列之区别，实际上亦有所不能。故以安世高之禅为小乘禅；罗什之禅为大乘禅；不过就今日思想，区别之而已。其实修习禅业者，古时极多，无甚差异；《高僧传》为修禅者立传，始于西晋末叶；其在西晋以前，未必无修禅业者，惜后世无传耳。

修习禅业者，系统不明之人居多；且非著名之人，兹概从略。而仅就觉贤之禅述之。传觉贤之禅最有声者，当推智严、玄高，智严昔自罽宾伴觉贤返国；觉贤自长安赴南方；智严与之分散，往山东修禅；刘裕宋太祖受东晋之命，灭姚秦于长安；旋师时道经山东，得晤智严；其详情载在《高僧传》曰：“始兴公王恢从驾游观山川；至严精舍；见其同止三僧，各坐绳床，禅思湛然；恢至，良久不觉；于是弹指；三人徐开眼；俄而还闭；问不与言。”王恢甚高之；请与偕行，三人坚谢；强之，二人乃推荐智严；智严不得已，遂随刘裕入建康；住始兴寺；严性乐静避嚣，王恢乃于东郊更建枳园寺居之；其余二人，留山东精舍者，当是觉贤弟子，惜其名不传。

当觉贤之居长安石羊寺也；玄高参照第五章即于其时为其弟子，传受禅法；后往西秦，隐居麦积山，与其徒百余人，专务修禅；会西秦有二僧，恶其德望，构谗言于国王，欲害之；玄高避往河北之林阳堂山；有徒三百人。玄高之居麦积山也；昙弘同修禅业，与之相亲；后昙弘布禅岷蜀；闻玄高得罪，冒栈道之险，诣西秦主申其清白。玄高得免罪返都，后赴后凉游化，魏武攻入后凉，请高同还平城，使为太子晃师；终遇法难而死。玄高之徒数百，上首者百余人；玄绍秦州陇西人尤著。觉贤禅法盛行于北方；据此事实，可以证明矣。

觉贤入寂于宋文帝元嘉六年（429）；后五十年，有佛陀禅师（世呼为少林寺祖师三藏佛陀禅师），来北魏弘禅。孝文帝时。《续高僧传·习禅篇》载有此事云："佛陀来自天竺；孝文帝自平城迁都洛阳后，为佛陀建寺于嵩岳少室山使居之；即少林寺也。"《魏书》亦云："为西域沙门跋陀建少林寺，公给衣供；世谓达摩面壁之少林寺，即此。"佛陀传载其弟子有道房、慧光，慧光即造《四分律》之光统律师也；光统律师年十二时，献技于洛阳市街；众人竞异而观之；佛陀见之，曰：此儿有道业，遂拔为弟子；后观慧光为人，知其不可独学经论，乃使研究戒律；于是慧光遂从道覆律师传受戒律焉。

传佛陀禅师之禅者，当首推道房；但其传不详耳。道房弟子曰僧稠禅师，为北齐文宣帝所皈依；僧稠初随道房，后从道明禅师不详其为何许人，受十六特胜法。十六特胜法云者，分欲、色、无色、三界之定，而为十六种之谓也。其间视为主要者，则由《涅槃经·圣行品》。修四念处之观法；积功而至最后，始证深定；九日间入定不起，既由定出，情想澄然；亲向佛陀禅师，呈其所证；师曰："自葱岭已东，禅学之最，汝其人矣。"乃更授以深要。由是陟历诸山，修行禅学；声名渐高；北魏孝明孝武之世，屡被征召，固辞不赴。北齐文宣帝召之再三，始赴邺都，帝亲出而迎之，受菩萨戒法，断酒禁肉，放舍鹰鹞，谕天下禁屠杀。稠留宫中四十余日，辞归，欲还其大冥山旧居；帝以大冥山谘谒不便，为建云门寺在邺城西南八十里。当是时，齐国境内，至欲禁禅法以外之佛教；僧稠力谏之，乃止；由此可知是时禅法之盛矣。僧稠弟子曰昙询；昙询弟子曰静林、道愿、慧力；自后系统不明。世仅传佛陀禅师之名，其名为何，不可得而知。《魏书》作跋陀。《高僧传》或作佛陀，或作跋陀。

传禅学者，除《续高僧传》所列者外，尚不乏人；因非禅宗要人，故略之。

第九章　极乐往生与兜率往生

禅之种类中，特别发达，而与后世以绝大之影响者，念佛观是也。此念佛观，始存于小乘五停心观之中；任何禅经，无不说之者。五停心观，即数息、别想念、总想念、因缘、念佛五种。一说除念佛观，加界观。其区别有多种。举凡观佛三昧、生身观、法身观、十方诸佛观法、观无量寿佛法，如上所述者，莫非念佛观也。盖观佛之法，其大体有二：一真身观；二应身观。真身观云者，佛身遍满于宇宙，观宇宙之实在，即观佛之真实身也。应身观云者，就佛在人间所现形相，而观念之也。《维摩经》之《阿閦品》，说真身观；《观佛三昧经》，说应身观。应身观又有通观、别观之分。通观云者，非观特种佛之谓，乃观一切佛之谓；《观佛三昧经》之念佛观属之。别观云者，或观弥勒，或观药师，或观阿弥陀佛，就特种佛而观之之谓；《观无量寿经》属之。此观佛之区别，据净影寺慧远《观无量寿经疏》之说。

一般禅经所述之念佛观，非真身观、法身观，乃应身观也。《观佛三昧经》，为应身通观之经典；共有二译：觉贤所译之十卷本为第一译，罗什所译之一卷本为第二译，第二译今佚。又罗什所译禅经，皆明观佛之法，前已述之矣。

应身别观之经典，当推《观无量寿佛经》为最重要。元来念佛观之旨，为众生过去之罪业深重，愚痴蒙昧，心根怯弱，其力不堪修行佛道时；使观佛应身之相及其德；如见佛现于目前，而受佛之哀愍救护；以遂其修道之愿。又未来往生之信念，为在此多苦多烦多罪恶之娑婆世界，难于开发；必发愿未来往生佛之国土，登无苦无烦无罪恶之世界，俾诸佛毕现于目前，方能坚决修行。通观别观，皆不外此旨；惟是无量寿佛（即阿弥陀如来），在诸佛中誓愿特宏；无论何等极恶众生，一称其名号，均接引之，迎入其国；故自古归向阿弥陀如来者，较归向诸佛者，居其多数；所谓“诸经所赞，多在弥陀”之语；为净土门徒所循诵，非无因也。

单赞叹阿弥陀佛之德者，则有：

《阿弥陀佛偈》一卷（第一译） 后汉 失译

《后出阿弥陀佛偈》一卷（第二译） 同上

此二偈，俱说阿弥陀如来之誓愿。谓阿弥陀如来，较他诸佛更为方便者，《无量寿经》也。依此特别誓愿，备说往生无量寿国方法者，《观无量寿经》也。《无量寿经》翻译颇古；迄至宋代，译本多至十二种，故有五存七缺之称；兹列之于下：

《无量寿经》二卷 后汉 安世高译

《无量清净平等觉经》二卷 后汉 支娄迦谶译

《大阿弥陀经》二卷内题《佛说阿弥陀三耶三佛萨楼佛檀过度人道经》 吴 支谦译

《无量寿经》二卷 曹魏 康僧铠译

《无量清净平等觉经》二卷 曹魏 白延译

《无量寿经》二卷 西晋 竺法护译

《无量寿至真等正觉经》一卷（一名《极乐佛土经》） 东晋 竺法力译

《新无量寿经》二卷 东晋 佛陀跋陀罗译

《新无量寿经》二卷 刘宋 宝云译

《新无量寿经》二卷 刘宋 昙摩密多译

《无量寿如来会》二卷（《大宝积经》中十七八两卷） 唐 菩提流支译

《大乘无量寿庄严经》三卷 宋 法贤译

（有着重号者现存之记号）

此《无量寿经》，既说阿弥陀佛之誓愿，较胜其他诸佛；故自法藏之因位，及其四十八愿，说明阿弥陀如来与其国土；次述愿往生此国土者之心得及其方法。

《观无量寿经》译本有二，即：

《观无量寿经》一卷（一名《无量寿观经》） 刘宋 畺良耶舍译

《观无量寿经》一卷 刘宋 昙摩密多译

一说即后汉失译缺本之《观无量寿经》，虽事载《开元录》，恐有谬误，未足征信。

此经以说往生极乐方法为主；即说世间之善德行、小乘教之戒律、诵读大乘经典诸方法是也。以上三方法，名曰三福。其间虽不无说散善之处，但就经名之所表示者考之，则以说定善为主；定善云者，观念之行，即禅是也。此经所说定善，分为下列十六观：此十六观，又有依报、正报、假观、真观之区别。

第一，日观向西方观日，此先使心定于西方之法。

第二，水观观水，由水观冰，由冰观琉璃，此为地观之前方便。

……假观其观法，以观极乐之依报为手段。

第三，地观由琉璃一转而观极乐之土地。

第四，树观

第五，池观

第六，总想观（一名宝楼观）

第七，华座观此观阿弥陀佛所座之华，虽为依报，但属佛之特别依报，故与前六观稍异。

真观正观极乐依报。

第八，像观欲观阿弥陀身，为方便计，先观佛像；但于佛之外，亦于其左右观观音、势至二菩萨；或谓之佛菩萨像观。……假观观极乐正报之前方便。

第九，真身观观阿弥陀佛。……真观正观正报。

第十，观世音观既观弥陀真身，更观其左右二菩萨。

第十一，大势至观同上。

第十二，普观或谓之自往生观，自积往生极乐之想，而善观极乐之相。

第十三，杂想观合观弥陀及二菩萨，故谓之杂想观。

第十四，上品生观观人之往生极乐；以下共分上中下三品，每品复设三品之区别；故上品有上上、上中、上下三品之区别。

第十五，中品生观中品有中上、中中、中下三品之区别。

第十六，下品生观下品有下上、下中、下下三品之区别。

自第一观至第七观，为极乐依报之观察；自第八观至十一观为正报之观察；十二、十三，兼依报正报而观之；十四以下，观人往生极乐，有上中下品之区别，又以种种议论，分类说明；此说较为妥当。善导大师以后之学说，则以第一观至十三观为定善；十四观以下之九品为散善；划分此经为二大区别，加以说明。此种学说近世净土门采用之。但揆诸译者当时之理想，或不如此；盖当时所以有此方法者，不过为观佛书而设；故前列之十六观，皆应视为观念之法也。

就阿弥陀佛与西方极乐经文考之：除以上二经外，《阿弥陀经》异译之本，共有三部，列之于下：

《阿弥陀经》一卷（又名《无量寿经》） 姚秦 罗什译

《小无量寿经》一卷 刘宋 求那跋陀罗译

《称赞净土佛摄受经》一卷 唐 玄奘译

此经专纪法藏比丘誓愿之功能，言由其誓愿所现之阿弥陀，以及极乐之庄严；欲往生极乐者，其方法无他，简单言之，念佛而已；念佛者，单称佛名，专心念佛之谓也。所谓“执持名号，若一日，若二日，若三日，若四日，若五日，若六日，若七日；一心不乱。”是也。以上三经，所谓净土之三部经也；善导大师以后，此三经之解释方法，愈觉纷歧，途陷于困难地位；甚至以此三经分配十八、十九、二十之三愿者；然此乃后世学者之议论，未可据为此书之解释。念佛分类方法，亦有种种；今之所谓念佛者，以口称念佛为限。但念为观念之念，而所谓观佛者，即以观佛为本，一心在佛而念之者也。又观佛云者，口唱佛名，身行礼拜，意存观佛；所谓身口意三业，必须具备者是也；然终不外乎以观佛为本而已。但身口意相应之念佛，行之不能持久者，则有一简便方法焉；即一念之间，口称佛名，佛亦迎之，入其国土；此即所谓称名说也；自此说兴，称名遂大重于世；且以称名为念佛矣。故念佛之区别有二：曰称名念佛，曰观察念佛，以今考之，当以观察念佛为本。宗密之《华严行愿品大疏钞》，区分念佛为四种：曰口称念佛，曰观想念佛，曰观像念佛，曰实相念佛，学者间又从口称念佛之中，区分为三种：曰定心别时，曰散心常时，曰事理双修。若以散心、定心分之，则称名为散心念佛；观察为定心念佛。世亲天亲《往生论》说五念门：即礼拜门、赞叹门、作愿门、观察门、回向门是也；此五念门中含有三业：礼拜门，身业也；赞叹门，口业也；观察门，意业也；修行之时，三业相应而愿往生佛国者，作愿门也；愿自己与他人俱往生佛国者，回向门也。由此观之，五念门中，以观察门为中心；盖观察，为古代念佛修行之功课也。

有谓定心念佛，即般舟三昧常行道，立定见诸佛，又佛立三昧。盖此法元出于《般舟三昧经也》。即世所称别时念佛。其法即口称佛名，一心念佛；其修行也，以见阿弥陀佛现生眼前，及见净土之庄严，为其对境；或二七日，或三七日，乃至九十日之长时间，入念佛道场，专心修之。

《般舟三昧经》，异译之本颇多，列之于下：

《般舟三昧经》三卷又名《十方现在佛悉在前立定经》。 后汉 支娄迦谶译

《般舟三昧经》一卷此后十品之重译者。 后汉 支娄迦谶译

《般舟三昧经》二卷 后汉 竺佛朔译

《般舟三昧念佛章经》一卷此为行品之别译。 后汉 失译

《跋陂菩萨经》一卷此仅译前四品。 后汉 失译

《般舟三昧经》二卷 西晋 竺法护译

《大方等大集经贤护分》五卷（或六卷） 隋 阇那崛多译

《小安般舟三昧经》一卷，《经录》谓吴人失译；但小安般舟之语，殊属可怪。

（上列书目，一、二、五、七，四种，译本现存。）

据上所述观之，《无量寿经》《般舟三昧经》，早经安世高、支娄迦谶译就；其后亦有重译者；其修行往生净土之人，逐渐增加，盖无可疑。西晋之世，道安造《净土论》六卷，在此种著作中，当为最古之书；惜是书无存，故不明其底蕴；然就净土、秽土之区别异同，则有说，曰：“不可谓一，不可谓异；虽然，缘起历然，不可谓无。”此文怀感之《群疑论》引之。盖即“一质不成，故净秽亏盈；异质不成，故搜玄即冥；无质

不成，故缘起万形”之说也。由是观之，道安所谓净土、秽土，毕竟唯心之所见；秽土亦搜其玄，则冥合于同体一如之理；口称佛名，专心念佛，则自成无我无心；所谓无想离念，而契合于真如之理；此种念佛，古来谓之事理双修之念佛。载在《五会赞宝王论》。前述庐山白莲社之念佛，似亦出此；当属事理双修之念佛；唯是否未能确定？盖此说为慧远之书所未载，仅凭想象揣摩之词，不能证实也。总之此等念佛，据《阿弥陀经》所载，当持一心不乱之态度，而为称佛名之一种定心念佛，故可谓为定心别时。通常之学者，区别为定心别时及事理双修二种，今敢据《般舟经》，而断其非修常行三昧也。白莲社之念佛，前既述其概要，今虽无庸赘言；唯当时入社诸公，类皆高僧名士；即世所谓莲社十八贤是也。其列名《佛祖统记》者，百二十三人；其不入莲社而与莲社有关系者，则有陶潜、谢灵运、范宁等辈。其十八贤，当推慧远为领袖；此外十七人，即慧永慧远弟、慧持道安弟子、道生罗什弟子、昙顺同上、僧叡、昙恒、道昺、昙诜、道敬以上五人，慧远弟子、佛陀耶舍译《四分律》者，义熙八年（412）来庐山，后辞还本国、佛陀跋陀罗、刘程之、张野、周续之、张全、宗炳、雷次宗以上五人，慧远门人是也。

据《高僧传》所载，最初之念佛者，曰竺法旷生年较道安稍后；传中曾载其语曰：“每以法华为会三之旨，无量寿为净土之因，有众则讲，独处则诵。”据此，可为最初念佛之证。自慧远之时迄六朝之终，其间关于念佛教有名之人，曰昙摩密多；生平专习禅业，首先翻译《无量寿经》《观经》；《高僧传》称其自罽宾来敦煌，而凉州；更自蜀至荆州，于长沙寺建禅阁；由此东赴建康，在祇洹寺译成《禅经》《禅法要》《普贤观》《虚空藏观》；教授禅道，远近皆呼为大禅师；后建上寺；禅房殿宇，层构郁尔，息心之众，万里来集；其盛可知矣。传载译《观经》者曰畺良耶舍，兼明三藏，以禅门为专业；每一禅观，七日不起；元嘉之初来建康，译《药王药上观》《无量寿观》僧含笔受，世人评之曰："此二经，是转障之秘术，净土之洪因。"所至之处，禅学者会萃；号曰禅学群。其后就菩提流支所译之《净土论》，汲其流派，加以疏解，而有《净土论注》之流传者，曰昙鸾。当周武排佛之时，大声抗辩，吐其气焰者，曰净影寺慧远，慧光律师弟子也；著有《无量寿》《观无量寿》二经疏。天台智者大师智𫖮于四种三昧之中，明常行三昧。嘉祥大师亦有《观无量寿经》之疏；真谛之《摄大乘论》中，亦说阿弥陀佛。《起信论》中，亦明西方极乐之事。迨至陈代道绰所著《安乐集》中，载前有慧宠、道场等人为念佛者，但其事迹不明耳。天台智者大师之《观无量寿经疏》，全袭慧远之说，恐系伪书。兹就阿弥陀佛言之；此佛为化身耶？抑报身耶？二说孰是，不无可疑？学者有以为化身者，因指极乐为凡圣同居之化土；然据《摄大乘论》之说，则弥陀为报身，极乐为报土，报身报土之极乐世界，凡夫不能往生；其得见报身者，厥唯初地以上之菩萨。凡夫所见之佛，唯化身耳。故极乐往生之资格，限于初地以上之菩萨；凡夫唯因念佛不退转之菩提心，渐进至于永久，始得往生。然于次生得极乐往生，尚觉不能；于是从弥陀之极乐往生，而发现一种愿乐思想，欲往生于弥勒菩萨之兜率天；此兜率天，为欲界天，吾侪欲界人类，易得往生彼地，而受弥勒菩萨之保护；以故极乐往生、兜率往生二种思想，互争优劣；嘉祥大师《观经疏》，道绰《安乐集》，俱盛言兜率上生，不如极乐往生焉。

此兜率上生之想，传入中土已久；今举所译经文与弥勒菩萨有关者，列之于下：

《弥勒下生经》一卷　西晋 竺法护译

《弥勒当来生经》一卷　西晋 失译

《弥勒作佛时事经》一卷　东晋 失译

《弥勒来时经》一卷第三译，与罗什《弥勒下生经》同本。　东晋

失译

《弥勒下生经》一卷第四译，亦名《当下成佛经》。 姚秦 罗什译

《弥勒大成佛经》一卷第二译，与法护《弥勒成佛经》同本。 姚秦 罗什译

《弥勒下生经》一卷 陈 真谛译

《弥勒下生成佛经》一卷 唐 义净译

（按现存经目中，除上所列诸经外；尚有竺法护所译《弥勒成佛经》一卷一名《弥勒当来下生经》；恐上列《弥勒下生经》，非竺法护手笔，说详经末。）

《观弥勒菩萨上生兜率天经》一卷 刘宋 沮渠京声译

以下所列诸经，乃同本异译者：

《大乘方等要慧经》一卷 后汉 安世高译

《弥勒菩萨所问经》一卷此译入《大宝积经》之四十一会，改名《弥勒菩萨问八法经》。 北魏 菩提流支译

《弥勒菩萨所问本愿经》一卷 西晋 竺法护译

《弥勒所问经》一卷 东晋 祇多密译

《弥勒菩萨所问会》一卷（《大宝积经》之四十二会） 唐 菩提流支译

又有《弥勒为女身经》一卷，后汉失译、《弥勒经》一卷，西晋失译、《弥勒须何经》一卷、《菩萨从兜率天降中阴经》等经，皆与弥勒有关；但不甚重要耳。此外《心地观经》等，各种经论中说弥勒之事甚多。兜率往生云者，为上生兜率天，而俟弥勒之下生，受其化导，以冀成佛之谓；盖弥勒菩萨，继释迦佛下生此娑婆世界，而以济度众生为事者也。愿往生兜率之人，以道安为最著名；此外僧传所载，常云称弥勒佛名，愿兜率上生者，为数亦决不少。罗什译有禅经二部；其《思惟略要法》，亦从

禅观说上生弥勒兜率天之事。

以上所述兜率上生之思想，一方极盛；他方有极乐往生派，与之相持；读《安乐集》《观经疏》，自能洞知其底蕴；此种争执，至唐玄奘时代，尚未尽息也。

第十章 天台宗之起源及其开创

罗什所传系统，分出二宗：曰禅宗，曰天台宗；前既言之矣。禅宗开自菩提达摩，人所共信；但禅之发达，与罗什系统，所关甚密，殆无可疑。然则达摩与禅，有何关系？达摩之传不详，难于证明。若禅宗之传灯，为慧可、僧璨，此说全非虚伪，则达摩所传，恐与南禅有关；不过仅据二入四行之说，所关若何？未易明了。证诸史乘，达摩事迹可征信者，殆亦不外乎二入四行之说。达摩圆寂之后，百七八十年间，道宣律师编续《高僧传》时，所搜集之史料，亦仅此二入四行之说而已。此二入四行，题曰“菩提达摩略辨大乘入道四行”；昙琳著有小序，载在《景德传灯录》；昙琳不详何人，因序称弟子昙琳，故知其为达摩弟子，由此观之：达摩事迹，当以道宣律师所传者为最古；道宣律师之所传，或即本诸昙琳之小序耶?《传法正宗记》辨之曰：“纵昙琳诚得于达摩，亦恐祖师当时，且随其机而方便云耳。”然据昙琳之序所称，则此二入四行，达摩传于其弟子道育、慧可，故不能谓为方便之说。其序文曰：“于时有道育、慧可，此二沙门，年虽后生，俊志高远。幸逢法师，事之数载，虔恭谘启，善蒙师意。法师感其精诚，诲以真道。”并举四行之例于其次，所云二入四行之本末，可谓详矣。反之，竟传为达摩禅，实出于罗什系统者，当推保志、傅大士，此二人在梁武帝时，唱为别调，殊与达摩无关；证诸此种事实，宁以南禅属于罗什系统，较为允当。

罗什所传佛教，决非如后人之所揣测，谓为偏于空宗者；于其所译《法华经》，可以知之。其所传佛教来于南方，一方以倾向于空的状况，遂成禅宗；一方以中道之旨，化成天台宗；亦决非偶然。当是时：尚无三论宗、四论宗名称；专说罗什传译之空者，则有《三论》播于南方；不仅说空而积极说明中道者，则有《大智度论》行于北方；所谓古来《四论》学者以称号，似以北方之学者为主；纵谓《三论》为禅宗，《四论》为天台宗，亦非过当。

相传慧文禅师，由《大智度论》一心中得之文，及《中论》三谛偈，悟中道之理；故慧文禅师为中国天台宗初祖；其事迹虽不详明，然罗什所传系统，与天台宗之发达，其关系之密接，于此可知矣。兹列《大智度论》第二十七卷一心中得之文于下：

问曰："一心中得一切智，一切种智；断一切烦恼习。今云何言？以一切智具足得一切种智；以一切种智断烦恼习。"答曰："实一切智一时得；此中为令人信般若波罗蜜故，次第差别品说。"云云。

《大品般若经》文曰："菩萨摩诃萨，欲得道慧，当习行般若波罗蜜；菩萨摩诃萨欲以道慧具足道种慧，当习行般若波罗蜜；欲以道种慧具足一切智，当习行般若波罗蜜；欲以一切智具足一切种智，当习行般若波罗蜜；欲以一切种智断烦恼习，当习行般若波罗蜜。"以上所引一心中得之文，即释此经文者也。道智道种智，差别之有智也；一切智，平等之空智也；一切种智，中道之智也：此之谓三智。《大品》之说三智也；先说道种智，次说一切智，后说一切种智；但自实际言之，此三智为一心中一时所证得者；而空假中三者，乃一体圆融，原非假有之次为空，空之次为中也；然所以立此次序者，实为示般若波罗蜜之功德，以兴起信仰耳。盖假智由般若波罗蜜而生，空智由般若波罗蜜而生，中智亦由般若波罗蜜而生；实于一时之际，以一心证得一切之谓也。此文出于《大智度论》第二十七卷；《佛祖统记》谓为出于第三十卷；误矣。

上列《中论》之三谛偈，其《观四谛品》中之偈文曰：

因缘所生法，我说即是空；亦为是假名；亦是中道义。此示空假中三者圆融而为一体之文。

《大智度论》《中论》皆罗什所译；慧文由此二论，得悟三谛圆融中道之理盖无可疑。然则慧文其属于罗什系统者乎？罗什所传之系统，有南有北，学风自异；南地所传，稍近消极；北地所传，颇觉积极。故南地所传者，为禅宗之根源；北地所传者，为天台宗之根源；天台宗虽成于南地，实始于北齐之慧文；慧文传其弟子慧思；慧思由北地巡游南地，传于天台大师，遂成天台宗；故天台宗之根源，全出于北地也。考罗什系统，最初传于南地者，当推竺道生；最初传于北地者，当推僧肇。僧肇以后，北地系统，无从寻绎，未可确言；然慧文为罗什北地系统之人，可推而知也。世称慧文无师独悟，但其事迹，后世无传，无可征耳。

荆溪大师在《止观辅行》中，解释天台大师之《摩诃止观》；述慧文北朝魏、齐间佛教状态；举之于下：

若准九师，相承所用：第一讳明，多用七方便，恐是小乘七方便耳；自智者已前，未曾有人立于圆家七方便故。第二讳最，多用融心；性融相融，诸法无碍。第三讳嵩，多用本心；三世本无来去，真性不动。第四讳就，多用寂心。第五讳监，多用了心，能观一如。第六讳慧，多用踏心；内外中间，心不可得；泯然清净，五处止心。第七讳文，多用觉心；重观三昧，灭尽三昧，无间三昧；于一切法，心无分别。第八讳思，多用随自意安乐行。第九讳颉，用次第观，如次第禅门；用不定观，如六妙门；用圆顿观，如大止观。以此观之：虽云相承，法门改转。云云。

以上所列第一之明师，第二之最师《高僧传》曰：慧思禅师至鉴最，述其所证，皆蒙随喜，然则鉴最，其即此最师乎，第三之嵩师，第四之就师，第五之监师，第六之慧师，所说仅此，其传不明。第七之文师，即慧文；第八之思师，即慧思；第九之顗师，即智顗，即天台大师也。（其《辅行》全文，出于章安所著之《广百录》。）北朝魏齐之际，人材辈出，由此可知矣。据《高僧传》所载，慧文弟子慧思，述其所证于鉴最；又随就师，就师又为最师弟子；因此可知诸师所生，时世相同；诸师既并世而生，当有互相师资之处。慧文由大论独悟，故自慧文、慧思以至天台，其间当有师资关系；然则慧文以前，果无师承乎？据慧思从最师就师之说观之：无师承之说，似未尽然；但无事实可证明耳。

慧文禅师无著述，其与慧思之关系，传记亦所不载。章安等章安为天台大师弟子，《天台大师别传》曾载此语。《摩诃止观》亦言及之。谓一心三观说（天台宗之特色），自慧思传于天台大师；若以此言为正，则慧思传自慧文，与慧文由《大论》独悟之说，似非全属无稽。天台之真俗中三谛说，即《三论》之真俗二谛说，而从俗有真空，更进说非有非空之中道耳。现象世界差别之相，森然常存者，曰俗谛有；自实在言之，则离开差别之妄计，当体即空；故曰真谛空；以真俗二谛非有非空之义言之，即《大智度论》《法华经》所言中道一乘之理；从罗什系统发挥之，遂产出三谛圆融之说，无足异也。若承认真俗二谛不离之关系，则中道思想，自然涌出；故《中论》之三谛偈，启其端绪，自属当然；然则慧文、慧思等，自罗什系统，创出三谛圆融之说，为天台宗之根源，可不辨自明矣。世亲系统，非不说真俗二谛；然大概说俗谛空，真谛有；俗谛从妄想所计，不得不以为空，真谛从实在而言，不得不以为有；立论方式，视龙树系统所向为左右：天台宗出自罗什系统，故取真空俗有之义。

慧思俗姓李氏，武津人，北人也；按其《立誓愿文》，十五岁出家；二十岁时，大有所感；历访齐高齐之诸大禅师，专务修禅。三十四岁，在河南兖州，几为恶比丘所毒杀，垂死复生；三十九岁，在淮南郢州，被恶僧饮以毒药；四十岁梁简文帝大宝元年（550），赴光州，居大苏山；四十二岁，三度遇险，几为恶论师所害；翌年，为定州之反对僧侣所苦，几至绝食。五十四岁陈光大二年（568）六月，率弟子四十余人往南岳；居之十年；六十四岁太建九年[1]（577），圆寂。因其曾居南岳也，故世称南岳禅师。

南岳禅师之书，今存三部：曰《大乘止观法门》二卷，曰《法华经安乐行义》一卷，曰《诸法无诤三昧法门》二卷。《大乘止观法门》，较诸其余二种，部帙稍多，行文立论，俱极优美；揆诸实际，似解释《起信论》者；以阿梨耶识为中心，论觉不觉之关系，熏习、三性三无性、止观之区别关系；乃综合《天台》教观，与《起信》之说而成者。此书是否出于南岳禅师之手，殊未敢必；盖译《起信论》者，真谛也；与南岳禅师为同时人；南岳禅师此时已见《起信》论，而造此释论，终属可疑；此书非南岳禅师所著，先辈已有言之者；然断此书为《起信论释论》，其说恐出于唐末。证真之《玄义私记》，普寂之《四教仪集注诠要》，于是书咸

1　原文作“大建六年”，或为排印舛误。

怀疑焉。此书之外，其著述尚存者，《立誓愿文》也世称《南岳禅师发愿文》。立誓愿文中，所谓“我为是等及一切众生，誓造金字摩诃衍般若波罗蜜一部”；所谓“我当十方六道，普现无量色身，不计劫数，至成菩提；当为十方一切众生，讲说般若波罗蜜”；所谓“愿一切十方国土，若有四众比丘、比丘尼，及余智者，受持读诵摩诃般若波罗蜜经；若在山林旷野静处，城邑聚落，为诸大众敷扬解说”云云。于般若波罗蜜，三致意焉。据上所言，南岳大师，似首崇般若诸经者。然就《安乐行义》言之，又以《法华经》为重；其说曰：修法华三昧，而得六根净，当具足四种之妙安乐行。四种安乐行云者，正慧离著安乐行，一也；无轻赞毁安乐行，或名转诸声闻令得佛智安乐行，二也；无恼平等安乐行，或名敬善智识安乐行，三也；慈悲接引安乐行，或名梦中具足成就神通智慧佛道涅槃安乐行，四也；其在《法华文句》，则称身口意誓愿之四安乐行；即第一身、第二口、第三意、第四誓愿是也；此即四安乐行之说明也。安乐行义非全书，现所存者，后半想已亡佚矣。又说明《法华经》莲华之譬喻曰：

诸水陆华，一华成一果者甚少，堕落不成者甚多，狂华无果可说；一华成一果者，发声闻心，即有声闻果；发缘觉心，有缘觉果；不得名菩萨佛果；复次：钝根菩萨修对治行，次第入道，登初一地，是时不得名为法云地；地地别修，证非一时，是故不名一华成众果；法华菩萨即不如此，一心一学，众果普备；一时具足，非次第入；亦如莲华一华成众果，一时具足；是名一乘众生之义。

观此：则南岳禅师，对于《法华经》之思想，可以知矣。然此种思想，乃罗什派所传之思想，决非南岳禅师所发明之新见解；罗什弟子中，有以“适化为本应务之门”八字称般若者，谓之方便教；而独以《法华》

为一乘者，即继承罗什之思想者也。此事已述于第六章。由此观之，《般若》《法华》，南岳禅师亦未严立区别；乃继承四论派之系统，立于空与中道之间，而调和之者也。其解释《安乐行》之字义曰：“一切法中，心不动，故曰安；于一切法中，无受阴，故曰乐；自利利他，故曰行。”即谓一切诸法皆空，凡苦乐之法，以及不苦不乐，无论何物，俱不能动其心，是为安乐；自证此安乐，兼使人证之，是为行。

下列诸语，乃示空、中二论未分之思想也；曰：

又复于法无所行者于五阴、十八界、十二因缘中，诸烦恼法，毕竟空故，无心无处；复于禅定解脱法中，无智无心，亦无所行；而观诸法如实相者，五阴、十八界、十二因缘，皆是真如实性；无本末，无生灭，无烦恼，无解脱，亦不行不分别者，生死涅槃，无一无异，凡夫及佛，无二法界；故不可分别，亦不见不二；故言不行不分别。云云。字下点之记号，乃其解释语，俾读者易于明了也。

然南岳禅师以禅为根本，其治《法华经》也，亦依之修法华三昧，即法华禅也。其行分二种：曰无相行，曰有相行；有相行，即一心读诵《法华经》之谓，此为不由禅定三昧之法；无相行，即行、住、坐、卧、饮食、言语，时常在定之谓，即禅定也；所谓“一切诸法中，心想寂灭，毕竟不生”即此也，故谓之曰无心想。明乎此理，得四安乐行，得六根净；所谓“菩萨学法华，具足二种行：一者无相行，二者有相行；无相四安乐，甚深妙禅定；观察六情根，诸法本来净”，即此也；又谓“有人求道。受持法华；读诵修行，观法性空；知十八界无所有性，得深禅定；具足四种妙安乐行，得六神通；父母所生清净常眼”，即《法华经》中特尊安乐行品，实以禅定为主；所谓“勤修禅定者，如安乐行品初说”，即此意也。南岳禅师所著之书，以《诸法无诤三昧法门》，专于说禅。如曰：“夫欲学一切佛法，先持净戒，勤禅定，得一切佛法诸三昧门，百八三昧，五百陀罗尼及诸解脱；大慈大悲，一切种智；五眼，六神通，三明，八解脱，十力，四无畏，十八不共法，三十二相，八十种好，六波罗蜜，三十七品，四弘大誓愿，四无量心，如意神通，四摄法，如是无量佛法功德，一切皆从禅生。”凡此种种，皆禅之异名；盖禅之功用，变化不居；曰四弘誓愿，曰四无量心，曰六波罗蜜，皆以禅为根本；一切佛法，不过论禅之功用而已。由上说观之：南岳禅师教义之大要，可概见矣。约言之，南岳禅师承罗什系统，酌北地四论之流，自开一宗；揆诸实际，固以禅观为其根本者也。

南岳禅师以前，佛经中之杰出者，当推《法华经》；其时一心三观说，尚未显著也。三谛圆融之谈，有谓出自慧文者；南岳禅师之书，亦未经道及。此等思想，至天台智者大师，始见明确；一般学者，均信一念三千之说，创自天台大师；一心三观之说，乃天台大师传自南岳禅师，而继承其说者；然研究此等教理发达之关系，仅凭现有诸书，恐未易判明也。

天台宗之集大成者，天台大师智𫖮也；居天台山之国清寺，世称天台大师，或谓隋晋王广所给之称号；亦名智者大师。十八岁出家，二十三岁，在光州大苏山，为慧思即南岳禅师弟子；慧思赴南岳时，智𫖮分道往金陵建康，居瓦官寺，传禅；当是时，金陵高僧，多被屈服；居瓦官寺凡八年，三十八岁，始入天台山；翌年，即至德二年（584），适陈后主从弟永阳王伯智为东阳浙江金华刺史，招之，乃应其请，往授净戒禅观；后因后主之恳请，复自东阳至建康，居灵曜寺；说大教于宫中；以灵曜寺狭隘，移居光宅寺。祯明三年（589），隋兵灭陈，智𫖮避乱，巡游荆湘；缅慧远遗风，居于庐山；隋秦王杨俊镇扬州，招之；以道梗，不果往；

及晋王名广后为炀帝代为扬州总管，开皇十一年（591），招往扬州；翌年，再赴庐山；更至南岳衡山，访其师慧思之迹；是年返其故乡荆州，建玉泉寺，修复十住寺。开皇十五年（595），晋王自长安还，智𫖮亦往扬州；居禅众寺。是年，又赴天台山；十一月圆寂，寿六十。其书今存者如下：

《法华玄义》（二十卷）
《法华文句》（二十卷）
《摩诃止观》（二十卷）
此名天台三大部。

《观音玄义》（二卷）
《观音义疏》（二卷）
《金光明玄义》（二卷）
《金光明文句》（六卷）
以《观经疏》加之，世称五小部。

《禅波罗蜜》（一卷）
《六妙法门》（一卷）
前谓智𫖮说三种止观：即一曰《摩诃止观》之圆顿止观，二曰《禅波罗蜜》之渐次止观，三曰《六妙法门》之不定止观是也。

除以上诸书外，今存者，则有《请观音经疏》（一卷）、《金刚般若经疏》（一卷）、《仁王般若经疏》（五卷）、《维摩经玄疏》（六卷，即《净名玄疏》）、《维摩经疏》（二十八卷）、《维摩经三观玄义》（二卷）、《阿弥陀经义记》（一卷）、《菩萨戒经义疏》（一卷）、《法界次第初门》（六卷）、《四教义》（十二卷）、《四念处》（四卷）、《观心论》（一卷）、《净土十疑论》（一卷）；此外尚有三四部。但上列诸书，非尽出于智𫖮之手；主要之三大部，固可勿论；如五小部中，除《观经疏》外《观经疏》之为伪书前已述之矣，其余四部，悉为弟子灌顶章安所记；盖灌顶尝侍智𫖮左右，闻其讲释而笔录之者也。《六妙法门》，乃智𫖮应陈尚书令毛喜之请而作；《维摩经疏》此书通称《维摩广疏》，一名《净名大疏》，后荆溪节略之为十卷称之曰《略疏》，乃智𫖮为炀帝而作；《法界次第》，亦传为智𫖮所亲撰；《佛祖统记》称《觉意三昧》（一卷）、《方等三昧仪》（一卷）、《法华三昧仪》（一卷）、《小止观》（一卷），皆智𫖮所亲撰；但前二书，亦传为灌顶所记；又《佛祖统记》尚载有十七部四十一卷之阙本。

天台大师弟子颇多，传法者三十二人；得法自行之者约千人；上首弟子，当推章安大师灌顶为第一；灌顶为开创天台宗重要人物；其师所著之书，借其力以成者，居大半焉。灌顶所自著者，则有《大般涅槃经玄义》（二卷）、《大般涅槃经疏》（三十三卷）、《观心论疏》（五卷）、《天台八教大意》（一卷）等书；且撰《天台大师别传》；又纂辑天台大师往来文件，名曰《国清百录》（四卷）；此外尚有《广百录》，今佚。

天台宗之教义，简单言之，即三谛圆融、一念三千之谓；其精奥处，则在荟萃自来学者之说，加以判释；使此道理，充实弥满；此实天台大师为后世崇仰之特点也。三谛圆融之说，为慧文、慧思之所传，前已言之矣。试更言其义：一切之现象，自一方面见之，则为平等；自一方面见之，则有差别；平等曰空；自其差别之处见之，则曰假；假即差别的存在之条件；此存在之意，非实有实在之谓，乃假有假在之谓也。此空与假，在万有之二方面，毕竟不离；言空言假，所观不同；言空，则所谓假者，即含于里面；言假，则假之外，别无所谓空；空即假，假即空；不可偏于空，不可偏于假；名之曰中道。中道，即中之谓；所谓但中，非天台圆教之中道。空之外，假之外，别无中道；空也，假也，中也，毕竟为一体；三即一，一即三；呼之曰三谛圆融。彻见空之智慧，即一切智；假智即道种智；中智，即一切种智；三谛圆融，即三智圆融。因此之故，迷于空谛而不能见者，曰见思之惑；迷于假谛而不能见者，曰尘沙之惑；不能见中道者，曰无明之惑；此三惑，非可一一断之；即从三谛圆融，顿断三惑；而三智之妙理，一时获得矣。

一念三千之观法，创自天台大师；然亦不外三谛圆融之理。一念三千云者，即一念具足三千诸法之谓；三千云者，即包罗一切之谓；以包罗一切，解释三千，其理究何在耶？盖世界先有动物状况之有情物，及其相反之非情物；此有情非情之物，何由造之？曰物与心是；此物与心，佛教谓之五蕴。故分世界为三大部分：曰国土世间非情物；曰众生世间有情物；曰五蕴世间物心；一切万物，悉备于此矣。然则此三世间之组合若何？曰：此三世间具有十种之区别；所谓地狱、饿鬼、畜生、修罗、人间、天上、声闻、缘觉、菩萨、佛是也；此十种区别，谓之十界。此十界消息相通，殊无畛域；何以言之？地狱虽为饿鬼性，上之可为佛性；毕竟地狱具有其他九界，非终限于地狱一界；其他九界，亦同此理；故谓之十界互具，一界即具十界，十界即为百界，故称一界曰十如是。地狱界所具之十如是：曰地狱之性性质；曰地狱之相状貌；曰相性合成之体；曰由体所生之力作用；曰由用所作之业；其招地狱之果报者，曰因，曰缘；由因缘而入地狱者，曰果，曰报；凡此种种，合而为一，具于一界者，曰本末究竟；十界悉具此性、相、体、力、作、因、缘、果、报、本末究竟等十如是；故具于百界之如是，成千如是；此千如是，具于十界；此十界，即由三世间组合而成；故十界为三十界，三十界为三百界，三百界各具十如是，则成三千之数。此三千世界中，含有地狱饿鬼至佛各世界；且含有性质作用有情非情物心等；盖此一切万物，固未尝或离，乃糅为一体，而互相熔融无碍者也。此三千诸法，即空、假、中之谓；三谛圆融，故三千无碍；空即三千，三千即空、假、中之理亦同。此三千诸法，皆浑然具足于吾人之妄念中；此一念妄心外，别无所谓三千诸法；故名之曰一念三千。

天台大师之立此说，实以《法华经》为根据；其所以使《法华经》位置增高者，可由其判教而知之；盖大师判佛一代之教，分为方法、内容二大部分：其方法名为化仪，内容即化法也。今图示天台判释之大要如下：

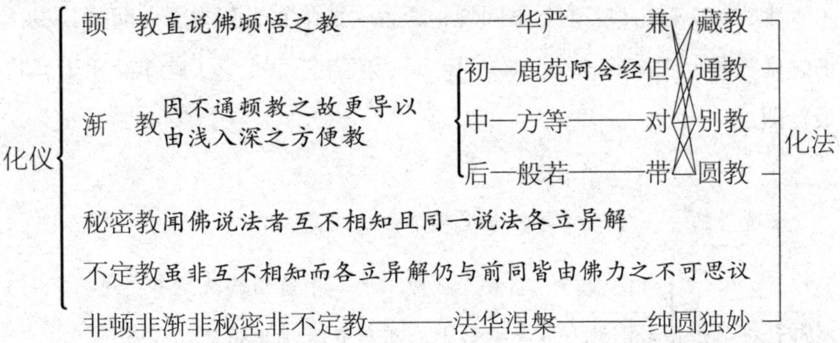

华严、鹿苑等谓之五时，即由时间而举佛说教之次序者也；此次序与上之方法一致，唯秘密与不定二方法，华严、鹿苑、方等、般若均有之，故可谓之通。秘密云者，虽同在说法座，听闻者互不相知之谓；不定云者，同听异闻：同一说法，甲闻之以为大乘；乙闻之以为小乘；所闻之法既异，得益亦随之而异；秘密教云者；详言之，即秘密不定教；不定教云者，即显露不定教；不定虽两方所同；但前为秘密，后非秘密，有差异耳。因此之故，五时之性质，分为兼、但、对、带四者，更就此四者，分教之内容，为藏、通、别、圆四教：藏教，即小乘教；通教，即由小乘入大乘初门之教；别教，即纯大乘教；圆教，乃大乘之极致也。然就五时之说法参考之:《华严经》非真圆教，兼说别教；故名兼。《阿含经》属于单纯小乘，故名但。方等由小乘入大乘，与藏、通、别、圆比较对说，故名对。般若诸经，以圆教为主，而又不脱通、别二教，尝带说之；故名带。其中唯方等含有多经，殊难指定；如《维摩》《思益》《大日》《无量寿》

诸经，咸包罗之；盖方等云者，实含有彼此广说之义也。

就上说观之：天台大师之崇尚《法华经》，过于他经，不辨自明。

但此判教之思想，决非天台一人之所创；乃荟萃前贤学说而成者也。盖天台以前学者，判教之说甚多：慧远《大乘义章》略出三家；嘉祥大师《大乘玄论》《法华玄论》举四说；天台《法华玄义》举十人而列其说，谓之南三北七。南地三人，北地七人。兹将南三北七之大略示之于下，其最初即：

岌师
- 顿　教——《华严经》专化菩萨如日照高山
- 渐　教
  - 有相教——小乘三藏教三十二年前明三藏见有得道
  - 无相教——大乘教十二年后齐至法华明见空得道
  - 常住教——《涅槃经》明一切众生有佛性阐提可作佛
- 不定教——《胜鬘经》等非顿非渐明佛性常住

二者为宗爱法师说：其顿、渐、不定三教，与岌师同；唯以有相、无相、同归《法华经》、常住四教为渐教，稍有差异而已。梁三大法师中：僧旻庄严寺等所采之说亦同；三者僧柔、慧次所说顿、渐、不定虽同；而以有相、无相、抑扬详言之，则为褒贬抑扬教，抑小乘，扬大乘，使入之为中间之教，如《维摩诘经》是、同归、常住五教为渐教。慧观道场寺、法云光宅寺、智藏开善寺等亦同此说。以上所举者，即南三之说也。

北七中：第一北地师不举其人之名，南朝萧齐之刘虬，与此说同；虬即注《法华》《华严》二经有名之居士也之五时教，与前诸说相似；唯以人天、有相、无相、同归、常住五教为渐教。第二北魏菩提流支分十二年前为半字教；十二年后为满字教；其区别小乘大乘，最为简单。第三，即光统律师之四宗判教；此说在北方学者中，最堪注目。

光统	因缘宗说一切现象为因缘假和合……………………	毗昙论六因四缘
	假名宗说一切现象仅属假名而无实际……………………	成实论三假
	诳相宗说一切现象为不真诳相即说空之教也……………	大论三论
	常宗 佛性常住湛然不变而存在于众生之中 其说乃佛教之极致也…………………………………	涅槃华严

第四某学者《玄义》亦不举其名，乃护身寺自轨也。于光统四教之上，别加第五法界宗《华严经》；仅以《涅槃》属常宗，而置《华严》于《涅槃》之上。第五耆阇寺法凛加真宗《法华》、圆宗《华严》于四宗之上，分为六宗。第六北地禅师明二种大乘教；分为有相大乘如《华严》《缨络》《大品》等，即说十地之阶级者、无相大乘如《楞伽》《思益》等，所谓一切众生即涅槃相，即说无阶级者。第七北地禅师，排斥四宗、五宗、六宗、二相、半满等教；惟说一音教但有一佛乘，无二亦无三，故佛说法本来为一，无有种种区别；唯闻者异解，遂生种种区别之说。以上所举，即北七之大略也。

又贤首大师《五教章》举十家之说。与《探玄记》所举十家，大同小异。第一，菩提流支之一音教。第二，慧诞隋昙延弟子二教，乃据《楞伽经》而立渐顿二教也；但此说不创自慧诞，而始于昙无谶三藏、真谛三藏二师；净影寺慧远亦主此说《探玄记》以为真谛之二教。渐教，指自小乘导入大乘之经典而言，《法华经》等属之；如《华严经》等，仅说大乘，则为顿教。第三，为光统之三教，即顿、渐、圆三教；此三教命名之意，各有不同；顿、渐二教之名，就佛说上而分；圆教之名，自教之性质上而立；兹列图于下，以解释此三教。

化仪{渐教
　　　顿教}
　　　　　　华严经（贤首《探玄记》述光统之说以华严经为圆顿教）
化法—圆教}

观此：则光统律师有三教四宗之判释说，可以明矣。第四，为大衍寺昙隐之四宗，昙隐乃光统弟子，故其说略与师同；四宗指因缘、假名、不真、真四者而言。光统以此不真宗为诳相宗，真宗为常宗，与昙隐说相同。第五，为护身寺自轨齐人之五教。前述。第六，为耆阇寺法凛之六教。前述。第七，为天台之四教。贤首特就化法四教述之，即藏、通、圆、别是也。第八，为静林寺法敏之二教唐法敏，太宗贞观年间人，时代较后于天台；立释迦教、卢舍那教之区别：三乘教名释迦教亦名屈曲教；一乘教名卢舍那教。第九，为光宅之四教，即法云说；法云据道场寺慧观之说，立顿、渐二教；渐教立五种区别；一方又说可合三乘声闻、缘觉、菩萨，与一乘为四种教；今称为四乘教之判别者。第十，为玄奘之三轮，即有、空、中三教；但此为天台后辈，故与天台大师无涉。以上十人，唯法敏、玄奘二人，在天台大师后。

判释说：天台以前，学说虽多，而顿、渐、不定，三种之区别则同；此属于化教之区别，因成时间之顺序。至顿教为《华严经》，渐教极致为《涅槃经》，诸说亦同；唯渐教中，有分三时者；有分四时五时者；其五时说，出于罗什门下慧观南三说，中僧柔慧次之说出此，乃综合三时四时等说，成一家言。其顺序与天台五时说，大体一致；差异之处，即慧观分有相、无相、抑扬，天台则分鹿苑有相、方等抑扬、般若无相；而以抑扬教为方等之宽广名称，凡《般若》《法华》《涅槃》以外诸经，胥纳入其中，名曰弹呵之教；解释之意，殆同抑扬；各种经典，前人置于不定教中者，悉加入此部。但不定教，不入于顿教、渐教，非指特别说教而言，殆为一般说教之普通情形；因佛之方法，不可思议，以致众生听闻之结果，各就相异之处，以为解释；故不定有秘密不定、显露不定二种之分。又慧观以《涅槃经》为渐教极致，此说亦不仅出自慧观，证诸天台所举，则岌师、宗爱、僧旻、北地一师、光统诸说，皆相同也。于是天台定《涅槃经》为追说追泯之经；乃由小乘入大乘之全体，为佛临终所反复叮咛者追说；更泯此等之说，悉入《法华》一乘，即定为与《法华》同味之教者也。观此：则天台之化仪，乃依据慧观、光宅二家，一变而为此说者也。

其教由性质上区别之，则始自光统四教，而后有自轨五教，法凛六教；但天台之四教应参合此等之说，与慧观之说，而考核之。慧观为三乘与一乘之区别法云之四乘教，恐亦本于慧观。而以三乘为三乘别教有相教、三乘通教无相教；天台由大乘教而来，故设大乘通教、大乘别教，而立藏、通、别之区别；更综合《法华》《涅槃》于其上，设为圆教。此藏、通、别、圆之次序，似与光统之因缘、假名、诳相、常宗相通。由是观之：天台因光宅说，斟酌他说，设化仪、化法二大区别；信可谓诸家判释说之集大成者也。

天台宗确从研究《涅槃经》，受绝大之影响；其源委有足述焉。《涅槃经》自昙无谶译后，由北南传，经慧严、慧观修正，遂成《南本涅槃经》。其时竺道生于庐山盛说《涅槃经》；南方研究《涅槃经》之系统始此。法瑗，慧观弟子也，后亦入庐山，曾为宋文帝说道生顿悟成佛之义，其说恐传自慧观；僧宗，法瑗弟子也，为当时涅槃学者之所宗；梁三大法师中法云、僧旻所得涅槃之义，皆传自僧宗；其分渐、顿、不定三教也，于渐教之中，以涅槃常住教为极致之判教说，恐亦出自慧观，经僧宗之传，而稍加变更者也。法云居庄严寺时，受僧成、玄趣、宝亮之教；僧达与之同居，常赞美之；僧柔在道林寺发讲时，云尝就之咨决累日，词旨激扬，众所叹异；或谓其得教于慧次，然则法云受上列诸人影响，决无可疑。《法华文句》谓法云曾受教于僧印（建康中兴寺）；僧印固从昙度学《三论》，为庐山法华学者，尝受《法华》于慧观者也。僧旻初为僧回弟子；后师庄严寺昙景，亦受僧柔、慧次、僧达、宝亮之教。智藏尝从上定林寺僧远、僧祐，天安寺弘宗学；后闻次、柔二师之说。此诸师事迹，传记不详；其可考者，仅宝亮、僧柔、慧次三人而已；宝亮，即梁武帝天监八年（509）受敕书《涅槃经义疏》者；僧柔尝受教于慧基（祇洹寺慧义弟子）；慧次，为徐州法迁弟子。慧义本北人，宋永初元年（420）范泰建祇洹寺于建康时，迎来居之，时人以义比舍利弗，范泰为须达，晚年与罗什弟子慧叡，同住于乌衣寺；慧次之师法迁，僧传不明其系统。共主讲《三论》《成实》；其判教论，皆以《涅槃经》为渐教之极致者也。盖以上师资，大率习《法华》者；宝亮讲《法华》，将及十遍；僧印虽学涉众典，而偏以《法华》著名，讲《法华》凡二百五十二遍；又由此等统系，出三大法师，皆视《涅槃》在《法华》上；此乃天台大师以前，多数学者之思想也。僧宗时有昙准者，为北方涅槃学者；闻僧宗达《涅槃经》旨，南来听讲，意见有相歧处，遂别开一派讲说；此为北方《涅槃》学者之所宗也。《高僧传》所载“南北情异，思不相参，准乃别更讲说，多为北土所师”，即指此也。但北方《涅槃》学者系统，今尚难知；唯北七中多有以《涅槃》为渐教最上说者，已于前述判释时言之矣。

《涅槃经》著述最古者，当推道生《涅槃记》；慧静《涅槃略记》次之；慧静为北方学者，《高僧传》谓“其说多流传北地，不甚过江”；与之同时有法珍由北南来，应吴兴沈演之请，赴武康小山寺，居十九年；奉敕来建康，与道生弟子道猷，同住新安寺，亦著《涅槃经疏》；此外尚有僧镜《泥洹义疏》；宝亮《涅槃义疏》；后代无一存者。

后之《涅槃》学者，当以隋之昙延为最知名，其门下如林；此外学者及此种著述尚多，以其繁而略之。其在天台大师以前之书，以净影寺慧远

《涅槃经义记》二十卷，为最有名；余多后于天台。天台宗开后，《涅槃经》之研究，移于天台宗学者之手；从来以《涅槃》为常住教，位置在同归教《法华》上者，其议论渐衰微矣。

第十一章　嘉祥之三论宗

嘉祥大师名吉藏，倡三论宗；与天台智者同时，年辈稍后；其力量虽在天台之下，然世常以天台、嘉祥并称；而分中国佛教史为二大区划：曰天台、嘉祥以前之佛教；天台、嘉祥以后之佛教。嘉祥自称继承罗什正统；但罗什非如嘉祥三论宗专务说空；而嘉祥立论，每趋重于空之方面，故决其非罗什正统；仅可谓罗什教义南来之后，自成一派，借嘉祥而集大成者也。历来相传嘉祥之说为罗什正统；呼罗什为三论之祖，决非确论。盖禅与三论间，有极相似之处；因其同属罗什系统，而成于南地故也。

学者有分三论为古三论、新三论者，而以嘉祥以后者为新三论；嘉祥以前者为古三论；古三论若将罗什、道生除外以此二人非三论空宗人，则古三论之教义，颇难索解；盖系统者，自来学者所传而成，若传记不详其姓氏，著述又多阙略，尚何系统之足云。相传三论宗，经罗什、道生传至昙济。《高僧传》仅载昙济著《七宗（或家）论》，其书今亦不存。或谓道朗为昙济弟子，朗之事迹亦无传。但《大乘玄论》卷一二谛义所载，有足据者。文曰：

摄山高丽朗大师，本是辽东城人；从北土远习罗什师义；来入南土，住钟山草堂寺。值隐士周颙，周颙因就师学。次梁武帝敬信三宝，闻大师来。遣僧正智寂等十师，往山受学。梁武天子得师意，舍本成论，依大乘作章疏。

《玄义释签》所载亦同。其文曰：

自宋朝已来，三论相承；其师非一，并禀罗什。但年代淹久，文疏零落。至齐朝已来，玄纲殆绝。江南盛弘《成实》；河北偏尚《毗昙》。于时高丽朗公，自齐建武来至江南；难成实师，结舌无对；因兹朗公，自弘《三论》。至梁武帝敕十人止观诠等，令学《三论》；九人但为儿戏，唯止观诠，习学成就；诠有学士四人入室。时人语曰：兴皇伏虎朗；栖霞得意布；长干领悟辩；禅众文章勇；故知南宗初弘《成实》，后尚《三论》。

观此：则南方研究《三论》者，一时为《成实论》所掩；至梁武时，高丽道朗来高丽者指今满洲辽东地方，而再兴焉。嘉祥大师系统实始此。

梁武所遣僧正以下十人，就学于道朗者，惟僧诠得传其教。《高僧传》载其崖略：初诠为北方学者之宗；后往南方，止闲居寺；晚憩虎丘山。平昌孟顗，于余杭建立方显寺，请诠居之，率众勤禅；遂致失明，而讲授不废。终于临安董某家。相传僧诠曾居摄山止观寺，故称止观之诠。诠之学问，无由得知。其弟子法朗；法朗弟子，即吉藏也。今据《高僧传》，列其系统之重要人于下：

- 道生
  - 僧瑾
  - 道猷
  - 昙济
    - 僧宗《涅槃经》学者。《高僧传》云:“年九岁，为瑗公弟子，谘承慧业，晚又受道于斌、济二法师。”斌、济，即昙斌、昙济也。
    - 法宠《续传》云：成办法式，习学威仪，其后出都住兴皇寺。又从道猛、昙济学《成实论》。
    - 道朗
      - 僧诠
        - 慧勇
        - 慧布
        - 辩法师—慧因
        - 法朗
          - 罗云居荆州上东明寺，盛讲《三论》。终于隋大业十二年。
          - 法安号称三绝，形长八尺，风仪挺特，一也；解义穷深，二也；精进洁己，三也。终于等界寺。入室弟子十人。
          - 慧哲居龙泉寺。传灯者慧品、法粲、智嵩、法同、慧璿、慧楞、慧响等五十余人。终于隋开皇十一年。
          - 法澄向住江东开善寺。奉召入京，居日严寺。
          - 道庄居日严寺。终于大业初。
          - 智炬由建初寺移居慧日道场，转日严寺。终于大业二年。《续高僧传》称之曰“时有同师沙门吉藏者，学本兴皇，威名相架；文藻横逸，炬实过之”。
          - 慧觉居栖霞寺。曾受慧布之教，入慧日永福诸大寺。又住白塔寺。智果，其门人也。
          - 小明《义褒传》载，初从苏州永定寺小明法师，禀学《华严大品》，即陈兴皇朗公之后嗣也。专经强对，亦当时之僧杰。—义褒
          - 明法师《法敏传》载：“入荆州茅山，听明法师《三论》。明法师，即兴皇遗属也。”
            - 法敏住越州静林寺。终于贞观十九年。
            - 慧稜与慧暠入蜀，同受罪。终于贞观十四年。
            - 慧暠弘教蜀地。一时被诬，谓其结徒有异志，将被罪；后还安州。终于贞观七年。
            - 慧璿居襄州光福寺。终于贞观二十三年。
          - 智锴
          - 吉藏

昙济出道生下，为日本凝然大德等说，但其说似无根据。或以为出于僧肇下，亦似推断。今权用前说。

僧诠弟子，称高足者四人：慧勇、慧布、辩法师、法朗是也；慧勇居扬都扬州大禅众寺；慧布居摄山栖霞寺；辩法师居长干寺；法朗居兴皇寺；时称“诠公四友”，有“四句朗、领悟辩、文章勇、得意布”之称。此《续高僧传》所载，与《释签》所载稍异，当以此文为可信。即法朗长于立四句分别之论理；辩法师长于舌辩；慧勇长于文章；慧布能得师意之谓也。语云：“布称得意，最为高也。”布之称豪可知矣。此四人中：辩、朗意见稍异。朗弟子号称极盛；称朗门二十五哲；今兹所举，仅著名者。中有明法师，其事迹不明；然为最重要之人；爰据《续高僧传》，列其逸事于下节录《法敏传》：

初朗公将化；通召门人，言在后事，令自举处，皆不中意。以所举者，并门学有声，言令自属。朗曰：如吾所举，乃明公乎？徒侣将千，名明非一。皆曰：义旨所拟，未知何者明耶？朗曰：吾座之东，柱下明也。明居此席，不移八载；口无谈述，身无妄涉，众目痴明。既有此告，莫不回惑；私议，法师他力扶矣。朗曰：吾举明公，必骇众意；法教无私，不容瑕隐。命就法座，对众叙之。明性谦退，泣涕固让。朗曰：明公来，吾意决矣；为静众口，聊举其致。命少年捧就传座。告曰：大众听；今问论中十科深义。初未尝言，而明已解，一一叙之；既叙之后，大众惬伏，皆惭谢于轻蔑矣。即日辞朗；领门人入茅山，终身不出，常弘此论；故兴皇之宗，或举山门之致者是也。

观此：可知明法师，确在法朗入灭之际，嗣其大德；然性质谦让，不沽名于世；人罕有知者；其门多俊才，自成兴皇门下一派焉。《续高僧传》以道朗、法朗非一人；据《罗云传》“会扬都道朗，盛业兴皇，乃倾首法筵云”；罗云为法朗弟子，则道朗应作法朗；据《吉藏传》谅（藏父道谅）恒将藏听兴皇寺道朗法师讲，随闻领解，悟若天真；年至七岁，投朗出家；则兴皇寺道朗即法朗，而非僧诠之师道朗；盖吉藏七龄时，法朗四十九岁；其师僧诠之师道朗早逝，道朗似梁武帝初时人，亦似未曾居兴皇寺。法朗俗姓周氏，徐州沛郡人。祖奉叔，官齐给事、黄门侍郎、青州刺史；父梁员外、散骑常侍、沛郡太守；名神归，梁大通二年（528），出家青州；游学扬都，就大明寺宝志禅师，受诸禅法；此《三论宗》与《禅宗》关系密切之一证。朗曾研究《律》《成实》《毗昙》等；后就止观寺僧诠学《智度中百十二门》诸论，暨《华严大品》等经，以此得传龙树教风。陈永定二年（558），敕至建康兴皇寺；弘其宗派。其言论多前人所未发；语曰："往哲所未谈；后进所损略；朗皆指摘义理，征发词致；故能言气挺畅，清穆易晓；常众千余，福慧弥广；所以听侣云会，挥汗屈膝；法衣千领，积散恒结。"其盛可窥见一斑矣。入寂于太建十三年（581）九月；寿七十五岁。

吉藏，先祖安息人，故俗姓安。祖父来华，先居南方交广间；后至建康，生藏。年在孩童，父引之谒真谛三藏请名，遂名吉藏。父极信佛，出家名道谅。常携子吉藏，往听法朗讲。藏七岁遂投朗出家。此时尚在法朗住兴皇寺之前；《续高僧传》载"谅恒将藏听兴皇寺道朗法师讲"。然朗于此时尚未来兴皇寺，因后住兴皇，单称朗为兴皇；又谓兴皇寺之法朗。陈亡，隋兵攻建康；藏避往东方越州嘉祥寺；盛说教，著书；其重要著述，皆成于此寺中，遂呼为嘉祥大师云。隋文帝开皇末，置四道场隋时呼寺为道场；藏负盛名，召居扬都慧日道场；又转居洛阳日严寺。唐时高祖，亦加以优礼；因发愿居实际、定水二寺，故来往其间；并应齐王元吉之请，转居延兴寺。入寂于武德六年（623），寿七十有五。其重要著述如下：

《华严经游意》一卷

《弥勒经游意》一卷

《金光明最胜王经疏》一卷

《大无量寿经义疏》一卷

《大品般若经疏》十卷

《大品般若经游意》一卷

《仁王般若经疏》二卷

《法华经义疏》十三卷

《法华经游意》二卷

《法华经统略》六卷

《法华经玄论》十卷

《法华论疏》三卷

《涅槃经游意》一卷

《中论疏》二十卷

《百论疏》九卷

《十二门论疏》六卷

《三论玄义》一卷

《大乘玄论》五卷

《三论略章》一卷

《二谛章》三卷

《二谛义》二卷

《诸宗章疏录》所列目录有四十余部，惟其中颇多散佚；今据《藏经书院续藏目录》，现存者仅有二十一部九十六卷；即上所列者。

天台与嘉祥并称；天台大师，既称为天台宗之集大成者；嘉祥大师，著述闳富，亦可与天台媲美，称为三论宗之集大成者。

与嘉祥同时者，高丽之实法师也；传记不详，大概与吉藏为同门。慧持、法敏，亦为实法师弟子，而受其教。又高丽之印法师（恐系实法师弟子），于开皇之始，入蜀讲《三论》，有弟子曰灵睿。睿于慧暠（明法师弟子）来蜀时，亦列其讲席；盛弘《三论》于西方，与《成实》学者争衡。此外研究《三论》学者，尚不乏人，兹略之。

嘉祥弟子，慧远最贤；《续高僧传》称"慧远依承侍奉，俊悟当时；敷传法化，光嗣余景；末投迹于蓝田之悟真寺；时讲京邑，亟动众心；人世即目，故不广叙"。传既从略，故慧远事迹，后世不知其详。嘉祥门下尚有智颛、智命。日本凝然大德之《内典尘露章》，于智颛、智命、慧远外，尚举智实、寂师二人；寂师何人，不可考；智实在唐太宗时，因佛教置于道教下，谏而被罪；不敢断定为嘉祥弟子；传载嘉祥见其俊才，颇以本身年老，不能见其成德为恨；仅记其特赏之言。

嘉祥化后，三论宗旨，不能大振；殆被玄奘三藏法相所压；同时禅宗兴起，自然合并；此宗遂渐就式微。《宋高僧传》仅载元康为空宗学者。在安国寺讲《三论》，别撰《玄枢》二卷，明《中百十二门》之宗旨。虎丘僧琼，亦传其就常乐之聪法师学《三论》；但又转入禅宗。由此可知唐之初业，三论大势已衰矣。嘉祥大师弟子智颛，有二人：一丹阳人；俗姓冯氏；身相黑色，故人呼为乌颛；居嘉祥寺，盛说此宗，四方义学八百余人，《续高僧传》十四卷有传。一扬都人，俗姓安氏；于嘉祥寺师事嘉祥，偶与道教徒在殿内论教之高下，遂知名于世；其传载《续高僧传》第三十卷。

第十二章　造像与石经

北魏自太武帝毁佛之后，文成帝即位兴复佛法之时，像教大盛；西域所画佛像，接踵而至；而魏之先代，本有凿石为庙之遗风；雕刻技术，夙所擅长；因此每一帝即位，即于都城近处山冈，为帝或后，建造石窟，就山岩镌佛像；历久蔚为大观，为佛教上至有价值之美术；最著名者大同云冈之石窟佛像，及洛阳伊阙之石窟佛像是也。云冈在魏之旧都平城西三十里；伊阙在魏之新都洛阳南三十里；云冈滨临武州川水；伊阙滨临伊水；地理形势亦相类；故魏时称云冈为北石窟；伊阙为南石窟。

《续高僧传》，释昙曜传云："昙曜少出家；以元魏和平年，任北台昭元统，住恒安石窟通乐寺，即魏帝之所造也。去恒安西北三十里武州山谷北面石崖，就而镌之，建立佛寺，名曰灵岩；龛之大者，举高二十余丈，可受三千许人；面别镌像，穷诸巧丽；龛别异状，骇动人神；栉比相连，三十余里。"

《魏书·释老志》亦言："沙门昙曜白帝；于京城西武州塞，凿山石壁，开窟五所；镌建佛像各一；高者七十尺，次六十尺，雕饰奇伟，冠于一时。"

观此两文所载：可知魏之开凿石窟，实始于昙曜。先是：太武帝信司徒崔浩之说；崇重道士寇谦之；排斥佛教，焚毁寺塔；太武后感致疠疾，方始觉悟，诛夷崔氏。及崩，文成帝嗣位；重兴佛法。昙曜遂白于帝，开凿石窟；曜之赴京，在文成帝兴复佛法之明年，即兴安二年（453）也。

大同云冈石窟之造像；昔时因僻在塞北，知者颇鲜，即碑碣亦无一存者；不如伊阙造像，屡见于金石家之记载；盖一则因元魏崛兴，文化未盛；至孝文迁洛，始禁胡语，肇启华风；二则因云冈石质较粗，易于剥蚀；其开凿又先于伊阙五十年；佛像巨大，虽经风霜，未全损坏；文字则磨灭无遗也。方今京绥铁路，可以直达大同；云冈石窟之名，世人多知之；考古者亦注意及之矣。

石窟寺今俗呼石佛寺；依山开窟，建筑层楼；每楼各就一窟，窟上通光；窟中大佛，高者约五六尺；窟之宽广，最大者径六七丈，其小者三四丈，略如佛殿；四壁雕琢大小佛像无数，及浮屠、幡幢、宝盖等，种种装饰，多施彩色。寺西又大窟五：窟外石质多剥落；寺东更有大小石窟，以数百计；佛像大者数丈，小者数寸；多至不可胜计。郦道元《水经注》㶟水条下有云："其水又东北流，注武州川水；武州川水又东南流；水侧有石祇洹舍，并诸窟室，比丘尼所居也；其水又东转灵岩；凿石开山，因岩结构；真容巨壮，世法所希；山堂水殿，烟寺相望；林渊锦镜，缀目新眺；川水又东流出山。《魏土地记》曰：平城三十里，武州塞口者也。"郦道元撰《水经注》在魏太和年间；去石窟之建筑，不过四五十年；其所记载，至为可信；据《魏书》则昙曜所凿者只五所；而此则曰山堂水殿，烟寺相望；可知昙曜以后，继续开窟者之众；又曰：林渊锦镜，缀目新眺；可见当时景色之美丽；而魏诸帝之行幸石窟寺，亦屡见于史书；造像之风，斯为盛矣。

伊阙石窟寺，则建于孝文帝迁都洛阳之后；伊阙之山：西曰龙门；东曰香山；山岩石壁，上下凿石，为大小窟无数；与云冈绝相似。

《魏书·释老志》：“景明初，世宗宣武帝诏大长秋卿白整，准代京灵岩寺石窟，于洛南伊阙山，为太祖、文昭皇太后，营石窟二所；初建之始，窟顶去地三百一十尺；至正始二年中，始出斩山二十三丈；至是，大长秋卿王质，谓斩山太高，费功难就；奏求下移就平，去地一百尺，南北一百四十尺；永平中，中尹刘腾奏为世宗复造石窟一；凡为三所：从景明元年至正光孝明帝年号四年六月以前，用功八十万二千三百六十六。”

按此为伊阙开凿石窟之始；宣武帝景明，在孝文帝迁洛之后；去文成帝兴安复佛之年，约五十年；是则伊阙石窟，后于云冈石窟亦五十年。从宣武帝景明元年（500），至正光四年（523），其间经过二十八年[1]，仅造石窟三所，已费工如此之巨；则云冈石窟，奚啻三所；其工程之宏大可知矣。

云冈石窟，完全为北魏一朝开凿；伊阙石窟则不然；始于北魏，继续于有唐；盖北魏自孝明帝正光四年，至孝武帝永熙三年（534），高欢入洛，东西魏分裂；自此兵争不息，凿窟工役，当无暇及此；至唐贞观中叶，魏王泰为其母文德皇后，凿三窟于魏石窟之北；至今尚存；褚遂良书伊阙三龛碑记其事；欧阳修《集古录》谓：“龙门山壁间，凿石为佛像；后魏及唐时所造；惟此三龛像最大，乃魏王泰为长孙皇后所造也。”顾炎武《金石文字记》谓：“龙门山镌石为佛像，无虑万计；石窟最大者，今名宾阳洞；像尤高大；洞外高处有刻字，拓之得二十余行；按《集古录》有三龛记；岑文本撰，褚遂良书，今拓字有聿修阴德等字，知即此记也。”观此诸记，则知伊阙石窟，其建造实自北魏以迄于唐；与云冈之成于一代不同也。

伊阙之石窟寺，在龙门山之东北麓；今亦称为潜溪寺；第一石窟，高

1 当为二十四年。

约四五丈，宽二丈余，深亦如之；其中大佛，坐者一，立者左右各三；宾阳洞凡三窟；中间一窟，坐大佛一；左右立者各五；窟顶雕天女像；壁间雕小佛百数；窟高约四五丈，深宽均约三丈余；右一窟大佛坐者一；立者左右各一；壁间雕小佛以数百计；高与中窟略同；深约二丈，宽约三丈；左一窟大佛坐者一；立者左右各二；壁间雕小佛百余；高深宽，略与右窟同；窟外刻佛无算；距窟二丈许，建一轩；右为僧房；惟滨临伊水，地势逼窄；视云冈之高楼四层，佛殿端中居前；气象远不及也。

龙门山自北徂南，仅里许之内，所镌佛像，或云四万余，或云七万，无可确计。《洛阳县志》金石门所载："龙门造像，唐代居多；开元、天宝以前，年月历历可考；盖人民奉佛，久成习俗故也。"是则龙门造像，不限于帝王之家，人民亦多作此功德矣。

北齐时，南岳慧思大师，虑东土藏教，有毁灭时；发愿刻石藏，闷封岩壑中；坐下有幽州智泉寺沙门静琬，承师付嘱；乃于隋大业年间，创刻石藏经板；就涿州西北五十里之白带山，开凿石洞；以石经板，藏诸洞内；既满，即用石棂塞户，以铁锢之。至贞观五年（631），《大涅槃经》成；及十三年，静琬法师愿未终而卒。门人导公、仪公、暹公、法公相继五世，陆续增刻；历唐至宋，凡得七十七种，二千三百余石；而经尚未完；迨辽圣宗时，有留公法师，奏请续刻；兴宗亦赐钱刻之；道宗时，相国杨遵勖、梁颖亦奏请赐钱续刻；故自太平七年（1027），至清宁三年（1057）间，因隋唐所刻《大般若经》，止五百二十卷；续镌八十卷，完成六百卷之数，计二百四十石；又续镌《大宝积经》一百二十卷，计三百六十石；以成四大部之数；总合二千七百三十石。

白带山既藏《石经》，故亦名石经山；以其景物幽秀，类似天竺，故又名小西天。山顶有雷音洞，就洞建室，高丈余，深九步；室隅亦横九步，其前阔十三丈，如箕形；有几、案、垆、瓶之属，皆石为之；三面之壁，皆嵌以石刻佛经：东北壁为全部《法华经》；西壁为《杂编》；共有四百十八石：故又名石经堂；此雷音洞之《石经》，乃显露于壁间，供人摹拓，非深锢于洞内者也。雷音洞之左有洞二；右有洞三；雷音之下，复有洞二；共计七洞：皆满贮石经，经板层叠，骈列洞内；自洞口石棂之隙，可窥见之；有完整者；亦有破裂者；所谓二千三百余石，殆皆在此七洞之内；有石幢记其目甚悉。

道宗在清宁三年后，又续刻石经一百八十石。是时又有通理大师，慨石经未全，有续造之志；遂于大安九年（1093），在山之西峪寺，开放戒坛；士庶道俗，入山受戒；所获施钱万余，付门人善定，校勘刻石；至大安十年（1094），钱尽功止；又有门人善锐，念先师遗风，不能续扇；与善定共议募刊，以毕其功；凡得四千八十石。于天祚帝天庆七年（1117），就寺内西南隅，穿地为穴，将道宗清宁三年以后所刻，及通理大师所办石经，藏瘗地穴之内；其上筑台，砌砖建石塔一座，刻文标地，知经所在。是知白带山之《石经》，除七洞之外，西峪寺西南塔下，尚有一部分也。西峪、东峪均在白带山下；就其地建东西云居寺，亦称东峪寺、西峪寺；今东峪寺已毁，仅存西峪寺；至清代改称为西域云居禅林。

《石经》既自唐至辽，历代续刻；迨元朝至正年间，有高丽沙门慧月大师来我国，亦继续其事；惟明以后则无闻焉。此诚佛教史上伟大之事业，不仅关于美术已也。

第十三章　会昌以前之佛教概说

出于罗什系统之禅、天台、三论，前已言之矣；次应说出自觉贤三藏之华严宗；兹就华严宗兴起时代之佛教说明之。

唐初，为佛教来华后国人思想成熟时代；就外形言之，是时实为我国历史上佛教隆盛达于极点时期。唐高祖即位以来，已重佛教；法琳著《辩正论》；载长安建会昌寺、胜业寺、慈悲寺、证果尼寺、集仙尼寺；于太原建灵仙寺；并舍旧第为兴圣尼寺高祖初奉隋命，防突厥北走，居太原，遂在此举兵；于并州亦建义兴寺；建筑装饰，皆极轮奂之美。《大唐内典录》谓太宗建兴圣寺，此恐系太宗在高祖时代所建，故谓为高祖所建。兹录太宗贞观二年（628）诏敕于下：

建义之初，时逢世季；亲当矢石，屡总元戎；或东剪七雄，西清八水，纵神兵而戮封豕，秉天策以斩修蛇；既动赫斯之威，恐结怨恨之痛。其年季春，躬发诏旨；自隋末创义，志存拯溺；北征东伐，所向平殄；黄钺之下，金镞之端，凡所伤殪，难用胜纪；手所诛剪，将近一千；窃以如来圣教，深尚慈仁；禁戒之科，杀害为重；永言此理，弥增悔惧。爰命有司，京城诸寺，皆为建斋行道，七日七夜，竭诚礼忏；朕之所服衣物，并充檀舍；冀三涂之难，因斯解脱；万劫之苦，借此弘济；灭怨障之心，趣菩提之道。

盖高祖灭隋，实际借次子世民之力，即太宗也；自战争伊始，太宗亲临军阵，杀人众多；乃营斋追悼死者冤灵，以资抚慰；此即供养法会时所发诏敕也。至于太宗之尊崇佛教，《辩正论》曾言之；其文曰：

统天立极之功，独高前古；奉佛崇善之业，超诸往贤；主上曾经战场，白刃相拒；至于登极，情深厥衷；乃下敕，凡所阵场，并建寺，有司供给，务令周备；宇内凡置十所，严整可见。又昔因避暑，躬幸南山；卜此神居，启此大壮；其地也，带秦川之眇眇，接陇岫之苍苍；东观浴日之波，西临悬月之浦；凤企穷奇之石，郁律钻天；龙盘谲诡之崖，穹窿刺汉；岂独岩松拨日，抑亦涧竹梢云；实四皓养德之场，盖三秦作固之所；为太武皇帝，舍而为寺；既增利见，因曰龙田。

此文铺张扬厉，类皆赞扬天子之辞；细绎所云，除侈陈壮丽外，无非为太宗杀人甚多，在战阵各地，建造十寺；以及在终南山建龙田寺，均确有可考。其兴佛教，实欲借以安慰亡灵；征诸供养之诏，可以知其心矣。兹据《大唐内典录》，举太宗破敌后所造诸寺于下：

豳州昭仁寺　破薛举处

洛州昭觉寺　破王世充处

洛州昭福寺　破刘黑闼处

汾州弘济寺　破刘武周处

晋州慈云寺　破宋金刚处

台州普济寺　破宋老生处

郑州等慈寺　破窦建德处

其可举者，仅此七寺，盖即《辩正论》所谓十寺之七也；其他三寺不详。又太宗在破敌之处，建置伽蓝；俾其功绩，传于后世；所建诸碑，多刻战绩。即《内典录》所称“四方坚垒，咸置伽蓝；立碑表德，以光帝业”是也。其碑文使虞世南、李伯药、褚遂良、颜师古、岑文本、许敬宗、朱子奢等书之。然非仅为垂声永名而设；自其他诸事迹考之，太宗确系信崇佛教者。又太宗所建寺，载在《内典录》者，则曰：“及天下清平，思弘仁教；乃舍旧宅为兴圣寺，为先妣立弘福寺，为东宫立慈恩寺，于昭陵立瑶台寺。”又贞观二十年（646）北征还，为阵亡者建闵忠阁于幽州。此时波罗颇迦罗密多罗，来自印度；玄奘三藏，由印度还；均被优礼；使波罗颇译经于胜光寺；玄奘译经于弘福寺、慈恩寺。玄奘新译经典，太宗亲制序文即《大唐三藏圣教序》，皇太子高宗亦制圣教记；足为信佛之证。

太宗不仅致力于建寺译经；且令天下诸州度僧尼，以示提倡。兹录其度僧诏敕于下：

天下诸州有寺之处，宜令度人为僧尼，总数以三千为限；务取精诚德业；无问年之长幼；必无人可取，亦任其阙数。若有司简练不精，宜录附殿失。若有僧徒溺于流俗：或假托神通，妄传妖怪；或谬称医巫，左道求财者；并自贻伊戚，动挂刑网；已令依附内律，参以金科，具为条制。务使法门清整，善者必采，恶者必斥。

由此诏书观之：可见太宗于提倡之中，又严为限制；意至善也。此外太宗与佛教有关系之事实尚多，不遑枚举。

高宗对于佛教尤加尊敬；《内典录》称“今上之嗣位也；信重逾隆；

先皇别宫，咸舍为寺”，足以为证。高宗敬礼玄奘三藏，使得出入宫中；则天皇后产子，使玄奘命名；玄奘命之曰佛光王；剃度为僧，即中宗也。玄奘从事翻译时居长安，或居洛阳之殿内；著名之玉华寺，乃玉华宫，先帝舍为寺者，亦玄奘译经处也。西明寺，乃高宗显庆五年所建，亦历史上有名之寺也。

高宗殁，中宗立，因初名佛光王；即位后，乃令东西两京，各建佛光寺一所。未几，则天武后废中宗，改国号为周；自即帝位，称则天皇帝；当此之际，即唐代佛教最隆盛时期也。

兹举唐代译经要人于下：

波罗颇迦罗密多罗译为光智；中天竺人；太宗贞观年中来华

玄奘（后详）

阿地瞿多生于中天竺；高宗永徽年间人

那提此梵语布如乌伐耶之讹略，或系别名，高宗龙朔年间人

会宁成都人；高宗麟德年间，曾往印度，即在南海波凌国，与若那跋陀罗译《涅槃经后分》者

佛陀波利生于罽宾；高宗末人；译《佛顶尊胜陀罗尼经》一卷，此为第一译

地婆诃罗生于中天竺；即日照三藏；高宗末则天时代人

提云般若则天时人，即译《法界无差别论》者

实叉难陀（则天时人，后详）

义净（后详）

菩提流志南天竺人，高宗末年来华[1]

善无畏梵音输波迦罗，直译净师子，意译善无畏，玄宗时来华

1 原文脱“华”字。

（后详）

金刚智梵音跋日罗菩提，玄宗时与不空来华（后详）

不空梵音阿目佉跋折罗（后详）

般若罽宾人，宪宗时来华，即译《四十华严》者

此外自印度来者尚多；华人通梵语译经者亦甚多；以上所举，乃其重要者；或曾译名著者也。其中以玄奘、实叉难陀、义净、菩提流志、不空为最著；此五法师，恐唐以前翻经者，罕与之匹。

据上表所列，唐代翻译者，概出于玄宗前；而以高宗则天二代造其极；玄奘，介太宗高宗二代间；义净三藏，于则天证圣元年，还自印度；实叉难陀，来自于阗；菩提流志之来，较前二年；余诸法师，年代俱同，堪称一时之盛。当实叉难陀在洛阳大遍空寺译《八十华严》时，义净、菩提流志，皆在此译场读梵本也。

义净三藏，俗姓张氏，字文明，范阳人。慕法显、玄奘之风，发愿往印度；三十七岁，得同志十人，由广东乘船出发；行至途中，同志皆陆续折回；遂一人独往印度，周游全印，经二十五年，历三十余国，始返中土。曾一度置身《华严》译场，后从事译经于东都大福先寺东太原寺，及西都之西明寺；和帝二年（706）复在大荐福寺，特建翻经院使居之。义净自印度所得梵本经律论，约四百部，合五十万颂；其已译者，六十一部，二百三十九卷。据《开元录》所载。初译《金光明最胜王经》（十卷）；继成密部之《能断金刚般若波罗蜜经》（一卷）、《大孔雀咒王经》（三卷）、《佛顶尊胜陀罗尼经》（一卷）；又有关于《因明》及法相宗之《因明正理门论》（一卷）、《观所缘论释》（一卷）、《取因假摄论》（一卷）；其所译大部，则有部律为多，例如《根本说一切有部毗奈耶》（五十卷）、《根本说一切有部苾刍尼毗奈耶》（二十卷）、《根本说一切有部毗奈耶杂事》（四十卷）、《根本说一切有部尼陀那目得迦》

（十卷）、《根本萨婆多部律摄》（二十卷）等是。此外尚著《南海寄归内法传》（四卷）、《大唐西域求法高僧传》（二卷）。入寂于先天二年（713），春秋七十有九。又译《说一切有部跋窣堵》七八十卷，译成之后，未遑删缀而殁，其书遂不传于世。

菩提流志三藏，本名达摩流支。武后为改此名。译有《大宝积经》百二十卷，为其最著者；此经全部共四十九会：其二十六会，三十九卷，流志所译；二十三会，八十一卷，乃荟萃旧经中《宝积》之分品而成。相传玄奘译《大般若》告竣时有以此经旧译未全请续译者；玄奘以年老难竟功辞。迨流志来，和帝命志续之；于是寻译旧翻之经，考校新来之本，旧翻有误者重译之，未翻者全译之，遂成此巨帙。流志年寿最高，玄宗开元十五年（727）尚存；殁时百五十六岁矣；谥为开元一切遍知三藏者，即此人也。

高宗、则天之时，翻译家辈出，称为新译时代；参与其事者，颇多闻人。如玄奘初译经于弘福寺时，慧明、灵闰证义；行友、玄赜缀文；智证、辩机录文；玄谟有作玄模者误证梵语；玄应定伪字。以上系根据《续高僧传》者。按《开元录》所载更详，曰弘福寺灵闰、沙门文备、罗汉寺慧贵、实际寺明琰、宝昌寺法祥、静法寺普贤、法海寺神昉、廓州法讲寺道深、汴州演觉寺玄忠、蒲州普救寺神泰、绵州振响寺敬明等十一人证义；普光寺栖玄、弘福寺明濬、会昌寺辩机、终南山丰德寺道宣、简州福聚寺靖迈、蒲州普救寺行友、栖岩寺道卓、幽州昭仁寺慧立、洛州天宫寺玄则等九人缀文；大总持寺玄应字学；大兴善寺玄谟证梵语梵文。玄应以著《 切经音义》（二十五卷）显名所谓玄应音义；靖迈著《译经图记》（四卷），道宣律师著《大唐内典录》（十卷），于是音义经录续出矣。实叉难陀之译《华严》也；菩提流志、义净读梵本；复礼、法藏贤首大师译文；法藏弟子慧苑，谓新译《华严经》无音义，著《新译华严音义》

（二卷）。当义净、流志加入译场时，印度人华人加入者颇多，类皆当世英才，其盛可想矣。译经既盛，则天命佛授记寺之明佺以下诸人新编经录，以甄别经之真伪，即《大周刊定众经目录》（十五卷）是也。

更从译经以外观之，章安死后，天台宗虽不振；然如善导大师，为高宗时人；禅宗之六祖慧能，则历高宗、则天、中宗三朝；律宗之相部法砺，为太宗时人；南山之道宣，东塔之怀素，俱贞观、则天间人；华严之法藏说十玄妙理于宫中者，亦则天时人，玄奘之弟子窥基、圆测、普光、神泰，俱与之同时；当是时，人才辈出，佛教隆盛可推而知矣。

自中宗、睿宗，至玄宗开元昌平间，密教经典，翻译颇盛；盖即善无畏、金刚智、不空来华时也。迨安史之乱，玄宗幸蜀，太子蒙尘于灵武，唐室渐衰，佛教亦渐失势。德宗之世，般若三藏翻译《四十华严》，恐为唐代翻译之最后者矣。当是时，西明寺之圆照撰《贞元新定释教录》三十卷，《大唐贞元续开元释教录》三卷；玄宗以前，经录虽多，尚未完全；有智昇者，著《开元释教录》二十卷智昇别有《续内典录》一卷、《续译经图记》一卷、《续佛道论衡》一卷；收后代所译者而续之，于同本异译，旧目新名，一一校量，最为精要；圆照之书，虽为后出，实远不如也。

是时荆溪大师名湛然者出世，讲天台宗；而与之相对者，则有清凉大师名澄观者出世，讲华严宗，其弟子终南山圭峰宗密和之；各为天台、华严吐万丈光焰；适遇武宗会昌破佛之事，佛教终衰。独禅宗至六祖以后，日益昌盛；盖禅宗宗旨，较他宗单纯，似可远祸；故不因会昌破佛而受影响也。

第十四章　唐之诸宗

佛教至唐代渐备，非仅成立新宗；如善导之念佛宗；慧能之禅宗；道宣之戒律宗；皆能综合唐以前之研究而集其大成者；他如法相宗、密教，则新自印度来者也。所谓新开之宗旨，即华严宗；但华严宗，实引申唐以前之思想，乃继承佛陀跋陀罗翻译《华严经》时，与罗什系对立之一大潮流；实与念佛宗、禅宗殊异；与其谓为新宗，毋宁谓为此潮流经贤首大师之阐发而成宗者也。兹就诸宗分节略说之于下。

（一）念佛宗

唐世念佛宗，分善导流、慈愍流二种。善导，太宗、高宗时人；慈愍三藏，玄宗时人；其间相距四五十年。慈愍三藏之念佛，所与后世之影响，似不甚大。

兹就慈愍述之：慈愍三藏事迹，除《高僧传三集》卷二十九所载外，似无可考；据传原名慧日，山东莱州府东莱人；中宗时剃度；见义净三藏自印度返，誓游印度；嗣圣十九年（702）出南海，经昆仑、佛誓、师子洲诸国，历三年而达印度，居十三年；取道中亚细亚及西域诸国，行程四年，开元七年（719）得返长安；前后凡十八年。慈愍三藏，乃东归时，玄宗所赐号也。慈愍居印度，念跋涉四载，既经多苦；果何国何方？无苦有乐？何法何行，能速见佛？于是广参印度学者，乞为开示；学者咸以阿弥陀佛极乐世界答之。后返中土，路出北印度犍驮罗国，城东北大山，有观世音像；慈愍至心祈请，至七日夜，见观世音于空中现身，摩其顶曰："汝欲传法，自利利他；当知净土法门，胜过诸行；西方净土极乐世界，弥陀佛国也；劝令念佛诵经，回愿往生，到彼国已，见佛及我，得大利益。"慈愍还，弘布净土教；今日所传，悉本此旨。所著《往生净土集》，今佚。《净土指归》有《净土慈悲集》三卷，殆即此书耶。即宋绍圣年间，灵芝之元照翻刻《慈愍三藏文集》；反对派之禅僧诉于官，以此集为元照所伪托；故《芝园集》载《论慈愍三藏集书》曰："无何见忌，异论锋起，以谓《慈愍集》乃贫道自撰，假彼名字，排我宗门；曾不知此文，得于古藏，编于旧录；不省寡闻，辄怀私忿；以至讼于公府长吏；然恐官司未委情实，谨赍元得古本文集，并叙始末"云。由此观之：《慈愍文集》，至宋时已不多觏矣。但此集与《往生净土集》，是否同一？殊未敢必。慈愍所劝念佛，究竟若何？其书不传，难知底蕴；然宋延寿《万善同归集》引慈愍三藏语曰："圣教所说正禅定者，制心一处，念念相续；离于昏掉，平等持心；若睡眠覆障，即须策勤念佛、诵经、礼拜、行道、讲经、说法，教化众生，万行无废；所修行业，回向往生西方净土；若能如是修习禅定者，是佛禅定与圣教合，是众生眼目，诸佛印可；一切佛法，等无差别，皆乘一如，成最正觉。"观此：似为禅净合一说之原始。又慈愍之念佛，即可往生净土；其他诸行，非所必须；观于法照《五会法事赞》中所载慈愍《般舟三昧赞》，有云："彼佛因中立弘誓，闻名念我总迎来；不简贫穷将富贵；不简下智与高才；不简元非净土业；不简外道阐提人；不简长时修苦行；不简今日始生心；不简多闻持净戒；不简破戒罪根深；但使回心多念佛，能令瓦砾变成金。”可以证也。

慈愍三藏之念佛，非如善导之念佛，遗后世以绝大影响；而善导流之念佛，实可谓为后世念佛教之根本。善导以前之念佛，为慧远流之念佛，前已言之。此别于慧远流，而为善导流所本者，昙鸾、道绰是也；此派以阿弥陀佛为报身如来，因定极乐净土为报土；此报身报土之说，又区分为二：其一说，谓报身报土弥陀极乐境界，非欲界凡夫所能往生；所谓能者，乃方便之假说，即《摄论》所载别时意趣论是也。其他一说，即昙鸾以来一流所主张者，谓凡夫直得往生报土。别时意趣者，谓众生现种净业之因，命终即得往生之果，别时而成熟也；即《摄论》所谓平等意趣、别时意趣、别义意趣、众生乐欲意趣四说之一；其惟一意义，即为便于除懈怠者障碍，而策励之而已。以上二派之外，又有一派，谓阿弥陀佛为化身，因而谓极乐为化土；即净影之慧远、三论之嘉祥等之所主张。咸谓极乐往生，胜于兜率往生；与昙鸾者流所主张者虽同；然其化身化土之说，则与之相歧也。

有主张兜率往生，以极乐往生为别时意之说者；其说本诸《摄论》，前已述之；但《摄论》之所谓成佛，乃愿行具足之谓；若不圆备，则不成佛；唯如《无量寿经》所说，愿往生极乐往报土而成佛者，非即能往生之意；乃永久之后，得往极乐之谓；唯愿无行，非可谓即能成佛；故非即时意，而乃别时意也。《摄论》引《无量寿经》而为之说曰：如《无量寿经》说：“若有众生，愿取无量寿世界即生尔。”上文为佛陀扇多第一译《摄论》之文。夫引《无量寿经》解释《摄论》，自真谛之弟子智恺译《摄论》始；智恺之弟子慧光、法常等，皆作《摄论疏》，述此别时意之说；皆以《观无量寿经》为《摄论》所引之《无量寿经》，以称名往生为下品往生，而谓为唯愿无行《摄论疏》今佚；然迦才之《净土论》，则谓《阿弥陀经》说三发愿往生，为唯愿无行；《观无量寿经》说散善三福之诸行，不言无行；故不以此为别时意；恐以通论家之说为当。通论家即真谛派。然嘉祥大师对别时意之说，以《观经疏》与《观经》《弥勒经》相比较，而说极乐往生之胜；智者大师之《净土十疑论》，说《观经》之临终称名，为猛利善行，非别时意之无行；迦才之《净土论》为十种比较劝西方往生。道绰之《安乐集》力斥别意之说；善导大师受此说，更在《观经玄义分》中，论之綦详；怀感禅师善导弟子之《释群疑论》，亦委曲说明之；元晓之《游心安乐道》所论亦同。法相宗慈恩大师之《西方要诀》，详载此事；其劝兜率往生，虽与慈恩意见相同，但此书是伪作。前第九章所谓观无量寿佛法，为一种禅观；以观念念佛为主，庐山派之念佛，如净影、嘉祥等，皆专注于此。净影论佛身，有真身、应身二种：阿弥陀之观法，即应身观；故极乐为圣凡同居之化土。但释迦、弥陀，虽同为化身，寿有长短；弥陀为无量寿，其寿极长。所谓无量者，含有人间寿算无尽之意。此事，净影曾据《观音授记经》昙无竭译证明之。嘉祥大师亦就《观经》所说广言之：分正法佛法身、修成佛报身、应化佛应身化身三种，如曰“是法界身入一切众生心想中”，为法身观；如曰“是心作佛”，为报身佛；但所主者，为应化佛之观；故佛土亦当为应化土。又嘉祥就弥陀分为本门、迹门二种：就本门言之，则弥陀为久远已来成佛之古佛；就迹门言之，则法藏比丘为世自在王佛；在佛陀之下，发愿修行，成此极乐之佛土；故迹门可谓为凡夫地之发愿造出者；此意谓之为报土。与普通所谓报土，语同而意全异。其七宝庄严现于报土之上者，为应现而非报果；故自土体言之，应为报土；自庄严言之，应为应土；但此从迹门立论；若自本门论之；则此乃招感结果而非原因之业；其土当全为应现；故就应化土言；一方可呼为报土；他方可呼为应土矣。充量言之，极乐为应化土；于是弥陀化身极乐化土说，因之大盛；道绰禅师之《安乐集》，则对抗之，而立弥陀报身、极乐报土论；如《观音授记经》所云，决非化身化土说也。此说，善导实继承之。

善导大师，与善道大师，有谓是一人者，有谓是二人者，因有一人说二人说之争：二人说者，谓以善导名者有二人；揆厥原由，实因志磐《佛祖统记》二十七卷有善道传，五十三卷西游乐国又有善导传；彭际清《净土圣贤录》卷二有善导传，卷三又有善道传；而争端生矣。《佛祖统记》谓："善导不知何处人；唐太宗贞观年间，在道绰之九品道场，听讲《观经》感而师之；后至长安，居光明寺，弘念佛法门，三十余年；后语人曰：此身可厌，吾将西归；乃登柳树，发愿曰：愿佛接我，菩萨助我，使我不失正念，得生安养；言已，投身自绝。"又述其自行化他之盛，则曰："三十余年，暂不睡卧，般舟行道，方等礼佛，护持戒品，纤毫无犯；写《弥陀经》十万卷；画净土变相三百壁；坏寺废塔，所至修营；行不共众，恐谈世事故也；长安道俗，从其化者甚众，有诵《弥陀经》十万卷至五十万卷者；有念佛日课万声至十万声者；或得入念佛三昧，往生净土者；诸如此类，不可胜纪。"世称善导大师，盖此人也。又《统记·善道传》："善道，临淄人；入大藏信手探卷，得《观无量寿经》；乃专修十六妙观；及往庐山观慧远遗迹，后遁终南山，修般舟三昧数载；复往晋阳，从道绰禅师受《无量寿经》；化行京师，归者如市；忽感微疾，掩室怡然而寂。"世称善道为终南大师者，盖据此也。学者多谓善导、善道，既同师，又同时，实一人，非二人者，然无历史的证明，故宁谓为二人，近乎事实；盖一则为光明寺之善导，一则为终南山悟真寺之善道，固自有别；且《续藏经》中有《念佛镜》二卷，为善道、道镜二人合著；足为光明寺善导外，别有善道之证。

善导大师由柳树投地自杀事，古有二说：一即普通所传，谓为舍身往生；一则反之，以为《续高僧传》载善导弟子等由柳树投地而死事，致有善导柳树舍生之讹传。据《续高僧传》二十七卷《释会通传》末所载："近有山僧善导者，周游寰宇，求访道津；行至西河，遇道绰师，惟行念佛弥陀净业；既入京师，广行此化；写《弥陀经》数万卷；士女奉者，其数无量；时在光明寺说法。有人告导曰：今念佛定生净土不？导曰：念佛定生。其人礼拜讫；口诵南无阿弥陀佛，声声相次；出光明寺门，上柳树表；合掌西望，倒投身下，至地遂死；事闻台省。"此当是门人舍生，无关善导。又道宣律师撰《续高僧传》时，善导尚存，不应有此记载；其柳树舍身之事，当系讹传。窃思当时极重舍身之行，而赞扬备至；僧传至特设遗身一门，聚集此类之人，载入传内，借以增高善导价值；乃并弟子事迹而记之；然则善导之舍身往生，其非信史，可断言也。

证之今日净土门所言之善导，即光明寺之善导也。其书除《观无量寿经疏》（四卷）、《观念法门》（一卷）外，有《往生礼赞》（一卷）、《法事赞》（二卷）、《般舟赞》（一卷）；此即五部九帖；或谓之五部九卷。《观无量寿经疏》为最重要，其《玄义分》《序分义》《定善义》《散善义》各一卷，世称《四帖疏》；净土他力教法门，当以此为集大成者也。

善导流念佛门，以龙树《十住毗婆娑论》之《易行品》，为其根源；自世亲之《往生论》；而昙鸾之《论注》；而道绰之《安乐集》；以迄于善导诸书，益发挥光大。故欲详他力教之教义，应述以上诸书内容；又此等书可表示渐次发达之迹，各能发前人所未发；明乎此，则我国净土教之教义，乃能判别，但稍嫌烦琐耳。且就净土教考之，诸派见解各异；若欲比较评论，殊非易易；故略而不述。

要之：善导之《观经疏》，以佛对贪瞋具足之凡夫韦提希即频婆娑罗王之妃，阿阇世王之母；阿阇世幽闭其母韦提希，愁苦不堪，遥礼释迦而诉之，请其来临；佛果显神通，临闭室中，为说此经云，说此法门；以此法门，使末世罪恶之凡夫，顿起觉悟；以反抗“韦提希为法身菩萨”之说；斥“念佛为唯愿无行别时意之法门”说；又非单以《观经》十六观为定善；在十六观中，分前十三为定善，后三者为散善；参照第九章净影说。又就《观经》所说之净土，破应身应土之说，而为报身报土之说；皆最可注意者也。又《观经疏》之《散善义》，分念佛行者之行，为正行与杂行：正行者，读诵、观察、礼拜、称名、赞叹供养五种；杂行者，乃其他一切之行，胥回向之，而为往生之资；以其类似五种正行，而非净土往生之直接行，故名杂行。又于五种正行中，分正定业与助业：正定业者，行、住、坐、卧，不论时间之久暂，一惟心称弥陀名号于口，即以称名为正定业；其他四种，皆属助业。此五种正行，出自《往生净土论》之五念门：五念门以观察门为中心；而此五正行，别加称名之一行为中心者也。夫立别时意趣论者，以三种散善中，“下品往生者，惟称佛名，亦能往生”，为唯愿无行，故以为方便。然善导之主张，反以称名为《观经》之精神所在也。

除《观经四帖疏》外，其他四部，世称《具疏》。其中《观念法门》，明修观佛、念佛两三昧之法。余三者中，《往生礼赞》，明通常六时之行法；即昼夜各三度佛前之行法，谓之六时行法。《法事赞》，明临时之行法。《般舟赞》，明由《般舟三昧经》所行之定心别时念佛之行法，即庄严道场；自一七日至九十日，定日数念佛；即常行念佛之谓也。

善导之念佛，与唐代之法相、华严、禅宗、密教异；最初即不与上流社会接近，以博下级人民之信仰为务；故善导灭后，学者及位置高尚之僧侣，继承法统者，此宗甚少。善导之弟子怀感禅师，著《释群疑论》（七卷），同时草堂寺之飞锡，著《念佛三昧宝王论》（三卷）。玄宗朝，庐山有承远者，居庐山西南岩石下，频教专念之道；其建弥陀寺也，不知始于何时；世称弥陀和尚者，即此人也。承远之弟子法照，代宗时为国师；

宋遵式《净土略传》谓为善导再诞；法照著有《五会法事赞》（一卷）、《大圣竹林记》（一卷）。德宗贞元中，少康法师，深慕善导，弘净土之教；世称后善导；著有《二十四赞》（一卷）、《瑞应删传》（一卷）。此外憬兴有《大无量寿经连义述文赞》（三卷），元晓有《大无量寿经宗要》（一卷）、《游心安乐道》（一卷）。皆唐代人物。憬兴、元晓，皆新罗人也；其《无量寿经》之解释，与净影、嘉祥之疏并称；世号《无量寿经》四大注疏。

（二）法相宗及华严宗

如上所述：念佛宗与禅宗、天台、三论诸宗，俱出自罗什系统；善导之念佛教，发源于昙鸾大师受北方罗什系影响之四论学者。昙鸾注世亲《往生论》，发端即曰："谨案龙树菩萨《十住毗婆沙》云：菩萨求阿毗跋致，有二种道：一者难行道；二者易行道。"阿毗跋致，译不退转。以示念佛教发源于龙树菩萨；又其《赞阿弥陀佛偈》，亦广赞龙树之德曰："我已依龙树之劝发，归入净土门，赞佛慧功德矣。"观此，则罗什系，与念佛教之关系，可以知矣。

对于罗什系而成一大教系者，则佛陀跋陀罗是也；前者名为龙树派；后即世亲派也。觉贤（佛陀跋陀罗）所译《华严经》，其影响及于中国佛教思想者实大。世之佛教学者中，研究世亲菩萨之说者，辄及于玄奘所传之阿赖耶缘起说；但世亲之著述极多；继承其说者，亦异论纷起；何人能得世亲之正意？殊难断定。所谓阿赖耶说，可信为类似世亲之正统者，实玄奘势力所致；缘以前旧译所传者，均被玄奘新译所压倒也。

世亲著书极富，我国学者对之下种种见解，如法宝《俱舍论疏》之分类是也。兹述之于下：

（一）《俱舍论》……………………………………………………依小乘经

（二）《金刚般若论》………………………………………依《般若》诸经

（三）《唯识论摄大乘论释》……………………………依《解深密经》

（四）《法华论》…………………………………………………依《法华经》

（五）《佛性论》………………………………………………依《如来藏经》

（六）《涅槃论》…………………………………………………依《涅槃经》

此以《涅槃论》为世亲最终之说。据净土教人所见，则谓由此以上，有《往生净土论》，为世亲尽理之说。据华严宗人所论，则以《十地论》为其至极之说。其次第载在清凉大师《华严玄谈》，兹示之于下：

（一）小乘论（俱舍）…………………………	小乘		未尽理说
（二）般若论（金刚般若）……… （三）唯识论…………………………	三乘	大乘	
（四）法华论…………………………………	一乘		
（五）十地论…………………………………			尽理说

又《真谛三藏传》：以《摄大乘论》，为此派最上之说。《玄奘传》：以《唯识论》为最上。见解纷纷，莫衷一是。其中最可注目者，在我国尽力传译世亲说之主要人物，可分三期言之：第一期，北魏之勒那摩提、菩提流支、佛陀扇多；第二期，梁之真谛梵名波罗末陀，或拘那罗陀，此译亲依；第三期，唐之玄奘是也。欲知世亲教义，非探讨上列诸人之事迹不可。

自觉贤译《六十华严经》后，《华严经》之研究状况，果何如乎？北魏之三师译《十地论》时，甚属不明。仅据《高僧传》《华严传》所得而知者，则觉贤译《华严经》时，法业充笔受之役，著《华严旨归》（二卷）已开华严流通之端；《华严传》曰："沙门昙斌等数百人，伏膺北面，钦承雅训，大教滥觞，业之始也。"又曰："以希声初启；未遑曲尽，但标举大致而已。"盖当时《华严》秘奥，尚未发挥尽致也。法业之有名弟子曰昙斌，曾学《十诵律》及《涅槃经》；晚年从法业受《华严》；然仍申道生顿悟渐悟之说，恐是道生一流之人；宋元徽年间，逝于庄严寺。其弟子法安，著《十地义疏》。又觉贤之弟子玄高，传受禅法；玄高有弟子名玄畅；当玄高殉魏武法难时，畅逃往南方；自五月至八月元嘉二十二年（445），得达扬州。是时，通达《华严》之旨，能演解《华严经》者，实自玄畅始；证诸《高僧传》而益信；《高僧传》曰："初《华严》大部，文旨浩博；终古以来，未有宣释；畅乃竭思研寻，提章比句，传讲迄今，畅其始也。"玄畅又善《三论》，为学者所宗；殆有南方空宗之思想者也。然觉贤译《华严》时，慧观、慧严俱置身于译场；不得谓与弘布《华严》，毫无关系；慧观判佛一代之说，以《华严》为顿教，成为确论；然则流布《华严》者，专仗觉贤系中人之力，不俟言矣。觉贤入寂后六年宋元嘉十二年（435），求那跋陀罗抵广州亦达《华严》旨者；应丞相南谯王义宣之请，讲《华严经》；弟子法勇为传译；僧念为都讲。故《华严传》载有"讲华严数十余遍"之语，但真伪不明耳。求那跋陀罗抵扬州时，慧严、慧观受敕迎之。又翻译《六十华严》以前，《华严经》分品颇多；此等分品，当亦有研究之者，惜今不能尽悉。唯据《高僧传》所载，当《十地论》翻译以前，颇有讲解《十地》者，此所谓《十地》，或指分品之十地而言。

例如《高僧传·昙斌传》曰："初止新安寺，讲《小品》《十地》。"《慧亮传》曰："讲《法华》《大品》《十地》。"《僧钟传》曰："妙善《成实》《三论》《涅槃》《十地》等。"以及弘光、法安，皆达《十地》之旨；此皆宋齐时代，翻译《十地论》以前之人。《经录》则云：《十地论》之翻译，在魏永平之初；故此等诸人，当在翻译《十地论》前四五十年。法安著《十地义疏》，亦宋永明年间之人。由此观之：此等十地，恐即指《华严》分品《十住经》而言。《僧慧庐山慧远弟子昙须门下传》曰："能讲《涅槃》《法华》《十住》《净名》《杂心》等。"此《十住》，或系指《十地品》之异译《十住经》而言。（参照第三章图表）

更就刘虬言之：虬，南朝宋、齐间人，字灵预；宋大始中，为当阳令罢官归隐；后屡辟不就。注《法华》《华严》；讲《涅槃》《大品》《小品》。齐明帝建武二年（495）殁。虬判佛一代说教为五时：曰人天教、有相教、无相教、同归教、常住教，谓之渐教；而以《华严经》为顿教。

以上所列：悉南人也。《华严传》谓魏孝文帝太和年间，北方有刘谦之，在五台山清凉寺，造《华严论》六百卷，以解释《华严经》。刘，阉官也；自伤刑余之人，请入五台修行佛道，诏许之。刘谦之时代，《华严传》载："北齐太和初年，第三王子，于清凉山求文殊师利菩萨，烧身供养。其王子有阉官刘谦之，既自慨刑余，又睹王子焚躯之事，乃奏乞入山修道。"但太和为北魏孝文时年号，齐无之；故《居士传》亦云："按北齐无太和年号，且魏、齐诸王子，尽列于史，并无焚身事；今据《内典录》削之。"后四十年，北魏沙门灵辩，亦在清凉寺造《华严论》；二年，出居玄兑山之嵩岩寺；后被孝明帝召入宫中；凡五年，得与弟子灵源完成《华严论》百卷。弟子道昶、灵源、昙现等写之，流布于世；然当时仅存于北方汾、晋之地耳。后百五六十年（唐高宗末贤首大师时），至相寺沙门道贤等，参诣清凉山之际，得之于并州童子寺，传至京师，遂行于长安学者间。《华严经·菩萨住处品》曰："东北有菩萨住处，名清凉山；现有菩萨，名文殊师利，与一万菩萨，常住说法。"我国之清凉山，即五台山，往五台山至信祈求，即能遇文殊菩萨，向广远处前行即见；此说始自何时，不可考；后有印度人参诣五台山，愿拜文殊；相传来中国者往往遇见之；北齐时，在此山中建伽蓝二百余处，或系此山神圣起源。但《华严》虽早译成，其与后之学者影响若何？及其说如何？今皆不能窥知矣。

自《十地论》译后，研究《华严经》乃益盛；译《十地论》者有二人：即勒那摩提、菩提流支是；佛陀扇多，亦同时从事翻译；俱以传世亲教义为主。此三人所译经典，大抵以世亲教系为最重要者；以其所传译之数计之，世亲之作，特占多数；兹列之于下：

《妙法莲华经论》一卷天亲造……………………………勒那摩提译

《深密解脱经》五卷……………………………………菩提流支译

《十地经论》十二卷天亲造（以下六部译者同上）

《金刚般若波罗蜜经论》三卷

《胜思惟梵天所问经论》四卷

《法华经论》二卷

《无量寿优波提舍经论》一卷

《文殊师利菩萨问菩提经论》三卷

《摄大乘论》二卷天亲造…………………………………佛陀扇多译

此外三人之翻译尚多；今兹所举，惟择其与世亲关系密接者。又摩提、流支合译者，有《宝积经论》（四卷）、《宝性论》（四卷）；流支又译《入楞伽经》（十卷）。由此等书目考之：三人为世亲系统，殆无可疑。

就《十地论》之翻译言之，亦极有兴味。盖翻译此论，始于宣武永平元年（508）；初摩提、流支，本在一处；《续高僧传》曰："当翻经日，于洛阳殿内，流支传本，余僧参助。"《大唐内典录》曰："中天竺三藏法师勒那摩提，正始五年，在洛阳殿内译，菩提流支助译。"正始五年，永平元年，同是一年。然此二人，师传既异，意见亦殊；宣武帝乃令二人分别译讫，后乃参校，合为一部。但《续高僧传》又载佛陀扇多，亦因各传师说，三人分居别译；《内典录》唯书摩提、流支；《开元录》则谓："摩提、流支同译；佛陀扇多传语。”《华严传》有二说，一说谓“摩提、流支二人，在洛水南北，各译一本”；他说谓“佛陀勒那初译《十地》”，不知何说为当。此二人别译、三人别译二说之中，以何者为正？虽难明确；似应取二人别译之说。盖二人虽同为世亲系。然师承既异，传习之义自分；在未来中国以前，既已如此；可以证明者也。流支、摩提二人之别译，不独此论；据《经录》：尚有《法华论》《宝性论》《宝积经论》。合二人别译两本而为一者，佛陀扇多弟子慧光也；盖译《十地论》时，慧光亲在译场，能洞悉两方之争点，比较两译之异同，立于摩提、流支间，而调和之者也。《续高僧传》谓：“敕三处各翻，讫乃参校；其间隐没，互有不同；致有文旨，时兼异缀；后人合之，共成通部。”观此，似三人异译，后人合为一部；实则译出时，慧光即调和译者意见，成为一书。《内典录》于摩提及流支之下；各举《十地论》之名；别译似为后出。《开元录》削摩提所译，仅列流支之名；《华严传》谓：“其后僧统、慧光，请二贤对详校同异，参成一本。”恐系事实；后此似有二本之说。别于二人之下，分列《十地》之名者，此种《经录》，始自《历代三宝记》。第两者争点，究何所在？后世已不能尽悉，不无遗憾。

慧光因融和两译，为研究《十地论》之资料；自是《华严经》之研究，遂日益盛。慧光事出第七章《四分律》北方禅之下，第十章南三北七判教之处，及其他各处。慧光弟子甚多，今举其系统之重要者于下：四分律宗，创自慧光，其系统由律及《十地》之研究而成；又慧光受禅于佛陀，由前所述观之，所谓少林佛陀禅师，其佛陀扇多乎？但《高僧传》以佛陀禅师与佛陀扇多为非一人。

- 慧光
  - 道云
  - 道晖
  - 洪理
  - 昙隐

    此四人主传律；《续高僧传·慧光传》谓：“谚云：云公头，晖公尾，洪理中间着。”乃言前三人事耳。昙隐四宗之判，载在第十章。
  - 道凭天保十年殁。
    - 灵裕 隋帝归向甚深，德望倾一世，大业元年，入寂。著《十地疏》四卷，《华严疏》及《旨归》合成九卷，此外甚多，不遑枚举。
      - 彭渊 建终南山至相寺，大业七年入寂。
        - 智正
      - 灵智
      - 慧休
      - 道昂
      - 昙荣
  - 僧范天保六年入寂，著书甚多。
  - 昙遵年七十，举为国都。寻为法统；光师入寂时，悲极堕床，口中吐血。
  - 慧顺为国都。
  - 灵询魏末为并州僧统。
  - 法上魏齐二代之僧法统；齐天保初年，置十人僧统；文宣帝特以法上为大统，余九人为通统；有弟子法存、法愿、融知等，著述甚富。
  - 僧达初从勒那摩提学，与净土之昙鸾并称；梁武帝视为“北方鸾法师、达禅师、肉身菩萨；恒向北遥礼”，即此人也。天保七年入寂。
  - 道慎后随法上僧统为国都。
  - 昙衍开皇元年入寂。
  - 慧远即净影是也。光统之下，其徒最盛。
    - 灵璨
    - 智徽
    - 静藏
    - 慧迁
    - 辩相
    - 玄鉴
    - 行等
    - 宝儒
    - 慧畅

《续高僧传》谓：慧光选其门下得行解入室者十人为十哲；其中可考者，仅儒生冯衮一人耳。慧远在光门，当推第一俊才；但慧远为弟子时，在十哲既定之后，故不列入。

此《华严地论》之系统，即法藏贤首华严宗之缘起也。

如上所述世亲系之教义，因《华严十地论》而弘。当是时，真谛亦来华传世亲系之教义；此实北魏以来，世亲系东传第二期之事实也。兹举真谛所译重要经典于下：

《解节经》一卷

世亲系本典之《解深密经》有四译：一、刘宋求那跋陀罗之《相续解脱经》；二、北魏菩提流支之《深密解脱经》；三、《解节经》；四、唐玄奘之《解深密经》。此四译中：求那所译，最不完全，仅有二品；此《解节经》亦仅有前分四品；《深密解脱经》，共十一品第二品分作四品；《解深密经》共有八品；均为完全译本。传世亲系教义之译家，皆译此经。

《摄大乘论》五卷

《摄大乘论释》十五卷天亲造

《佛性论》四卷同上

《中边分别论》二卷同上

《转识论》一卷

《显识论》一卷

《唯识论》一卷（《二十唯识论》）

《三无性论》二卷

《无相思尘论》一卷

《十八空论》一卷

《解卷谕》一卷

《决定藏论》三卷

《如实论》一卷

《大乘起信论》一卷

此外有《十七地论》五卷，与《瑜伽师地论》同本，但其一部分耳、《金刚般若论》一卷，与菩提流支所译同本、《大般涅槃经论》一卷，与魏达摩菩提所译现存之天亲造《涅槃论》同本，今佚；尚有天亲之《俱舍释论》二十二卷，即《旧俱舍》，《婆薮盘豆法师传》（一卷）。以上诸书属于同一系统；故真谛纯然为世亲系，于此可见。

以上所举各书中：《起信论》为特别一种真如缘起说；乃世亲以前所传之旧说也。盖真如缘起说，与阿梨耶缘起实同；仅对于世亲教义，为一种解释耳。

真谛梵言拘那罗陀，西印度优禅尼国人。梁武帝大同十二年（546）来华。太清二年（548）来建康时，适值侯景叛乱之始。第四年，元帝即位；世局稍静，危机仍伏。元帝即位第五年，梁亡，陈兴。真谛遭遇乱世，居无定所；屡思归国，或强请留止，或阻于暴风，不达归愿。陈宣帝太建元年[1]（569），卒于广州；时年七十一。

真谛卒后，多数弟子，盛弘传此唯识之教；足为自隋迄初唐研赞《摄大乘论》之证。《续高僧传》载有弟子智恺、智休、僧宗、法准、僧忍、标领、法泰、慧旷等；以智恺、法泰最有名。智恺有弟子法常、慧光、道尼、智敫；道尼有弟子大总持寺之道岳、法恭；法恭有弟子静嵩，出于静嵩之下者，为法护、智凝。随智凝闻《摄论》四十余遍，载在《续僧传》者，有智则。智恺之叔子曹毗，亦三藏弟子，乃居士也；而受其教有僧荣、法侃等。其外系统不明而属于此派之学者，不遑枚举：然其中如道岳之弟子灵润、昙迁等，殊有名；昙迁制《摄论疏》（十卷）及《唯识论》《起信论》《如实论》《楞伽经》等疏，讲解颇尽力。又研究《俱舍论》

1　原文作“大建元年”。

者，在此派学者间，一时非常隆盛，即所谓通论家是也。

迨玄奘三藏还国，法相宗经典，遂有新译之名。当玄奘入印度前，自洛阳、长安趋成都，更经荆、扬诸州，访求多数学者，究《毗昙》《婆沙》《俱舍》《摄论》《涅槃》等深旨；道岳、法常、僧辩，皆其师事者也。玄奘之发长安，在太宗贞观三年（629）八月，当时世局未定，禁往外国；乃混迹旅人间，遁出国境；经高昌、屈支（即龟兹）、飒秣建（即飒秣建特地）等，出中央亚细亚，自犍驮罗入北印度；巡游印度诸国十四年；贞观十七年（643）十二月，出印度国境；绕道中央亚细亚，过瞿萨旦那旧译于阗；十九年四月，归长安。自出及归，前后凡十有六年。玄奘此行，实我国历史上一大事实；欲知其详，于《大唐西域记》外，参照《大慈恩寺三藏法师传》，便能了然。所赍梵文，计大乘经二百二十四部、大众部论一百九十二部、上座部经律论十五部、弥娑塞部经律论二十二部、三弥底部经律论十五部、迦臂耶部经律论十七部、法密部经律论四十二部、说一切有部经律论六十七部、因明论三十六部、声明论十三部，凡五百二十夹、六百五十七部。抵长安时，群众欢欣，如遇弥勒下生；迎之者众，至不得前进，停于别馆。其译经事业，朝廷加以保护；命梁国公房玄龄专当监护之任；费用概由朝廷供给；以弘福寺为其译场。但玄奘踪迹，则不限于一处：或在大慈恩寺；或在宫中；或在玉华殿玄奘译《大般若》时，特舍为寺，名玉华寺。殊不定也。所译经论，凡七十五部，千三百三十卷。高宗麟德元年（664）二月，年六十五岁，入寂于玉华寺之嘉寿殿。所译书名，不遑枚举。

玄奘门下，弟子三千，达者七十，其盛可比孔子；但素位而不传其名者居多；其中推窥基、圆测为杰出；普光、法宝、神恭、靖迈著《译经图录》四卷、顺璟、嘉尚、慧立作《大慈恩寺三藏法师传》者、彦悰排次慧立之《慈恩传》，订正为十卷者、神昉、宗哲皆其卓卓者。窥基在玄奘弟子中，号称第一；传云：窥基为得玄奘《成唯识论》秘密传授之人。《成唯识论》（十卷），为玄奘所传世亲教之根本典籍；此书来由，《论》之后序述之详矣；录之于下：初，玄奘欲解释世亲《唯识论》，乃荟萃印度十家之说，一一加以翻译，尚觉不易整理；因窥基之请，合糅十释四千五百颂而调和之，成为十卷。当其初译十家之说时，神昉润色，嘉尚执笔，普光检文，窥基纂义，分任其职；窥基请于玄奘，使一人总其成，俾责有所归；玄奘应其请，独以《唯识论》授基。此事为窥基所自述，载在《唯识枢要》，可考而知。但圆测以金贿门侍；于玄奘授窥基时，潜盗听之；又玄奘为窥基讲《瑜伽论》时，亦盗听之。圆测盗听《成唯识论》后，在西明寺，先窥基为众讲之；窥基引以为憾；玄奘慰之，更以《因明论》授窥基。此事真否未明，颇属疑问；或者因圆测与窥基所说不同；窥基门下，遂有如是传说乎？窥基即慈恩大师。其书现存者如下：

《弥勒上生经疏》二卷

《说无垢称经赞疏》六卷

《大般若经理趣分述赞》三卷

《金刚般若经述赞》二卷

《金刚般若经会释》四卷

《般若心经幽赞》二卷

《法华经玄赞》十卷

《法华经为为章》一卷

《阿弥陀经疏》一卷

《成唯识论述记》二十卷

《成唯识论别钞》三卷

《成唯识论枢要》四卷

《唯识三十颂略释》一卷

《唯识二十论述记》三卷

《唯识论开发》二卷

《瑜伽师地论略纂》十六卷

《瑜伽师地论劫章颂》一卷

《大乘阿毗达摩杂集论述记》十卷

《辨中边分别论述记》三卷

《大乘法苑义林章》七卷

《因明论大疏》三卷

《玄奘三藏菩萨戒法》一卷

《异部宗轮论述记》二卷

现存者凡二十二部、一百余卷；此外《阿弥陀经通赞》二卷，及《西方要决》二卷，普通以为慈恩之著，殊可怪异；据慈恩《弥勒上生经疏》，为劝勉兜率上生之人；又为慈恩正当立足处；今此三书，与《上生经疏》之说相矛盾，不能认为慈恩之书，故删之；圆测著《解深密经疏》（十卷）、《仁王般若经疏》（六卷）、《唯识疏钞》等；《唯识疏钞》已佚，余二疏尚存。

玄奘门下，除唯识教义外，研究《俱舍论》者亦极盛；普光、法宝、神泰皆撰注疏，即世所称《俱舍》三大家是也。各有三十卷。此外窥基有《俱舍论钞》（四卷）、怀素律师有《俱舍论疏》（十五卷），惜不传。兹就其后研究《俱舍论》之状态言之：先有圆晖著《俱舍论颂释疏》（十九卷），此书之出，最可注目，实为后世《俱舍》学者之证券。相传系应礼部侍郎贾曾、圣善寺之怀远律师所请而成者；《高僧传三集》谓“光宝二师之后，晖公间出；两河间、二京道、江表、燕齐楚蜀，盛行晖疏焉。”遁麟《俱舍论颂疏记》（二十九卷）、慧晖《俱舍论颂疏义钞》（六卷），俱系解释圆晖之疏。世称颂疏之二大释家。二人传不明。此外《高僧传三集》谓有崇廙者，与圆晖同时，著《金华钞》（十卷），梓州慧义寺之神清宪宗元和年中入寂著《俱舍义钞》卷数不详。绛州龙兴寺之玄约唐末人耶，讲《俱舍论》四十余遍，著《俱舍论金华钞》（二十卷）；后唐时会稽大善寺之虚受，亦有钞解圆晖之《俱舍论疏》焉。

玄奘《新俱舍论》翻译以前，研究真谛《旧俱舍》者颇盛；在真谛之翻译中，《俱舍》次于《摄论》，为最经意之作；真谛之《俱舍论》，本文二十二卷，文疏合为八十三卷，语见《续高僧传》（《宝疏》则以真谛《疏》为六十卷，然则合本文为八十二卷矣）；真谛弟子智恺，即笔受此论之人，应僧宗之请，在智慧寺讲《俱舍论》，为我国人讲《俱舍论》之始；不幸讲至《疏》之第九卷《业品》，即遘疾卒；其师真谛续讲之，至《惑品》亦病，遂辍讲；次年入寂。相传智恺殁时，真谛极悲，聚弟子十余人共传香火，令弘《摄》《舍》二论，誓无断绝；由此以后，传真谛之法者，必学《俱舍》；其中最著者，为道岳，曾受真谛弟子道尼之教；当玄奘往天竺前，曾从之受《俱舍》者；著有《俱舍论疏》二十二卷，今不传。又《续高僧传》谓慧净著《俱舍论文疏》三十余卷，相传慧净无师独悟，选择名理而成书者。道岳之殁，在玄奘往印度之第七年（在归国七年前），即贞观十年（636）。慧净之殁，在玄奘归国后第二年，即贞观十九年。

玄奘归国，及其灭后，以暨慈恩、窥基等诸弟子在世时代，法相宗尚盛；后似不振。慈恩有弟子慧沼，慧沼有弟子智周，著述俱多。义忠、如理、道邑等，皆慧沼弟子也。诸人大概在玄宗开元时期；安史乱后，法相宗遂无可观矣。

慧沼居淄州，人咸呼为淄州之沼；其著述如下：

《金光明最胜王经疏》十卷

《十一面神咒心经义疏》一卷

《法华经玄赞义决》一卷

《唯识了义灯》十三卷

《大乘法苑义林章补阙记》三卷

《能显中边慧日论》四卷

《劝发菩提心章》二卷

《大唐三藏法师传西域正法藏受菩萨戒法》一卷

《因明入正理论义断》二卷

《因明入正理论纂要》二卷

《因明论续疏》一卷

总十一部、四十卷。但《宗脉记》等六十余卷，今佚。

弟子智周，朴扬人；世称朴扬大师，其著述如下：

《法华经玄赞摄释》八卷

《梵网经义记疏》三、四两卷。现存。

《成唯识论演秘钞》十四卷

《成唯识论了义灯记》三、四、五、六四卷。现存。

《成唯识论枢要方志》二卷

《法苑义林章决择记》二卷

《大乘入道次第章》一卷

《因明论疏前记》二卷

《因明论疏后记》二卷

《因明论疏略记》一卷

凡十部、四十余卷；自慈恩迄慧沼、智周，世定为法相宗正统之师；其《唯识述记》《唯识了义灯》《唯识演秘》，称为《唯识》三书。

又如理著《唯识演秘钞释》（一卷）、《唯识述记义演》（二十一卷），道邑著《唯识述记义蕴》（十六卷）。

如上所述：其传世亲教系虽同，但各有所自；约分《十地论》《摄大乘论》《唯识论》三种；然其说互有差异，考厥根原，实由对于阿赖耶识《地论》《摄论》二派为阿梨耶识意见之不同；阿赖耶识，旧译无没，新译为藏，在《地论》方面，谓即在差别迷妄中，不没失真如本性，故名无没识；《摄论》派谓此识为迷妄根本，误认为我体不没失，故曰无没识；《唯识论》派以为生出迷妄根本之力，隐藏于此；故解释为藏识。《地论》派以此与真如同一意义，谓为清净识；《摄论》派以此为真妄和合之识，一方为真如识，一方可为妄识；盖谓现象妄境，乃由此识所造成，《起信论》等呼为和合识者以此。然玄奘等《唯识论》派，以阿赖耶识全为妄识，主张应与真如分离者也。

此三派之说，谁得世亲之真意？今日难以明定；但《地论》派之说最古，变化连络之处，不难见也。盖龙树说与世亲说，相异之处，不可确知；窃意二菩萨当时，决非如后人之推想，立于冲突反对地位；唯世亲较之龙树，乃就现象世界、差别世界所现之理由，所谓缘起的方面，稍加积极的解释，以补龙树之言所未备而已。若此说可信，则阿赖耶识所定为缘起之理由；《地论》派以此清净阿梨耶识，一转而现为妄境界者；《摄论》派谓真如识庵摩罗识，现为妄境界而失清净本性者，曰阿梨耶识；《唯识论》派谓失真如本性，单就妄境开发之原理，而得阿赖耶识之名；《地论》派之说，似自龙树说一转而生之单纯思想，渐次说明妄境开发之缘起，以探其委细之迹；世亲说之真意，何能得乎？且世亲所说阿赖耶识，后之学者，各异其解释；似由后世想象为之；若仅以《护法》派（即《唯识论》派）为世亲正统，其说亦未尽当。据以上之理由：则马鸣之《起言论》，为世亲以后之作；不过主张真谛所传《摄论》派之说耳。《地论》派之说，最近龙树；《十地论》者，乃连结龙树与无着、世亲之间之一种证据也。龙树有《十住毗婆娑》，世亲有《十地论》；又世亲因闻无着诵《十地论》，乃由小乘转入大乘，故又谓世亲受《十地论》于无着。

《地论》派传于中国时，对于阿梨耶识，已开争端；彼菩提流支，及勒那摩提之冲突，今虽未能知其内容，或即此间消息，未肯泄漏乎？《法华文句记》谓《地论》之相州南道一派，说黎耶清净；北道一派，主张黎耶迷妄；其说之派别，殆即兆自流支、摩提也。

世传法相宗与三论宗为空有之争，指为自昔学者所言；但世亲当时，实非反对龙树而立论；所谓空有之争，应起自后代；即此二派之争，亦以华严贤首法藏，亲闻之日照三藏，而记述于《华严探玄记》《起信论义记》者，为其根据。然此亦言当时印度之事，即戒贤、智光时代之话；玄奘所记，尚未述及；况戒贤、智光以前护法、清辨时代，有此争耶？又贤首所传智光之心境俱有（第一时阿含）、境空心有（第二时深密）、心境俱空（第三时般若）三时之判，乃承龙树至清辨之说；戒贤之心境俱有（第一时阿含）、心境俱空（第二时般若）、境空心有（第三时深密）三时之判，源出世亲，近承护法；亦未始非贤首对玄奘所传之三时教判而设为夸大之说；总之纵有空有之争，当系新出；决不许溯及护法、戒贤以前也。

以上世亲派三种说中：出自《地论》派而特别发达者，华严宗是也。纵世亲末流，有种种解释；要之现象世界，总谓为一心之所现，不出唯心论之范围；然说明一心所现之故，若谓为和合识缘起论，则亦可谓为妄识缘起论。华严宗即于《地论》派之净识缘起论；《法华文句记》所谓《地论》之相州南道派“计法性生一切法”二者之外，更进而言之者也。

华严宗，贤首大师法藏集其大成；其所师承，相传法藏为智俨至相大师弟子；智俨为杜顺弟子亦云法顺；杜顺所师何人？属于何系统？不可得知世所谓帝心尊者，生于陈代，殁于贞观十四年（640）；然智俨又受《华严》于终南山至相寺智正；据此：则智俨又属于慧光系统。智正之事，须参照前列慧光下之系统图；杜顺亦其系统，唯其师资不明耳。但古来说华严系统者，唯谈杜顺系统，不详言智正系统，因华严宗之成立，受杜顺之影响最大也。智正著述，今不可知；杜顺《五教止观》(一卷)、《法界观门》(一卷)二书，既为五时判教之始；如同别二教之区别论，十玄缘起之妙谈，其端绪亦发于杜顺也。智俨著《搜玄记》(五卷)、《孔目章》(四卷)、《华严问答》(二卷)、《十玄门》(一卷)，皆说十玄缘起之道理；又六相圆融之义，亦智俨始说之。若然：则法藏之华严宗大成，有关于杜顺、智俨者，至为明了。即谓华严宗一脉相承，得自杜顺者独多，亦可。

法藏，字贤首一说贤首为敕赐号；又为敕谥号；其说不一。亦有因其为康居人，故以康为姓，而谓为康藏者，所谓香象之称，当是附会之说，本康居人；祖父归化中华；贞观十七年，生于长安。《高僧传三集》载玄奘翻译时，贤首在其译场，充笔受、证义、润文之任；以“见识不同而出译场”。此说若为事实，则玄奘之死，在麟德元年；法藏仅二十二岁；参列译场，当在二十岁左右。一说，法藏至二十八岁，尚未受僧仪；其受沙弥戒，在咸亨元年(670)致远之别传。法藏初即与玄奘意见相异；至实叉难陀来译《华严经》，其思想益熟；译《八十华严》时，法藏年五十余；此时玄奘所传之说，风靡一时；法藏终反抗之，据《六十华严》以组织《地论》派说而大成之；睥睨一切，以自立说。是以法藏对玄奘派之三时教判，悉反对之；因将《摄论》派所说，及《三论》空宗之论，悉数采用，而著《大乘起信论义记》；贬《摄论》所传为大乘终教；贬《唯识》所传为大乘始教；自亲问中天竺日照法师之后，著《十二门论宗致义记》；又将《起信论义记》《华严探玄记》诸说，隐然同于印度空有二教三时之争论，以反对法相宗三时教之说焉。但《义记》于空有二教三时，述其互有长短，于法相宗之判教论，未严加排斥，仅于暗中抑遏之，其意可知。法藏卒于睿宗先天元年(712)，寿七十岁；著书六十余部，今举其重要者于下：

《密严经疏》四卷

《梵网经疏》六卷

《华严经探玄记》二十卷

《华严五教章》三卷

《游心法界记》一卷

《妄尽还源观》一卷

《金狮子章》一卷

《华严问答》二卷

《华严经旨归》一卷

《大乘起信论义记》三卷

《大乘起信论别记》一卷

《法界无差别论疏》一卷

《十二门论宗致义记》二卷

此外尚有现存者。须参观《藏经目录》及《续藏目录》等。又杜顺、智俨所著之书亦同。

华严宗之教义次序，亦极详细，笔难罄述；兹姑言其概略焉。其教义先分教判、教理为二。教判又分同别二教，五教、十宗，就同别二教言之，则区别佛教为一乘与三乘，明其关系为同教别教；以三乘与一乘相较，则权教、实教，高低悬隔，无从比较；但于三乘之上，高置一乘，谓之别教一乘；而三乘究非一乘以外之物；三乘自一乘流出而为法门时，谓之同教一乘。法藏之区别此同别二教也，盖有说焉：自别教一乘言之，则此一方面，当然为三一不同谓之分相门；自他方面观之，则三一又无所谓永永不同；因三即一，一即三，三乘者进可入于一乘，非一乘便可融通于三乘也谓之该摄门。又自同教一乘言之，则一方面一即三、三即一，当然为一三融摄谓之融本末；然一与三，又非永无差别；无二无三之一乘，应机而成一乘、三乘，乃至无量乘；此又无间于融通之妙也谓之分诸乘。如是同别二教；有区别而实无区别；依此同别一乘，则法相宗之类似三乘教，业已暗示，可以知之。盖此同别二教之语，发端于智俨之《孔目章》；且《十玄门》亦有通相别相之语；此等论调，恐自杜顺以来，已有所师承矣。《十玄门》述杜顺相承之说者，题为杜顺说、智俨撰。次述五教之判于下：

一、小乘教（对心唯说眼、耳、鼻、舌、身、意之六识。）

二、大乘始教（说八识阿赖耶，如《唯识论》等。）

三、大乘终教（说现象差别法之不外真如；如《起信论》《摄论》派说，所以说真如与现象之关系，名为大乘终教。）

四、大乘顿教（前者说差别之妄境，自我妄心出今此妄心妄境皆空，仅一真心朗朗；如《维摩经》是。）

五、大乘圆教（更进一步说森罗之差别现象，不外乎朗朗一心之显现；如《华严经》是。）

此五教之判，源于杜顺之《五教止观》。五教止观者，即一、法有我无门（小乘）；二、生即无生门（大乘始教）；三、事理圆融门（大乘终教）；四、语观双绝门（大乘顿教）；五、华严三昧门（大乘圆教）。此为杜顺述佛教实际修行、自浅入深、由小向大之次第；智俨受之；又于《孔目章》等约为五教，以示华严之高；法藏五教之判，实继承其说。

再举十宗之名称：

一、我法俱有宗（犊子、法上、贤胄、正量、密林山之五部，及经量部之一派。）

二、法有我无宗（雪山、有部二宗。）

三、法无去来宗（法藏、饮光、大众、鸡胤、制多山、西山住、北山住之七部，及化地部之一派。）

四、现通假实宗（说假部，及经量部之一派。）

五、俗妄真实宗（说出世部。）

六、诸法但名宗（一说部。）

七、一切皆空宗（当大乘始教。）

八、真德不空宗（当大乘终教。）

九、相想俱绝宗（大乘顿教。）

十、圆明具德宗（大乘圆教。）

（自第一至第六为小乘教；第七以上为大乘教；此十宗学说甚多，若一一加以说明，未免繁冗；故略之。）

此十宗之判：杜顺、智俨，亦未见有类似之说；不得不谓为法藏考求所得。然上稽光统，已有四宗三教之判释；法藏之五教十宗，或即取材于此。参看第十章天台之教判。

华严教义，可分二种：即十玄门、六相圆融说是也。十玄缘起，出于智俨之《十玄门》；法藏继承之；其《五教章》中，次序有变更；至撰《探玄记》时，名目更加修改。故智俨之十玄门，谓之古十玄；法藏之《探玄记》，谓之新十玄。智俨之十玄门，为杜顺相承之说，前已述之。今比较之如下：

古十玄	新十玄
一同时具足相应门	一同时具足相应门
二因陀罗网境界门	七因陀罗网境界门
三秘密隐显俱成门	五隐密显了俱成门
四微细相容安立门	六微细相容安立门
五十世隔法异成门	九十世隔法异成门
六诸藏纯杂具德门	二广狭自在无碍门
七一多相容不同门	三一多相容不同门
八诸法相即自在门	四诸法相即自在门
九唯心回转善成门	十主伴圆明具德门
十托事显法生解门	八托事显法生解门

（图中圆点，示新十玄全变更者。）

盖此十玄缘起，毕竟不出相即相入之理；相即相入者，示一切差别之现象，皆互相包容，而有一即一切，一切即一之道理者也。譬如甲乙互相倚立，甲退则乙仆，乙退则甲仆；乙因甲而决运命，甲因乙而决运命；即甲委全力于乙，乙为无力，而甲有全力之谓也。换言之：则乙之力，被摄于甲之力；甲之力，全入于乙之力；如斯作用之相摄，因其能相入，遂称为相入。又所谓相即者，万有根于一体，其中以一为主，则他皆为伴，而附属于一主，称为被摄入之道理；前言相入，指作用之相摄；今言差别现象之实体，则物与物相为摄入，而称其有一体之关系；譬如以眼镜观物，则万有皆被摄于眼镜中；举一，则他皆存于此一之中，一积成十，十中存一；然除一不能成十，积一乃能成十；于一之中，有可以成十之原理；与无十则无一，一无则十无，其理相同；故一即十，十即一，彼与此有一体之关系，此之谓相即。

今之十玄门，即由种种方面论相即相入之理者：第一之同时具足相应门。万有互不破坏其本性本质，而为相入相即之一体；不仅于空间的万有为一体；即就时间的而言；现在之万有，非离过去而别存；未来之万有，非离现在而别存；三世毕竟一时一体。譬如今有成为甲之一物，此甲可谓为由甲以外之乙丙等而成；又不得谓为离过去之甲与未来之甲而成；是一之中具足千万数，千万数皆应具足一数。是则无时间的区别三世一时者曰同时；不破坏本性本质为具足；空间的相即相入一体为相应。甲由乙丙等而成立，乙由甲丙等而成立，万有互相依相成，即谓为甲与乙丙等相应而为一体；乙与甲丙等相应而为一体。毕竟所谓同时具足相应者，乃按照万有差别之状态，无论其为空间的、时间的，不得不谓为表示一体不离之道理也。第二门以下，更细论此万有不离一体之理：所谓一多相容不同门者；此差别之现象不同，一之中有多，多之中有一，互相容相入，即表示相入门也。所谓诸法相即自在门者；一多无碍，彼此一体无差别此为自在之意义之相即门也。所谓因陀罗网境界门者；其相即相入，非唯一重，乃万有相互；关系复杂，重重无尽；恰如帝释天宫殿之因陀罗网，有无量之网目，每目垂珠，珠珠相映，一珠现万珠之影，其所现万珠之影，互相辉映，无有限际；万有之相依、相成、相缘起，而相即相入，亦复如此。所谓微细相容安立门者；相即相入，重重无尽；一中有多，多中有一；其理微细，虽属可惊，而万有差别之现状，仍整然不乱；此即名安立之理也。第六秘密隐显俱成门者；既有一多相即相入之理，故一中有多，则一为表面，多隐里面；多中容一之时，亦同此理；因斯时隐显虽异其态，然有一而多不失，有多而一不灭，乃同时于表里隐显，而示万有现状之理者也。第七诸藏纯杂具德门者；一多相入相即，而为表里隐显；故一中包多，则表面单纯，里面复杂，藏杂多于纯一之中，故谓一为诸藏；此互为纯杂，谓为单复相即相入。第八十世隔法异成门者；明时间的三世同时；区别言之：则过去、现在、未来；更细言之：则过去有三世，现在有三世，未来亦有三世，总为九世；九世毕竟不出一念之短时；一念能摄尽九世以一念别九世为三世，总为一念，合为十世。此虽九世诸法，被万有时间的相隔；然按其别异之状态，不出一体一念；此之谓异成。第九唯心回转善成门者；谓以上时间空间一体之万法，皆由如来藏真如一心所变化者也。第十托事显法生解门者；谓如上所述圆妙之理，非唯空论，举凡目前之事事物物，皆示此绝对之真理；无一非教此重重无尽相即相入之缘起也。以上十云次序，依《五教章》第七之诸藏纯杂具德门，新十玄谓为广狭自在无碍门；此纯杂为一多相入相即之理，恐人误解纯为真如，杂为万有，即因此而改也；真如与万有之一体论，因华严宗为平凡之理事一体论；于差别之现象上，不得直说一体论，涉及事事无碍论，故改为广狭自在也。次为第九之唯心回转善成门，此亦平凡之理事无碍论，无容以事事无碍之相为说；故新十玄改为主伴圆明具德门，即由万有相即相入而为一体，如举网之一目，则他众目亦随之，以一为主，则他为伴，此殆按照差别以示一多相依相成之理也。据《十玄缘起论》：以万有为相入相即一体，相依相成，未须臾离；而一即一切，一切即一之理，由此而生；何则？万有相互之关系，生于六相；八相圆融而为一，故万有为一体；因万有为一体，则十玄缘起之理，于此可得矣。兹示六相如下：

一、总相（譬如宅第，合柱、壁等种种而成；概括之则总称为宅；此之谓总相。）

二、别相（总相中又区别为柱与壁等，谓之别相；乃对总相而言也。）

三、同相（将别相之柱、壁、椽等，相与调和，而成总相宅第之状；是谓同相。）

四、异相（柱、壁、椽虽相调和协同；但柱是柱，壁是壁，不能混乱；因对于同相而言，故名曰异相。）

五、成相（柱是柱，壁是壁，因此之故，乃能就别相诸物，加以调和，造成一宅之形；若作用皆同，则不能成；此之谓缘起成就之作用，斯名成相。）

六、坏相（此虽调和而成总相，但柱、石、壁、椽，各不失其本性；非此外别有宅第，斯名坏相。）

上六相中：总、同、成三相，为圆融门平等门；别、异、坏三相，为行布门差别门；圆融行布之六相，即为一相；故万有得谓为一体。

华严宗教理，在我国佛教中，最为玄妙；《地论》派之净心缘起，尚多未尽，缘起之说，其理亦欠明确；华严宗就此净心缘起论，更进而推论之，重立无尽之一心缘起论（即绝对的唯心论）。至于各方面所解释之大乘佛教唯心论，印度之摄论派、唯识论派，俱谓世界之差别现象，乃就吾等妄识上所浮之假相以说明之（即相对的唯心论）。然华严宗立论，与之相反，极论差别诸法，皆为绝对一心之实相；此其要点也。

法藏弟子甚多：以宏观、文超、智光、宗一、慧英、慧苑等最有名；但慧苑外，其事迹学说，俱不可考；慧苑虽为法藏之高足，然其造《华严刊定记》（三十卷）也法藏制《八十华严疏》，业未竟而殁，慧苑继其志而著此书，意旨多与法藏相反；如法藏之五教，就天台之藏（小）通（始）别（终）圆（圆）四教，加顿教为五教；慧苑驳之，谓其加顿教为不妥；应别由《宝性论》立四种教。四种教者：一、迷真异执教，即凡夫之教；二、真一分半教，即声闻缘觉之教；三、真一分满教，即大乘初门说凝然真如者；四、真具分满教，内分理事无碍门及事事无碍门二种。又就十玄缘起，而立两重十玄缘起说是也。两重十玄者，就万有而分德相、业用二种，各有十玄；德相十玄，即同时具足相应、相即、相在、隐显、主伴、同体成即、具足无尽、纯杂、微细、加因陀罗为十德是也；业用十玄，除去同体成即、具足无尽二种；外加相入、相作二德为十德是也。

法藏灭后，其弟子清凉国师澄观著《华严随疏演义》；华严一宗，于是大成。

（三）律宗

《四分律》为唐代律宗，其系统始自慧光；前已述之矣。参照第七章。此四分律宗，自唐已分三派：即法砺律师之相部宗、怀素律师之东塔宗、道宣律师之南山宗是也。今示三宗分派系统之大略如下：

- 慧光—道云
  - 道洪—智首—道宣（南山宗之祖）
    - 文纲 其弟子载在《高僧传三集》者，有淮南之道岸，蜀川之神积，岐陇之慧颤，京兆之神慧、思义、绍觉、律藏、恒暹、崇业等五十余人。
      - 道岸 其弟子载在《高僧传三集》者，有龙兴寺慧武、义海、道融，大禹寺怀则，大善寺道超，齐明寺思一，云明寺慧周，洪邑寺怀莹，香严寺怀彦，平原寺道纲，湖州大云寺子瑀，兴国寺慧纂等。
    - 大慈《高僧传三集·道宣律师传》称："受法传教弟子可千百人；其亲度曰大慈律师、授法者文纲等。"
    - 灵崿《高僧传三集》灵崿，躬预南山宣师法席；又亲近文纲、大慈，随讲收采所闻，号之曰记。
    - 融济—玄俨—大义
    - 恒景或作弘景—鉴真日本律宗之祖，即东征和上。
      - 守直—
        - 清江
        - 清源
      - 法进在随往日本诸弟子中，当推高足。
    - 周秀—道恒
      - 志鸿
      - 省躬
      - 昙清
  - 洪遵—洪渊—法砺（相部宗之祖）
    - 满意—大亮—昙一—其弟子载在《高僧传三集》者，有越州妙喜寺常照，建法寺清源，湖州龙兴寺神玩，宣州隐静寺道昂，杭州龙兴寺义宾，台州国清寺湛然，苏州开元寺辩秀，润州栖霞寺昭亮，常州龙兴寺法俊等；清源后为守直弟子；湛然为天台宗之荆溪妙乐大师；此外华严宗清凉大师，亦曾就之学律焉。
      - 朗然清浩、择言，其高行弟子也。
      - 神皓—维亮
    - 怀素（东塔宗之祖）

有谓怀素，系出道成；按怀素亲受讲于法砺，因怀疑其说，遂另立新论，著《四分律记》，后返京师，奉诏住西太原寺，得旁听道成之讲，不能谓之为道成系也。有谓道成为法砺弟子者；据《高僧传三集》所载，其所承之系统不明；有谓文纲亦受道成之教；可知道成为当时著名律匠；考道成弟子曰法慎，法慎弟子曰灵一，曰义宣等；

义宣、慧宣、德宣，号称晋阳三宣；与会稽昙一，闽川怀一，庆云灵一，并称三宣三一。

研究《四分律》而加以解释者，当推道覆（慧光律师之师）所著之《疏》（六卷）为嚆矢，慧光、道云、道晖见第七章、道乐、洪理道乐律师之《疏》四卷、洪理律师之《疏》二卷、道乐之传统不明诸师之《疏》继之；实为智首律师之先驱。南山道宣律师，继承智首之义，建立其说。智首《疏》（二十卷）今存。此外造《四分律疏》可举者：则有法愿所承系统不详，著书似甚多《疏》（十卷）、法砺《疏》（二十卷）、慧满智首弟子《疏》（二十卷）、道宣《疏》（四卷）、怀素《四分律开宗记》（二十卷）。洪遵亦有疏，已不可考。洪遵别有《大纯钞》五卷。诸疏之中：法砺之《疏》，呼为《旧疏》；怀素之《疏》，呼为《新疏》；一般学者，谓慧光之《疏》为《略疏》，法砺之《疏》为《中疏》，智首之《疏》为《大疏》，此谓《四分》之三要疏；此外造《四分》疏解者甚多，惜多不传耳。

属于南山宗者：灵崿据所闻于文纲、大慈者作“记”；又别撰《轻重诀》；玄俨律师著《辅篇记》（十卷）及《羯磨述章》三篇；昙一著《发正记》（十卷），萃南山、法砺两家之说，参稽而攻究之；其弟子朗然，亦著《四分律钞》凡数十万言，未定卷数，复著《古今决》（十卷），批评古人之说。义宣三宣之一初依法慎律师，学法砺之旧疏；后就周律师恐系道岸弟子慧周受南山派之学，著《折中记》（六卷），以冀调和两宗之说。《高僧传三集》曰：“盖慊融济、崿胜诸师，有所讹谬故也。”意者其为旧疏辩护之言乎？融济当系南山弟子，崿胜不详；若崿、胜二字非连文，崿当为灵崿，胜则更不详何人矣。其后吴郡双林寺志鸿（道恒弟子），就大慈、灵崿以下四十余师之《记钞》，撷其精要，著《搜玄录》（二十卷）；是大慈、灵崿，固明明有著述矣。其与志鸿同门者，省躬著《顺正记》（十卷）、昙清著《显宗记》，但卷数不明耳。嵩山定宾律师之《饰宗记》十六卷，在解释法砺旧疏中，当推名著；定宾，玄宗开元年间人。

史称贞观开元之治；贞观年间，为有唐发展时代；领土扩张，制度整备；佛教势力，渐次增加。各宗高僧续出；玄宗开元年间，治化益隆，为有唐极盛时代。迨安史之乱，顿遭挫折，国运稍衰；佛教各宗各派，亦因之式微。开元之后，律宗遂无足观；独禅宗得势耳。律之大部，亦为禅之势力所夺。大历十三年（778），律之三宗折中计画，可谓为唐代律宗最后重要事实也。

代宗大历十三年，敕三派大德十四人，集安国寺，定其是非；其时如净、慧彻二人荐福寺如净，保寿寺慧彻，见《高僧传三集·圆照传》中；如净似东塔宗人推为宗主；以企调和新旧两疏；对于南山关系最薄；当是时，相部、东塔间，相争之烈，可想见矣。《高僧传三集》曰："盖以二宗俱盛，两壮必争；被擒翻利于渔人，互击定伤于师足，即频言竞，多达帝聪，有敕令将二本律疏，定行一家者。"观此：足以明此次集会之趣意，而知两家争论，实非寻常也。盖此会之计画，实出自丞相元载之请；当是时，如净、慧彻主任其事；圆照笔受正字；宝意纂文佥定；超侪笔受；崇叡以下九人，皆为证义；凡出书十卷，题曰《敕佥定四分律钞》。然丞相元载之本意，虽以调和为名，实欲借此摧残相部，而推行新疏；迨书成献之朝廷；此诸大德遂上奏，请仍许新旧两疏并行，从学者所好；敕允之；是此书之不满人意可知矣。

新旧两疏，争点颇多，以戒体论为其根本。相部宗据《成实论》，谓戒体非色非心；东塔新疏据有部《大毗婆娑》《俱舍》等，主张戒体为色法；盖怀素曾依玄奘三藏学《俱舍》，其思想如是，乃自然之势也。戒律宗之说戒体也，曰戒体乃受戒时身内所成，依此力断恶存善；其戒体为何？则谓之无表色《成实》旧译为无作色；其无表色为何？则有部《俱舍》谓为色法；《成实》谓为非色非心；此为戒律二派议论分歧之处也。

南山宗用《成实论》说，似相部。然道宣律师，乃置身玄奘三藏译场，研究法相教义之人，视律为大乘的；表面上虽以《四分律》属之小乘，精神上则视为大乘，以唯识法相宗之意，解释《四分》。故比诸前二派，稍近相部；此所以大历集会，南山宗以同于相部《旧疏》派而被摈也。但前二派以《四分律》为小乘，而道宣律师主张属于大乘；此四分大乘说，实出于道宣。从其说，则与前二者异，而谓戒体为心法；盖戒体者为受戒时熏于阿赖耶识之种子也。道宣律师据此议论，遂下佛一代教之判释，以佛教为化教制教二种，其区别如下：

- 化教
  - 性空教（小乘）
    - 实法宗（色法戒体）
    - 假名宗（非色非心法戒体）
  - 相空教（权大乘般若）
  - 唯识教（实大乘）——圆教宗（心法戒体）
- 制教（以上各宗之戒体）

四分律宗之中，南山宗于后世独占势力；其宗以终南山道宣律师为祖。律师德高学广，历史的著述颇富。今举其重要者如下：

- 此之谓五大部：
  - 《行事钞》三卷（分为十二卷）
  - 《戒疏》四卷（分为八卷）
  - 《业疏》四卷（同上）
  - 《拾毗尼义钞》三卷（今唯上中二卷存，二卷更分为四卷）
  - 《比丘尼钞》三卷（分为六卷）
- 《合注戒本》三卷
- 《随机羯磨》三卷
- 《释迦方志》二卷
- 《续高僧传》三十卷

《后续僧传》十卷

《广弘明集》三十卷

《大唐内典录》十卷

此外《法华义苑》三十卷，今不存；其他小部尚多。梁僧祐律师著有《释迦谱》《弘明集》《出三藏记》等书；道宣之著述，颇与之相类；故世有称道宣为僧祐再生者。

（四）禅宗

禅宗概要，及不立文字之禅，为达摩之嫡传，前已述之矣。参照第八章。但所谓禅宗之禅，亦明明随时代迁移；达摩以后，慧可（亦名僧可）、僧璨、道信、弘忍之五祖，事实不明。三祖僧璨有《信心铭》（一卷），亦与读傅大士、保志禅师之书等耳。四祖以下，别分牛头之禅；五祖以下，有南禅、北禅之区别。六祖与神秀之壁书，语味与中晚唐禅宗人语，大相径庭；神秀之语，殆为后世禅家思想之所不许；后之禅宗，似为六祖以后之禅；与六祖以前，旨趣大异；此敢断言者。

二祖断臂，禅宗传为美谈，似后世附会之谈；《续高僧传·慧可传》曰："遭贼斫臂；以法御心，不觉痛苦；火烧斫处，血断帛裹；乞食如故，曾不告人。"按当时有林法师者，弟子七百人；周武灭法时，与可同学，共护经像；此林法师与慧可相亲。又曰："后林又被贼斫其臂，叫号通夕；可为治裹，乞食供林；林怪可手不便，怒之；可曰：饼食在前，何不自食；林曰：我无臂，可不知耶？可曰：我亦无臂，复何可怒；因相委问，方知有功；故世云无臂林矣。"禅宗所传可之断臂，实以此为根据，而加以附会也。又《慧满传》《慧可传》附记曰："满一衣一食；往无再宿，常行乞食；贞观十六年，于洛州南会善寺侧，宿柏墓中；遇雪深三尺；其旦入寺，见昙旷法师，怪所从来？满曰：法友来耶？遣寻坐处，四边五尺许，雪自积聚，不可测也。”此似为雪中断臂说之缘起；无论如何，雪中断臂之谈，快则快矣，恐非事实。

全体佛教，自一面观之，皆为禅宗；始自小乘教之四谛十二因缘观；终迄天台之一心三观；华严之法界观，无不由禅；唯禅之内容、解释，互有差异耳。禅之形式，为佛教之通则；而在实际的方面，为唯一之修行方法；此修行方法，不独为佛教所通用，即印度婆罗门教，亦通用之。故宗密禅师之《禅源诸诠集都序》曰：

故三乘学人，欲求圣道，必须修禅；离此无门；离此无路。至于念佛求生净土，亦须修十六禅观及念佛三昧、般舟三昧。又真性则不垢不净，凡圣无差；禅则有浅有深，阶级殊等：谓带异计，欣上厌下而修者，是外道禅。正信因果，亦以欣厌而修者，是凡夫禅。悟我空偏真之理而修者，是小乘禅。悟我法二空所显真理而修者，是大乘禅。若顿悟自心，本来清净，元无烦恼；无漏智性，本自具足；此心即佛，毕竟无异；依此而修者，是最上乘禅；亦名如来清净禅；亦名一行三昧；亦名真如三昧。此是一切三昧根本；若能念念修习，自然渐得百千三昧；达摩门下展转相转者，是此禅也。达摩未到，古来诸家所解，皆是前四禅八定；诸高僧修之，皆得功用。天台南岳，令依三谛之理，修三止三观；教义虽最圆妙，然其趣入门户次第，亦只是前之诸禅行相。唯达摩所传者，顿同佛体，迥异诸门。

以上区别禅为外道、凡夫、小乘、大乘、最上乘五种：总而言之：教有顿渐二说，禅亦有顿渐二门。但宗密所谓如来清净禅之解释，犹堕于理，于直观的禅味之真意，不能彻底；故后世对于如来禅之语，而以祖师禅代之。

香严智闲，沩山之弟子也；兹就香严与仰山问答之语述之：香严曰：

“去年贫，未是贫；今年贫，始是贫；去年无卓锥之地，今年贫锥也无。”仰山曰：“如来禅许吾弟会，祖师禅未梦见在。”又香严曰：“我有一机，瞬目视伊；若人不会，别唤沙弥。”仰山告师沩山曰：“且喜闲师弟，会祖师禅。”此当系如来禅祖师禅语并出之始。

禅之解释，逐渐深刻；顿渐二门之区别，亦日就显著；禅遂有派别矣。但禅既非教理的解释；所谓派别者，非理论之派别；乃就吾人所秉自然之理解，对于禅所发挥之态度而言耳。故性质温者其言和；性质烈者其言峻；因其发言之和峻，禅风因之而变；其禅风之相违，即禅之派别相违。同为禅也，发挥之时，因受人格之影响，禅门宗趣，遂致各异；或因门多俊才，法流广播，则自成一派一宗。故禅宗之派别，在教理的区别上，不若华严、天台之明晰也。

宗密《禅源诸诠集》曰：“宗义别者，犹将十室：谓江西、荷泽、北秀、南侁、牛头、石头、保唐、宣什、稠那、天台等。立宗传法，互相乖阻；有以空为本；有以知为源；有云寂默方真；有云行坐皆是；有云见今朝暮分别为作，一切皆妄；有云分别为作，一切皆真；有万行悉存；有兼佛亦泯；有放任其志；有拘束其心；有以经律为所依；有以经律为障道。”此立禅十家派别也。又宗密《圆觉经疏》举北宗禅神秀之系统、智侁禅五祖下之人，其历史不明、老安禅慧安之系统、南岳禅怀让之系统、牛头禅五祖之下，法融之系统、南山念佛门禅在五祖之下，但不能分明耳、荷泽禅神会之系统七种。又《拾遗门》列牛头宗、北宗、南宗、荷泽宗、洪州宗五种。凡此种种名称；皆宗密考想而为之名，非判然之派别。其中五祖下之牛头宗，早已雄视一方；六祖以后，遂成南北两宗；互相对立。尔来南宗独占势力，唐代门流之最盛者，当推五派，世称禅之五家；即临济宗、沩仰宗、云门宗、法眼宗、曹洞宗是也。

系统宗旨，为禅宗所重视；故五祖、六祖以后，传灯甚详；今仅就其重要之人，或其派别之大体，列其略系如下：

- 达摩—慧可—僧璨—道信
  - 法融（居金陵牛头山幽栖寺，世称此法系为牛头禅，当系禅有派别之始）—智岩—慧方—法持—智威
    - 慧忠—（以上为牛头六祖）
  - 弘忍
    - 神秀（北宗之祖）—普寂（日本传律之道璿律师，亦受禅于普寂；此为日本禅之始）
    - 慧安（即《圆觉经疏》所称之老安禅）
    - 智侁（《禅源诸诠集》谓为南侁；《圆觉经疏》亦载之）
    - 慧能（六祖大师，南宗之祖）
      - 南岳怀让（居洪州南岳，《圆觉疏》谓为南岳之禅；《拾遗门》谓为洪州宗）
        - 马祖道一（《诸诠集》之江西宗，即此）
          - 百丈怀海
            - 黄蘗希运—临济义玄（临济宗之祖）
              - 兴化存奖—南院慧颙—风穴延沼
            - 沩山灵祐—仰山慧寂（沩仰宗所自出）
          - 南泉普愿—赵州从谂
          - 天王道悟—龙潭崇信—德山宣鉴—雪峰义存
            - 玄沙师备—地藏桂琛—清凉文益（法眼宗之祖）—天台德韶
            - 云门文偃（云门宗之祖）
      - 青原行思—石头希迁—药山惟俨—云严昙晟
        - 洞山良价
          - 曹山本寂（曹洞宗所自出）
          - 云居道膺（日本之曹洞宗所自出）
      - 荷泽神会（即宗密所谓荷泽宗是）—磁州法如—荆南惟忠
        - 遂州道圆—圭峰宗密（《圆觉疏》《诸诠集》《拾遗门》皆举荷泽宗，为密之所自属）
        - 五台山无名—华严澄观（即再兴华严之大德，宗密之师，即清凉大师也）
      - 永嘉玄觉（即著《永嘉集》及《证道歌》者）

（《景德传灯录》以天王道悟出石头下；《传法正统记》等皆采之；但据丘玄素所撰碑文，则道悟明为马祖嗣法；参于马祖之前，一谒石头，因不投机，去而受马祖之教；故今仍其说。）

圭峰宗密，本华严宗人而兼传禅者，故频唱禅教一致之论；其《禅源诸诠集都序》，即明其旨趣者也。此中说禅处，有滞理而不贯彻禅味之弊；第其批评禅之诸派，亦有可参考之处；如说禅宗：有息妄修心宗、泯绝无寄宗、直显心性宗三种：而谓牛头禅属于第二之泯绝无寄宗，是也。其言曰：

息妄修心宗者，说众生虽本有佛性；而无始无明，覆之不见；故轮回生死；诸佛已断妄想，故见性了了，出离生死，神通自在。当知凡圣功用不同；外境内心，各有分限；故须依师言教；背境观心，息灭妄念；念尽即觉悟，无所不知；如镜昏尘，须勤勤拂拭；尘尽明现，即无所不照。又须明解趣入禅境方便；远离愦闹，住闲静处；调身调息；跏趺晏默；舌柱上颚，心注一境；南侁、北秀、保唐、宣什等门下，皆此类也。牛头天台慧稠、求那等，进趣方便，迹即大同。见解即别。

泯绝无寄宗者，说凡圣等法，皆如梦幻，都无所有；本来空寂，非今始无；即此达无之智，亦不可得；平等法界，无佛无众生；法界亦是假名；心既不有，谁言法界？无修不修；无佛不佛；设有一法，胜过涅槃；我说亦如梦幻；无法可拘；无佛可作；凡有所作，皆是迷妄；如此了达本来无事，心无所寄，方免颠倒，始名解脱；石头、牛头、下至径山，皆示此理。便令心行与此相应；不令滞情于一法上；日久功至，尘习自亡；则于怨亲苦乐，一切无碍。因此便有一类道士儒生闲僧，泛参禅理者，皆说此言，便为臻极；不知此宗，不但以此言为法。荷泽、江西、天台等门下，亦说此理；然非所宗。

直显心性宗者，说一切诸法，若有若空，皆唯真性；真性无相无为，体非一切；谓非凡非圣，非因非果，非善非恶等；然即体之用，而能造作种种；谓能凡、能圣、现色、现相等，于中指示心性。

首言去心之垢，发本来之光明；次言迷悟共属妄念；务去此妄念，了达于空；三言纯任自然，了悟真性；万有自能超脱于妄念妄分别之上，而合自然之妙用；如柳绿花红，颇得天趣；所谓自然者，即无为之为，无作之作也。宗密更分第三项为二。此乃宗密暗示其所受荷泽宗属于第三宗也。盖首言执迷悟，而去迷得悟者，为有的禅宗；次言迷悟悉除者，为空的禅宗；第三所言，可谓为中道的禅宗。

宗密所举诸人之中：有今日全不明者；有其宗风不传者；兹难详述。四祖下第一别立一派之牛头禅，据宗密言：则为唱空的禅宗者；但宗密批评正否？尚属可疑；以《传灯录》四祖付法之问答观之：以上之说，未能确当；今示其文如下：

祖曰：百千法门，同归方寸；河沙妙德，总在心源；一切戒门、定门、慧门、神通变化，悉自具足，不离汝心；一切烦恼业障，本来空寂；一切因果，皆如梦幻；无三界可出；无菩提可求；人与非人，性相平等；大道虚旷，绝思绝虑；如是之法；汝今已得，更无阙少；与佛何殊，更无别法。汝但任心自在，莫作观行；亦莫澄心；莫起贪瞋；莫怀愁虑；荡荡无碍，任意纵横；不作诸善；不作诸恶；行住坐卧，触目遇缘，总是佛之妙用；快乐无忧，故名为佛。师曰：心既具足，何者是佛？何者是心？祖曰：非心不问佛，问佛非不心。师曰：既不许作观行，于境起时，心如何对治？祖曰：境缘无好丑，好丑起于心；心若不强名，妄情从何起？妄情既不起，真心任遍知。汝但随心自在，无复对治，即名常住法身，无有变异。祖为四祖道信，师为法融禅师。

但禅宗之派别最著者，恐生于南顿北渐之相违。古来相传，此派别起于六祖慧能与神秀上座之五祖付法问题；而以神秀“身是菩提树，心如明镜台，时时勤拂拭，勿使惹尘埃”之偈；及慧能“菩提本非树，明镜亦非台，本来无一物，何处惹尘埃”之偈；为其根据。以此二偈相较，则顿渐相违之趣自见；即南顿北渐之语所由生也。（别有《六祖坛经》，乃传南顿之旨者；相传为六祖大师之说。）

北禅之神秀，后受则天朝敬礼，出入宫中，在北方颇占势力。同时慧安禅师，亦为则天所归依。南岳怀让，本参慧安，因机缘不合，去而皈依六祖。

六祖之禅，行于南方；其法系之人，亦皆布化于南方。六祖，新州人，居韶州曹溪；其嗣法之怀让，居洪州南岳；行思，居吉州青原山；此外则有马祖百丈（洪州大雄山）、黄蘗、沩山（潭州）、仰山（袁州）、云门（韶州云门山）、石头（南岳）、洞山（瑞州）、曹山（抚州），其布教之区，未脱离南岳青原范围，盖诸人固咸居南方也。其布顿教于北方者，仅临济义玄居北方镇州临济院而已。在北方占势力者，当推北秀之禅；六祖下之荷泽，天宝年间赴洛阳，著《显宗记》，大为南顿吐气；学者如圭峰亦出其系统；播于北方之南禅，殆始于荷泽欤。

同一禅也，因发挥之手段有异，及唱导者之性格不同，遂生派别；欲加以说明，颇不易易；今略就古来五家禅风说之：即曹洞丁宁、临济势胜、云门突急、法眼巧便、沩仰回互是也。法眼禅师《十规论》曰：

曹洞则敲唱为用；临济则互换为机；韶阳则函盖截流；沩仰则方圆默契；如谷应韵，似关合符。

“敲唱为用”者，即徒敲师唱之谓；《参同契》所谓回互不回互之妙用；盖即师徒常相交接，使徒弟晤本性真面目，乃极亲切之手段也；其宗风可称绵密。例如：

曹山元证大师（本寂）辞洞山，山问向甚处去？师云：不变异处去。山云：不变异处，岂有去耶？师云：去亦不变异。

《五家参详要路门》所载曹洞“究心地”之言，或即指此绵密之宗风而言耶？曹洞本应作洞曹，有谓此宗风至曹山始盛，故置曹于洞上；或谓取曹溪之曹，置洞山之上；实际乃浑言曹山洞山之风，送称曹洞宗，无深意也。临济之“互换为机”，乃师徒互为主客，间现峻烈机用之谓；如以铁槌击石，现火光闪闪之机用是也。自古有“临济将军、曹洞土民”之称：盖临济似指挥百万师旅之将军；曹洞似经营细碎田土之农夫；五祖法演禅师谓临济下“五逆闻雷”之喝谓一喝之下，头脑破裂。如五逆罪人，为雷所裂，其禅风之烈可知矣。例如：

临济慧照禅师上堂云：赤肉团上有一无位真人，常从汝等诸人面门出入？未证据者看看；时有僧出问，如何是无位真人？师下禅床把住云道道；其僧拟议；师托开云无位真人，是什么干屎橛？便归方丈。

《参详要路门》谓临济风为“战机锋”。云门之“函盖截流”，谓如截断众流，师徒函盖相合；云门风有如奔流突止之概。例如：

云门因僧问，不起一念，还有过么？门曰：须弥山。

又云门因僧问，如何是佛？门曰：干屎橛。

《参详要路门》评云门为“择言句”；法演禅师评云门下之事为“红旗闪烁”，俱言悟之顿机也。“沩仰方圆默契”，例如：

沩山摘茶次，谓仰山曰：终日摘茶，只闻子声，不见子形；请现本形相见。仰山撼茶树。沩曰：子只得其用，不得其体。仰曰：和尚如何？沩良久。仰曰：和尚只得其体，不得其用。沩曰：放子三十棒。仰曰：和尚棒，某甲吃，某甲棒，教谁吃？沩曰：放子三十棒。

体用语似争而默契。《人天眼目》云：“沩仰宗者，父慈子孝，上令下从；你欲吃饭，我便捧羹；你欲渡江，我便撑船；隔山见烟，便知是火；隔墙见角，便知是牛。”亦方圆默契意。《参详要路门》谓沩仰“明作用”。而对于法眼宗，则谓为“先利济”。《十规论》为法眼禅师所著，故未述自家禅风。兹示其禅风之例如下：

金陵报恩院玄则禅师，在法眼会充监寺。一日法眼云：监寺，你在此间多少时耶？则云：在和尚会，已得三年也。眼云：你是后生，寻常何不问事？则云：玄则不敢瞒和尚，玄则在青峰处，得个安乐。眼云：你因甚语得入？则云：玄则曾问青峰，如何是学人自己？峰云：丙丁童子来求火。眼云：好语只恐你不会。则云：丙丁属火，将火求火，似将自己觅自己。眼云：情知你不会；佛法若如是，不到今日。则燥闷便起，至中路却云：他是五百人善知识，道我不是，必有长处，却回忏悔。眼云：但问将来。则便问，如何是学人自己？眼云：丙丁童子来求火。则言下大悟。青峰不知何许人。

按法眼禅师之风，随对方人之机，接得自在，故谓为“先利济”。

慧超问法眼云：如何是佛？法眼云：汝是慧超。于言下大悟。

据此例可示其趣矣。《人天眼目》曰：“法眼宗者，箭锋相拄，句意合机；始则行行如也；终则激发；渐服人心，削除情解；调机顺物，斥滞磨昏”。亦“先利济”之意也。从一方面观之，颇有似云门处；《参详要路门》曰：“云门、法眼二宗，大概如诗之通韵叶韵；本出自岩头、雪峰下……雪峰即出玄沙、云门，玄沙一转得地藏，又得法眼宗；故云门、法眼二宗，言句易迷。”

（岩头即岩头全豁，乃德山法嗣，雪峰同门人也；一说作全岁；地藏即地藏院桂琛；以上之系统图，可资参考。）

法眼禅师之书，并说四家宗风；其时纵无四家五家名称，已有门户之见。自宋以后，揭五家宗名者，以契嵩宋明教大师之《传法正宗记》为嚆矢。如斯区别，本强立名目，元无划然之界限也。

此外《人天眼目》《普灯录》《五灯会元》《五家正宗赞》《续传灯录》《会元续略》等书，尚说五家区别；《佛祖统记》《佛祖通载》亦有此区别也。

此外临济宗有四料简或谓四宾主；即宾中宾，宾中主，主中宾，主中主是，三玄三要。三玄门：即体中玄，句中玄，玄中玄是。每一玄有三要门：即言前之旨理，究竟直说智，及方便是。曹洞宗有洞山五位。洞山五位，即正中偏，偏中正，正中来，偏中至，兼中到是。云门宗有八要。一玄、二从、三真要、四夺、五咸、六讨、七丧、八出。沩仰宗有九十六个圆相。南阳之忠，授之沩山，终传之仰山，遂成沩仰宗风云。法眼宗有天台德韶法眼之法嗣之四料拣。即闻闻（放），闻不闻（收），不闻闻（明），不闻不闻（暗）是。兹略之。

（五）密教

密教乃对于显教而言；凡释迦牟尼（应身佛）所说种种经典为显教；密教则为毗卢遮那佛（法身佛）直接所说之秘奥大法；其教理之组织，不易说明；与其谈理，毋宁崇实。盖密教自表面言之，则为祈祷宗；如何为佛？如何礼拜？如何崇奉？皆密教所注重者，可断其以仪式为主旨。其根本思想，虽不离乎佛教，然其实际，则凡作法礼拜崇奉诸事，合乎方法，即可成佛。推此理而广行之，必得佛神冥助，且有利益，此即所以为祈祷宗也。

密教特色，在事多神；其理论则以大实在为根据。但我国密教传来之初期，凡关于诸佛之供养、诸菩萨之礼拜、诸明王之真言，似杂然并传，无有系统。因而此等诸佛诸菩萨诸天善神等，皆认为实在。苟供养之仪式合法，则佛菩萨及神，必皆来集，听人请愿；故密教最重仪式。

密教所奉诸佛诸神，自婆罗门教转来者颇多；因之其礼拜供养之仪式，羼入婆罗门教风不少。故密教除经外，尚有仪轨；仪轨云者，依据经说，而示礼拜供养之实际仪式；此即密教与他教相异之点。密教除经律论三藏外，尚有仪轨藏。

（密教传入日本后，前后次序，颇加整理；并说明其理；俾实际易于行用；名之曰次第。）

密教来华，当以西晋帛尸黎密多罗所译《大灌顶经》《孔雀王经》为嚆矢（参看第二章）。然《经录》中载后汉失译者：有《安宅神咒经》（一卷）、《五龙咒毒经》（一卷）、《取血气神咒经》（一卷）、《咒贼咒法经》（一卷）、《七佛安宅神咒经》（一卷）。藏中现存者，仅《安宅神咒经》而已。唐代密教经典，翻译颇多；极古者以吴支谦所译《八吉祥神咒经》（一卷）、《无量门微密持经》（一卷）、《华积陀罗尼神咒经》（一卷）、《持句神咒经》（一卷）、《摩诃般若波罗蜜咒经》（一卷）、《七佛神咒经》（一卷）为最著。又东晋竺昙无兰所译者：有《陀邻钵咒经》（一卷）与上之《持句神咒经》，同本异译、《摩尼罗亶神咒经》（一卷）、《幻师跋陀罗神咒经》（一卷）、《七佛所结麻油术咒经》（一卷）、《大神母结誓咒经》（一卷）、《伊洹法愿神咒经》（一卷）、《解日厄神咒经》（一卷）、《六神名神咒经》（一卷）、《檀特罗麻油术神咒经》（一卷）、《麻油术咒经》（一卷）、《麻尼罗檀神咒按摩经》（一卷）、《医王惟娄延神咒经》（一卷）、《龙王咒水浴经》（一卷）、《十八龙王神咒经》（一卷）、《请雨经》（一卷）、《嘅水经》（一卷）、《幻师阿邹夷神咒经》（一卷）、《咒水经》（一卷）、《药咒经》（一卷）、《咒毒经》（一卷）、《咒时气病经》（一卷）、《咒小儿经》（一卷）、《咒齿经》（一卷）、《咒牙痛经》（一卷）、《咒眼痛经》（一卷）等。凡二十五部，皆密教经典也；然则昙无兰可谓在唐以前与密教关系最深之人矣。罗什尚译有《孔雀王咒经》（一卷）、《摩诃般若波罗蜜大明咒经》（一卷）；其他译一二部密经之人或失译者，姑不具述。六朝末叶，陈阇那崛多所译密经甚多；《经录》所存者，则有《八佛名号经》（一卷）与《八吉祥神咒经》，同本异译、《不空羂索咒经》（一卷）、《十二佛名神咒经》（一卷）、《一向出生菩萨经》（一卷）与《无量门微密持经》，同本异译、《金刚场陀罗尼经》（一卷）、《如来方便善巧咒经》（一卷）、《东方最胜灯王如来经》（一卷）与《持句神咒经》，同本异译、《大法炬陀罗尼经》（二十卷）、《大威德陀罗尼经》（二十卷）、《五千五百佛名经》（八卷）等。唐时译密经最多者，为义净三藏；有《观自在菩萨如意心陀罗尼经》（一卷）、《曼殊室利菩萨咒藏中一字咒王经》（一卷）、《称赞如来功德神咒经》（一卷）、《大孔雀咒王经》（三卷）、《大金色孔雀王咒经》（一卷）、

《佛顶尊胜陀罗尼经》（一卷）、《庄严王陀罗尼咒经》（一卷）、《香王菩萨陀罗尼咒经》（一卷）、《药师琉璃光七佛本愿功德经》（二卷）、《疗痔病经》（一卷）等。就上所举观之：当唐善无畏、金刚智来传密宗之前，密教经典之一部，中土业已广译。其中如《孔雀王经》，已译八遍；《尊胜陀罗尼》，已译五遍。此外显教经典中咒文陀罗尼，不遑枚举；其仅持诵密咒有不可思议之行，而与密教关系最深者，尚不乏其人；姑略之。

　　《释摩诃衍论》，相传为龙树菩萨所造；有谓为后人所伪托者，异说纷纷，莫衷一是。说者谓姚秦时筏提摩多曾译之；疑是新罗月忠所伪托，仅高丽《藏经》，加入藏中。纵此论为姚秦时代所译出，我国释之者，无一人视为密教之书；其视为密教之书者，唯日本耳。故此书之翻译，于我国密教上，无有关系。

自密教观之：佛教有理论实际二方面：经为理论，仪轨为实际。故有经则应有附随之仪轨；恰如婆罗门教《吠陀经》、有曼荼罗（赞诵），即有与此相当之不饶摩那（供牺法）同一理。婆罗门教《梨俱吠陀》，有《爱塔利亚》《高希塔基》二种之不饶摩那；《夜柔吠陀》，有《胎梯利亚》《谢塔婆塔》二种之不饶摩那；《沙磨吠陀》附属有八种之不饶摩那中以普饶达、谢特、维恩舍为最著名；《阿塔婆吠陀》有《果婆塔》不饶摩那是也。佛教之仪轨，虽非供牺法；然其礼拜供养之方式，与婆罗门之供牺法固相当，或且仿效婆罗门之法转化而出者也。然于事实上，佛教之仪轨，非必附随于各经；小乘全无；大乘有者，亦仅十之二三；例如《法华经》有《成就妙法莲华经王瑜伽观智仪轨经》（一卷），《华严经》有《入法界品顿证毗卢遮那法身字轮瑜伽仪轨》（一卷），《般若经》有《仁王般若经道场念诵仪轨》（一卷）之类是也。

无仪轨之诸经，造通用之作法以用之；日本密教，有为诸经通用之仪轨者。

诵咒祈神降魔等，婆罗门教，用之颇古。祈祷所用之曼荼罗，多有灵验。由祈祷文一变而信其言句文句有大不可思议之力，渐成神秘，终成陀罗尼。而此神秘的仪式作法，日渐复杂，进而至于《阿塔婆吠陀》；风尚所趋，遂开秘密佛教之端绪。故佛教虽无附随经文之仪轨；然别本之单纯咒文至多；因此深信其能攘恶鬼、免灾祸也。

又婆罗门教，以声音为一种神灵的而极重之：如声论派（婆罗门之一派）创声为常住不灭之说，可以为证。由此声在宗教的信仰上，遂发生一种关系：如“阿母”表湿婆神之声；“乌”字表毗修奴神等；文字声音，各有宗教的意义；终成由“阿”字母音以及一切子音，皆有深远之意味；推而极之，万神皆有表其神之声音文字矣。佛教密宗诸佛菩萨，皆有种子；一切声音，母音子音，共有宗教的深义者，其端盖发于婆罗门教无疑。佛教之述此声字者，则有《瑜伽金刚顶经》有不空译《释字母品》一卷、《文殊问经字母品》（一卷）不空译、《华严经》第七十六卷、入法界品、有不空译《入法界品四十二字观门》一卷，及《大庄严经》之《示书品》《大日经》等。《大智度论》（四十八卷）在释《四念处品》中，亦举四十二字观，说明各字之意义。但《大智度论》《华严经》等，唯以譬喻观文字之意义：例如阿字为一切法初不生；罗字为一切法离垢；波字为一切法第一义等；渐次观之：则此音声毕竟不可得；文字者，色法也；色法之文字，因身业而现；身业先有口业之音声；依此音声，立种种之名称，妄想分别；实则声音本依因缘而生；一时触耳，再闻不得；如斯由文字音声上，观诸法空不可得之理；谓为四十二字观。《华严经》则先观阿字本不生；以阿字之中，融摄其他四十一字之深义；次观伊字一切法根本不可得；亦融摄其他四十一字之深义于其中；如是四十二字各观，俱摄其他四十一字；观各字之玄义，互为不离融摄者，即所谓字轮观；由此以观华严之事事无碍之理者也。此等皆以文字为观法之譬喻观；而密宗则直视此文字为佛菩萨之代表，作种子观：例如观大日如来，先观道场坛上所现之大日种子，即阿字；次变大日之三摩耶形（译为本誓）；即观变作五层塔；更一转而观尊形，即大日如来之像；即就种子、三摩耶形、尊形三段而观，乃密教观法之通轨。故密教之声字观，较《智度论》《华严》之文字观，更进一步。三摩耶形者，为表佛菩萨誓愿之器物；最初本无何种深意；如湿婆等为破坏神之化身，手持武器；毗修奴等为保护神之化身，手多持花；乃自然感情上之表现耳；其后遂谓何神持何器，为何种意义；似乎所持之器有深意存焉者。此种思想，亦自婆罗门教之神，转入佛教者也。

密教所说声字之深意，例如以阿字言之：《大日经》之《曼荼罗品》，谓为"一切诸法本不生故"之意义。《华严经》则曰："喝阿字时，入般若波罗蜜门；名以菩萨威力入无差别境界。"似与法本不生，同一意味，而入无所得平等境界者。《大智度论》释其理曰："菩萨若一切语法中，闻阿字即时随义；所谓一切法从初来不生相，阿提秦言初，阿耨波陁秦言不生。"此以阿为初之意义，当梵语阿提之阿；为不生之意义，当阿耨波陀之阿；故阿有本初不生意之解释。总之密教以阿字为一切声音之根本，遂成绝对表示万有本原之文字而重视之。

密教除口诵之真言陀罗尼、观心之种子、三摩耶形、尊形外，尚有印契：以手指作种种之结，表种种之意义；此亦自婆罗门教转来者，所谓口真言、身印契、心观念，身口意一致，三密相应者也。印契即目帝罗，婆罗门教已有之；初为单纯动作，不过于祈天祷神攘魔时，口唱祈祷文，以手表哀愿意，或示驱逐意而已；后思其动作，如有神助；终遂以种种印契，寓种种之意矣。印契，非仅手指之形也；广言之，身之诸业，皆目帝罗也。《大日经义释》曰："凡有所作，皆为利益，调快众生；随作施为，无不随顺佛之威仪；是故一切所有举动施为，无不是印也。”盖即此意。

密教所供多神，与婆罗门教诸神，杂然陈列，互相影响；即佛教带婆罗门教之风，其外形遂似婆罗门教也。如是聚诸佛诸菩萨，名为曼荼罗；此曼荼罗者，亦源于婆罗门教，然则婆罗门教风，迨转入于佛教乎？加之曼荼罗中，多有婆罗门教神转入于佛教者：例如胎藏界曼荼罗之外，金刚部诸神，来自婆罗门教，持明院之五尊中，除般若菩萨外，如不动、降三世、大威德、胜三世等忿怒尊，似为湿婆之化身也。

曼荼罗有二种区别：即善无畏三藏所传者，及金刚智三藏所传者是也。善无畏梵名戍婆揭罗僧诃，正译净师子，意译善无畏，中天竺人，唐玄宗开元四年（716），自西域由陆路来华，值唐代极盛之时。善无畏所译经中，最重要者，为《大毗卢遮那成佛神变加持经》七卷，即《大日经》，及《苏婆呼童子经》三卷，即密教律。其《大毗卢遮那经》，乃应一行阿阇梨之请而译者；一行又将传自善无畏之言，解释此经，名之曰疏；即通称为《大疏》是也。此疏之中：于善无畏所传曼荼罗之事，加以详释；即世所称胎藏界曼荼罗是也。兹将今世所传胎藏曼荼罗之概要，示之如下。

胎藏界曼荼罗图

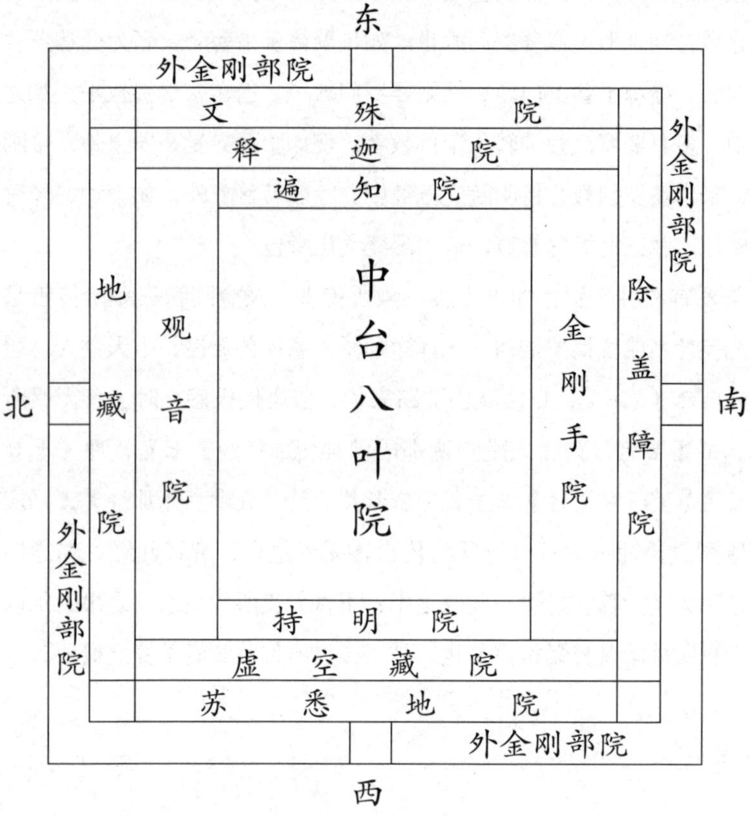

按图，中台八叶院，以大日如来为中心；东方宝幢、南方开敷华、西方无量寿、北方天鼓雷音，此五佛也；东北弥勒、东南普贤、西南文殊、西北观音，此四菩萨也；合成九尊。遍知院七尊。观音院三十七尊。金刚手院三十三尊。持明院五尊，故又以持明院为五大院；所谓五尊者，即不动、降三世、般若菩萨、大威德、胜三世是也。释迦院三十九尊。文殊院二十五尊。除盖障院九尊。地藏院亦九尊。虚空藏院二十八尊。苏悉地院八尊。外金刚部院，四方各有一处，合成二百五尊。皆婆罗门教神也。

上述之胎藏曼荼罗，以中台八叶院为中心；前后四重；左右三重；合成十三大院。诸尊之数，凡四百十四尊；细数之，可称七百七十尊焉。

但此曼荼罗，与一行之说不合；殆善无畏所传，其后渐渐变化者耶？

金刚智三藏，梵名跋日罗菩提，亦中天竺人；过南天竺，受摩赖耶国译名光明，一名秣罗矩吒，今印度南部东海岸，即沿马拉巴儿海岸之一国王之保护，由海路履中土；时开元八年（720）也；因称为南天竺人。其所译之经，以《金刚顶瑜伽中略出念诵法》（四卷）为最著名，即《金刚顶经》也。此经原有十万偈，今之所译，仅一部分耳。所传曼荼罗，即后世所称金刚界曼荼罗是也。

金刚界曼荼罗图

理趣会	降三世羯磨会	降三世三摩耶会
一印会	羯磨会	三摩耶会
四印会	供养会	微细会

羯磨会以大日如来为中心，一千六十一尊。三摩耶会七十三尊。微细会亦有七十三尊。供养会尊数亦同。四印会十三尊。一印会即大日一尊。理趣会以金刚萨埵为中心，十七尊。降三世羯磨会七十七尊。降三世三摩耶会七十三尊。以上名九会曼荼罗；诸尊详数五百余。但《金刚顶经》之大本共有十八会；传于中国者，乃其略

本；故仅传九会；一说大本为二十八会云。

曼荼罗虽从婆罗门教转入；以其内容言之：实包含佛教之根本思想；故中国密教，不得谓为有组织的教义；但从一方观之，则此曼荼罗，已足说明中国密教之教理；何则？曼荼罗以图示佛教之教理。其说明曼荼罗之处，即说明佛教教理之处也。唯图之所表示，为婆罗门教给与之方法；故不得不谓密教者，乃被婆罗门教之外装以施佛教者也。窃思善无畏、金刚智咸在中天竺之摩揭陀那烂陀寺，研究学问；故密教可谓由那烂陀寺佛教一转而成。然则金、胎两部曼荼罗之中央，为大日如来所在；胎藏界八叶之中台，金刚界羯磨会之中心。四方为四佛所在。胎藏界即宝幢、开敷华、无量寿、天鼓雷音是；金刚界即阿闳、宝生、阿弥陀、不空成是就。乃明法相宗之转识成智说，表现于图者也。即前五识转为成所作智羯磨部之不空成就；第六识转为妙观察智莲华部之阿弥陀；第七识转为平等性智宝部之宝生；第八识转为大圆镜智金刚部之阿闳之说；以四识四智之说为组织者也。中央之大日如来，表示此四智根本，为宇宙之实在；当法相宗之所谓清净法界法相宗合此四识，与清净法界，谓之五法。而法相宗以清净法界为法身；以成所作智为化身密教之不空成就，即释迦，所谓应化身；以其他三者为报身。但此三智为法为报为应之说，我国法相宗，有异议焉。大日如来为法身，实为密教之所依据；若就彼此二者，互相参考，则此二宗之历史的关系颇深；且缘起的佛教与密教之关系，全在那烂陀寺佛教之连络；其故可推而知也。

兹就密教之曼荼罗言之：胎藏界之曼荼罗；有所谓《经》之四曼荼罗；《疏》之六曼荼罗者。《大日经》释之曰：自擅九会曼荼罗，一也；嘉会曼荼罗以上二者，说见《具缘品》第二，二也；彩色曼荼罗，三也《转写轮品》第八；秘密曼荼罗《秘密曼荼罗品》第十一，四也。其中以秘密曼荼罗为根本，前之三曼荼罗，不过枝流而已。一行之《疏》，则于上列四曼荼罗外，更加二种：即闻于善无畏之莲华一本曼荼罗，及阿阇梨所传曼荼罗是；合成六曼荼罗。但《金刚顶经》之大本，谓金刚界曼荼罗为十八会；略本《金刚顶经》，仅译其十八会中前六会；所谓胎藏界曼荼罗，实仅为金刚界曼荼罗中第十六会。若印度无金胎之别，则此说宁可谓正。此事，不空于所译之《金刚顶瑜伽经十八会指归》曾论及之，曰：

第十六会，名无二平等瑜伽，于法界宫说；毗卢遮那佛，及诸菩萨、外金刚部等，各各说四种曼荼罗，具四印；此中说生死涅槃，世间出世间，自他平等无二；动心举目，声香味触，杂染思虑，住乱心皆无二；同真如法界，皆成一切佛身。

由此观之：胎藏界足当此十六会，可推而知也。

据又一说：大本金刚界曼荼罗，有二十八会；现所译者六会；然则今之九会曼荼罗云何？此乃以理趣会、降三世羯磨会、降三世三摩耶会，为后来所加者；而不空所译之《金刚顶经》，不出于六会。但自他一方言之：后加之三会，究在二十八会大本曼荼罗之中；除六品外，概括二十二会而为三会降三世羯磨、降三世三摩耶二会，概括十会；理趣会概括其余十二会；故九会之中，已具二十八会全体者也。又以传于日本之曼荼罗言之：弘法大师所传，为此九会曼荼罗；台密之慈觉大师所传，单为羯磨会之曼荼罗。盖此羯磨之三十七尊，实为曼荼罗之根本；故虽属一会，而其理得包罗全体。即《十八会指归》所谓“瑜伽教十八会，或四千颂，或五千颂，或七千颂，都成十万颂；具五部四种曼荼罗四印；具三十七尊，一一却具三十七，乃至一尊成三十七，亦具四曼荼罗四印；互相涉入，如帝释网珠，光明交映，展转无限”是也。

习俗相传，印度画曼荼罗于砂上，修法终则坏之，无画于纸帛者；又谓善无畏在印度，绘画现于空中；或谓金刚智既从龙智受两部曼荼罗者；而龙智南天铁塔所传之本，为绘曼荼罗，是印度早已有之；或谓不空自龙智所传之本，实似始于震旦；特彩色曼荼罗，经中早有此说。据日本所传，弘法大师之说：则彩色曼荼罗，当以惠果阿阇梨，传于弘法者为嚆矢。兹试就金刚界羯磨会三十七尊之事一言之：羯磨会曼荼罗，中央有五大月轮；其中轮之中台，为大日如来；从大日如来，现四佛于东西南北四方：东方为阿閦；南方为宝生；西方为阿弥陀；北方为不空成就；此五如来之四方，各有四菩萨；大日如来前，有金刚波罗蜜菩萨；右有宝波罗蜜菩萨；后有法波罗蜜菩萨；左有业波罗蜜菩萨。又阿閦如来前，有金刚萨埵；右有金刚王；左有金刚欲；后有金刚善哉菩萨；宝生如来前，有金刚宝；右有金刚光；左有金刚幢；后有金刚笑菩萨；阿弥陀如来前，有金刚法；右有金刚利；左有金刚因；后有金刚语菩萨；不空成就如来前，有金刚业；右有金刚护；左有金刚牙；后有金刚拳菩萨。以上五佛二十菩萨：加于此者，其内四供养：则有金刚嬉戏、金刚鬘、金刚歌、金刚舞四菩萨；外四供养：则有金刚焚香、金刚华、金刚灯、金刚涂香四菩萨；外加金刚钩、金刚索、金刚锁、金刚铃四摄菩萨，凡三十七尊。其外部别有外金刚部诸神；兹略之。

善无畏、金刚智互传胎藏、金刚两部此说出于海云《师资相承血脉记》；印度元无两部之称，两部之称，始自中国；约在不空、惠果阿阇梨之时，善无畏受那烂陀寺达摩掬多之传；时掬多年已八百岁；金刚智在锡兰受龙树菩萨弟子龙智之传；时龙智年七百余岁；此等传说，俱近怪诞；以当时印度佛教，极受婆罗门教之影响，遂至于此。善无畏来自北方，金刚智来自南方，邂逅于秦不空所译《金刚顶瑜伽三十七尊出生义》有“金刚萨埵得之数百年，传龙猛菩萨；龙猛菩萨受之数百年，传龙智阿阇梨；

又住持数百年，传金刚智阿阇梨”之语，但此非面受弟子之意，仅为数百年而传于某之说而已；至各活数百岁，似后世臆造之说；达摩掬多八百岁之说，始自李华所撰无畏碑文；各以其学授不空金刚即阿目佉跋折罗，金刚智弟子也；此殆为事实也。

就密教相承之历史言之：所传怪奇之说极多；有谓善无畏与金刚智，同门受教；达摩掬多与龙智，同人异名。有谓《大日经》大本有十万偈；其次之大本有四千偈；略本有三千五百偈；中国所译，其略本也。又谓《金刚顶经》广本无量俱胝；其次之大本有十万偈；略本有四千偈；金刚智所译，亦其略本也。事载《金刚顶经义决》有三卷，今唯上卷存。盖此书乃金刚智之说，不空所记录者也。兹揭其说如下：

其中广相，根未有堪；此略瑜伽，西国得灌顶者，说授相付；而其广本亦不传之；其百千颂本，复是菩萨《大藏经》中次略也。其大经本，阿阇梨云：经夹广长如床，厚四五尺，有无量颂；在南天竺铁塔之中：佛灭度后，数百年间，无人能开此塔，以铁扉铁锁而封闭之。其中天竺国，佛法渐衰；时有大德，先诵持今大毗卢遮那真言；得毗卢遮那佛而现其身，及现多身；于虚空中，说此法门，及文字章句；次第令写讫即灭；即那《念诵法要》一卷是。时大德持诵成就，愿开此塔；于七日中，绕塔念诵；以白芥子七粒，打此塔门乃开；塔内诸神，一时踊怒，不令得入；唯见塔内，香灯光明，一丈二丈；名华宝盖，满中悬列；又闻赞声，赞此经王。时大德至心忏悔，发大誓愿，然后得入此塔中；入已，其塔寻闭；经于多日，赞此经王广本一遍，谓如食顷，得诸佛菩萨指授，所堪记持不忘；便令出塔，塔门还闭如故。尔时书写所记持法有百千颂；此经名《金刚顶经》者，菩萨大藏塔内广本绝世所无；塔内灯光明等，至今不灭；此经百千颂本，此国未有。

所谓大德者，乃龙猛，即龙树菩萨；此为密教有名南天铁塔谈之典据。弘法大师之《金刚顶经开题》有曰："此经及《大日经》者，龙猛菩萨自南天铁塔中所诵出也。"又谓《大日经》出于铁塔，但此《金刚顶经义决》之文，无关于《大日经》，故弘法大师之说，殊无确据。真言宗之学者，则以此种种理解，无从探索。又《金刚顶经义决》述金刚智来华时，携百千颂本通谓十万偈本及略本而来；遇暴风于海上，船中物皆掷于海中，百千颂本亦失去；所持来者，仅有略本及《义决》而已。《大日经》有大本，一行之释屡述之。自《金刚顶经》之南天铁塔谈，有广本、大本、略本之说；略与《华严经》之龙宫谈此龙宫谈所载龙树菩萨之传说，与南天铁塔谈同，有广、大、上、中、下、略六本之说相似；或系不空摭《华严》所传之说；或系密教与《华严》有密切关系而然。盖不空解密教，往往取资于《华严》，观《指归》所引《华严》之文，可以明矣。

曼荼罗为善无畏所传，或金刚智所传；其曼荼罗中心，皆为大日如来；大日究属何佛？《大日经义释》于经中"薄伽梵住如来加持"薄伽梵，梵语也之语解之曰："薄伽梵，即此毗卢遮那本地法身；次云如来是佛加持身，其所住处，名佛受用身，即以此身为佛加持住处，如来心王如诸佛住而住其中；既从遍一切处加持力生，即与无相法身，无二无别；而以自在神力，令一切众生见身密之色，闻语密之声，悟意密之法；随其性分种种不同，即此所住名加持处也。"据此可知法身大日与加持身释迦之关系。故以此大日为中心之曼荼罗，毕竟不出我一心，依三密相应之行，得见我心内之佛；此为密教之要旨。《义释》又曰："以平等身口意秘密加持为所入门，谓以身等之密印，语等之真言，心等之妙观为方便故，逮见加持受用身；如是加持受用身，毗卢遮那遍一切身；遍一切身者，即是行者平等智身；是故往此乘者，以不行而行，以不到而到，名为平等句；一切众生皆入其中，而实无能入者；无所入处，故名平等法门。"我国密宗之理论的解释，由此文可窥知其一端。此等佛教之根本思想，与婆罗门教仪式作法相结合而成；为一种具祈祷形式之佛教，即所谓秘密教者也。

唐代密教之来，功归于善无畏、金刚智二人；其盛也，则借不空三藏之力。不空，北天竺人；南游阇婆国，遇金刚智，为其弟子，同履中土；年仅十六也。至二十八岁，金刚智入灭；遗命不空与弟子含光、慧䂮等，于开元二十九年（741）发中国，自锡兰入印度；留五年；携《大日经》《金刚顶经》之大本，及其他诸部密教经典五百余部；具得指授口传；再还中土；时天宝五年（746）也。不空所译经论，凡一百十部、一百四十三卷《贞元释教录》；实玄奘以后一大翻译家也。但所传广本之《大日》《金刚顶》，尚未全译；此外有《表制集》六卷，乃集不空表文，及天子批答而成者。代宗极重不空，因归依焉。永泰元年（765），赐特进试鸿胪卿，授大广智三藏之号；示疾之际，帝亲临其室；加开府仪同三司，封肃国公，赐食邑三千户；固辞不许；入寂后，帝废朝三日；其待遇不空，可谓优矣。

以事实言之：我国密教，殆无组织的理论之说明，而以实际的说明为主；盖《大日经》《金刚顶经》，虽名为经，实异于常经，而以关于仪轨的实际的作法为多也。然就其间之学风说明之：则我国密教，自有二派区别：一为善无畏所传，一行阿阇梨继之；一行之《大日经疏》（二十卷），殆为密教最初之理论的解释书，在我国亦可称为唯一之善本。相传此书多记录善无畏之说，但其说明，近于天台之解释法，天台之意，未尝或离，殆始终应用之。一行本属天台学者，故其趋向如是；谓《大日经》为实相的法门者，实自此始。一行又自金刚智受密教，其立足处则为天台。若不空则与之异；以大日为中心，而谓诸尊由之出生成为无量佛；其说乃是缘起的说相；其立足处在于《华严》之理论。盖不空亦非仅学金刚界；似与善无畏所传，稍异其趣。

日本密教，弘法大师之东密，为不空派密教；叡山之台密，为善无畏派密教。

一行、不空殁后，师资相承，彼此混杂，难以判别；然此二派潮流现尚存在之故，可以想象得之。一行、不空后，我国密教遂衰，著述流传者既少，《僧传》所载之人亦不多；但自传入日本后，乃极隆盛，至今不替；今就彼国东、台两密学者之传承，示其概要如下：

- 金刚智（传二人）
  - 一行（先学于善无畏，开元八年，金刚智来开道场，亲受其灌顶，此为我国有灌顶之始。）
  - 不空（传十二人）（二次赴印度时，谓自龙智重受两部；自一方言之，与金刚智为同门。）
    - 含光（传一人）（金刚界）—元晓（海云之《血脉记》，谓其法不传于后。）
    - 慧超（金刚界）
    - 元皎（金刚界）
    - 觉超（传二人）（金刚界）
      - 慧德
      - 契如
    - 慧朗（传一人）（金刚界）—天竺（传三人）
      - 德美（传一人）—雅宵
      - 慧谨（传四人）
        - 义灌
        - 志清
        - 善贞
        - 制本
      - 赵政居士，政一作梅。
    - 昙贞金刚界，海云谓此人不传法于弟子。
    - 惠果（两部）
    - 良贲以下五人，即出《诸宗章疏录》者。
    - 潜真
    - 慧琳《一切经音义》百卷，世所称《慧琳音义》之著者。
    - 法崇
    - 超悟

《表制集》(不空遗书)曰:“吾当代灌顶,三十余年,入坛授法弟子颇多;五部琢磨,成立八个;沦亡相次,唯有六人;其谁得之?则有金阁含光,新罗慧超,青龙惠果,崇福慧朗,保寿元皎、觉超。”海云《血脉》曰:“三藏和尚以此法付属含光阿阇梨等弟子五人:一含光、二慧朗、三昙贞、四觉超、五惠果。”

名下括弧内之金刚界,即传金刚界之谓;昙贞以外之人,皆由弘法大师所传血脉而增加者;此图可谓专为金刚智所传金刚界系统而设;独惠果自不空传两部,甚为可异。《表制集》以为五部琢磨之弟子;五部云者,即在金刚界曼荼罗中分为佛部(大日)、金刚部(阿闳)、宝部(宝生)、莲花部(阿弥陀)、羯磨部(不空)之谓;而以金刚界为限;足见金刚智、不空,纵传胎藏界,但此系统,不传于金刚界外之人。海云《血脉》谓善无畏、金刚智交换所传;东密等尚斥之;其所主张以金刚智已于印度自龙智受两部;不空受之,更于印度自龙智重受两部;是此血脉,应专属于金刚智所传金刚界之系统;惠果之传两部,别以善无畏所传受自玄超,决非由不空受胎藏界;是则密教似与金胎两部相并,方可谓之传两部也;两部名称之缘起,大概在惠果以后,当可置信。

善无畏 ——(传七人)—— 智严
- 义林 —(传一人)— 顺晓 —(传一人)— 最澄(传教大师,此台密起于日本之始。)
- 宝畏
- 明畏
- 不可思议
- 玄超 —(传一人)— 惠果(此惠果承善无畏所传者,当与不空所传迥别。)
- 一行

惠果以后,金胎虽属并传,但据所传,二派已各异其趣。

- 惠果（传十九人）
  - 辨弘 弘法《血脉》为胎藏界，然据海云、造玄《血脉》，则作两部。
  - 慧日（同上）
  - 惟上 弘法《血脉》为金刚界，海云、造玄《血脉》，则作两部。一作惟尚。
  - △义圆（金刚部）
  - 义明（两部）
  - 空海 两部。此即弘法大师，日本东密之祖。
  - 詧弘（胎藏界）
  - 悟真（同上）
  - 义满（两部）
  - 义澄（胎藏界）
  - 义照（两部）
  - 义愍（同上）
  - 义政（金刚界）
  - 义一（同上）
  - 慧应（同上）—文璨—常晓 日本东密
  - 义操（两部）（传十四人）
    - 大遇（两部）
    - 海云（《血脉》作两部）
    - 深达（两部）
    - △法润（金刚界）
    - 义真（两部）（传四人）
      - 全雅
      - △圆仁 慈觉
      - 慧运 日本东密
      - 圆行 日本东密
    - 义舟（金刚界）
    - △义圆（金刚界）
    - 从贺（金刚界）
    - 文苑（两部）
    - 均亮（胎藏界）
    - 常坚（金刚界）
    - 智深（金刚界）
    - 文秘（金刚界）
    - △法全（金刚界）
      - 茂炫（金刚界）居士
      - 慧忒（金刚界）
      - 自忒 海云为金刚界，造玄则为两部。
      - 文逸（胎藏界）
      - 弘悦（两部）
      - 宗叡 日本清和天皇之师，海云以为仅属胎藏，造玄则以为两部。
      - 真如 两部，日本嵯峨废太子，俗名高岳亲王。
      - 圆珍 两部，日本台密寺门派智证大师。
      - 圆载（日本，两部）
      - 圆仁（两部，慈觉大师）
      - 操玄 胎藏界，一作造玄。
      - 弘印（两部）
      - 智满（两部）
      - 文懿（两部）
  - △法润（胎藏界）（传三人）
    - △法全
    - 惟谨
    - 道昇
  - 慧则（金刚界）（传三人）
    - 缘会
    - 元政（传二人）
      - 造玄（造《血脉》者）
      - △圆仁 日本台密第二传慈觉大师。
    - 文悟
  - 吴殷（金刚界）居士

（名旁加Δ记号者，为此系统中出有二度以上之人；亦有上表所漏之人，因非重要，故从略。）

日本圆仁、圆珍、宗叡等东台诸家之入中国也，皆在唐末，俱为盛传密教而来；我国密宗之盛，可推而知；惜未几遭武宗会昌之厄，继以五代之战乱，学者著述，荡然无存；纵使后来从事网罗，第废缺已多，末由考其状况。

日本密教中，台密、东密，其说大异；台密以胎藏界曼荼罗为果曼荼罗，以金刚界曼荼罗为因曼荼罗；东密反之；以胎藏界曼荼罗为因曼荼罗；以金刚界曼荼为果曼荼罗。又东密谓金胎两部大法；台密则谓此两部外，圆仁尚传来苏悉地法，称为三部大法；此苏悉地法，非弘法所传；在三部中，最为重要者也。因海云《血脉》载“玄超阿阇梨，复将大毗卢遮那大教王及苏悉地教，传付青龙寺东塔院惠果阿阇梨”等语；三部大法，即据以为证；此种议论今尚存于东、台两密之间。

第十五章　华天之再兴唐武周世之破佛

天台宗自天台、章安二代而后，气势不扬；传智威（法华）、慧威（天宫）、玄朗（左溪）三代，其间凡百年自章安贞观六年（632）入寂，以迄玄宗末年；天台宗颇衰微。及玄朗之弟子荆溪尊者（即湛然，亦称妙乐大师）出，宗风为之一振，著作等身，天台遗风，大为显扬；盖在肃宗、代宗时也。

湛然，晋陵荆溪之儒家子也；年二十，入左溪玄朗之门；三十二岁始出家。据《佛祖统纪》所载：湛然“谓门弟子曰：道之难行也，我知之矣；古之至人，静以观其复；动以应其物；二俱不住，乃蹈乎大方；今之人，或荡于空，或著于有，自病病他，道用不振；将欲取正，舍予谁归”。遂慨然以天台再兴自任。

当时禅宗盛行，一方对于其不双传教观，单偏于观法，称教外别传，为轻视智慧，加以非难，斥为暗禅；一方排玄奘所传之法相权教，辟一乘之幽旨；及华严之清凉大师，大为华严吐气时；又取对抗华严之态度；盖荆溪著述甚多，皆恪遵天台之遗旨，发挥一念三千三谛圆融之玄理，可谓毫发无遗憾矣。

今将荆溪著述之重要者列下：

《法华玄义释签》二十卷

《摩诃止观辅行传弘决》四十卷

《止观大意》一卷

《维摩广疏记》六卷

《始终心要》一卷

《三观义》一卷

《方等补阙仪》一卷

《法华文句记》三十卷

《摩诃止观义例》二卷

《维摩略疏》十卷

《金刚錍论》一卷

《摩诃止观搜要记》十卷

《法华补助仪》一卷

《五百问论》三卷

此外有《涅槃后分疏》(一卷)、《观心弥经记》(一卷)、《授菩萨戒文》(一卷)、《止观文句》(一卷)、《华严骨目》(一卷)诸书,今不存。尚有《维摩略疏记》(三卷),又再治章安《涅槃经疏》十五卷,《文句》《止观》之科各六卷。

荆溪大师,为天台重要之人;但天台大师创始,荆溪祖述,故其地位,当在天台大师之次。同时华严宗之清凉大师出,大振宗风;荆溪因与之对抗,遂加入天台宗从来所无之分子;如清凉盛引《起信论》,供说明华严教义之用;荆溪亦引《起信论》,借以解释天台一念三千之理。其应用缘起的《起信论》之最著者,即《金刚錍》是也。《金刚錍》明涅槃佛性之义,其说无情有性之理曰:

子应知万法是真如，由不变故；真如是万法，由随缘故；子信无情无佛性者，岂非万法无真如耶？故万法之称，宁隔于纤尘；真如之体，何专于彼我；是则无有无波之水；未有不湿之波；在湿讵间于混澄；为波自分于清浊；虽有清有浊，而一性无殊；纵造正造依，依理终无异辙；若许随缘不变，后云无情有无，岂非自语相违耶？故知果地依正融通，并依众生理本故也；此乃事理相对以说；若唯从理，只可云水本无波，必不得云波中无水；如迷东为西，只可云东处无西，终不得云西处无东；若唯从迷说，则波无水名，西失东称；情性合譬，思之可知；无情有无，例之可见。

此说可视为结论之文：即取《起信论》之真如不变、随缘二方面之说，以论无情物之有佛性与否者。若依不变随缘之理；得以常住之真如，与变化无极之差别万法为一体；则一纤尘，亦不得谓为非万法；然则以真如在我为有，在彼为无，决无是理；例取《起信论》水波之譬，水与波为一体，波有清浊之别，而其湿性则断然无别。更就事理别论之：随理而言，真如本体之上，元无情与非情之别；反之随迷情而说，则有情与非情，区别历然，于非情则疑为无佛性；故从理则水原无波；从迷则波无水名；唯见万波相起伏而已；以上为其论旨大要。

（兹所言“子应知”云云，及“子信无情无佛性者”云云；子者，暗指华严之学者而言。）

观以上论调，足知荆溪之用《起信论》，盖为对敌论者便宜上而设；此为《起信论》适用于天台宗之始，然其与后世天台宗之影响，殊不少也。

（荆溪之前，天台大师之《小止观》，及《观音别行玄义》中，虽有引用《起信论》之处，但不甚重要。）

华严之清凉大师澄观，与荆溪虽属同时；以其年考之，则澄观为其后辈；盖荆溪以德宗建中三年（782）入寂，年七十二岁，澄观年才四十六岁也。澄观殁于宪宗元和年间，寿七十岁；此可谓为唐代佛教振兴之最后期也。

（但此殁年及年寿，系据《高僧传三集》，在《佛祖统记》《佛祖通载》《编年通论》所载，则澄观殁为文宗开成三年（838），寿百有二岁。）

据《高僧传三集》所载：澄观于“乾元中，依润州栖霞寺醴律师学相部律；本州依昙一隶习南山律，诣金陵玄壁法师传关河《三论》，《三论》之盛于江表，观之力也。大历中，就瓦棺寺传《起信》《涅槃》；又于淮南法藏受《海东起信疏义》；却复天竺诜法师门，温习《华严》大经。七年，往剡溪；从成都慧量法师，覆寻《三论》。十年，就苏州，从湛然法师，习天台《止观》《法华》《维摩》等经疏……又谒牛头山忠师、径山钦师、洛阳无名师，咨决南宗禅法；复见慧云禅师，了北宗玄理”。律则南山、相部；禅则南北二宗；其他《三论》、天台、《起信》《涅槃》，无不通晓；又曰：“解从上智，性自天然。”实非虚誉也。又曰：“习经、传、子、史、小学、《苍雅》；《天竺悉昙》《诸部异执》；《四围》《五明》、秘咒仪轨；至于篇颂笔语书踪，一皆博综；多能之性，自天纵之。”由此观之：其博习多才可知矣。至其本宗华严，则受自钱塘天竺寺之法诜；所著四百余卷；兹举其重要者列下：

《华严经疏》六十卷

《华严经疏演义钞》三十卷

《普贤行愿品别行疏》一卷

《大华严经略策》一卷

《入法界品十八问答》一卷

《三圣圆融观门》一卷

《华严经随疏演义钞》九十卷

《华严法界玄镜》二卷

《华严经纲要》三卷

《新译华严经七处九会颂》一卷

《华严心要》一卷

《华严玄谈》九卷

此外尚著有《法华》《楞伽》《中观论》等疏。清凉亦如贤首之参与《八十华严》之翻译，曾列般若三藏《四十华严》译场。般若三藏，梵名般剌若，华言智慧，北天竺境迦毕试国人；游学中天竺、南天竺；以德宗建中四年（783）来华。贞元十一年（795），乌荼国今阿利萨地方王献《华严经》此当前译《六十》《八十》二经之《给孤独园会》之《入法界品》；《华严》全部梵本，凡六夹十万偈。《八十华严》为第二夹终。此《四十华严》为第三夹。凡一万六千七百偈。见《贞元释教录》；般若三藏奉诏翻译，宣梵文；天官寺广济为译语；西明寺圆照充笔受之任；保寿寺智柔、智通回缀；正觉寺道弘、章敬寺鉴灵润文；大觉寺道章证义；千礼寺大道证禅义；千福寺灵邃及清凉为之详定。

般若三藏所译《大乘理趣六波罗蜜多经》十卷，乃般若三藏与景净所合译者；景净者，大秦寺僧，即来华传景教（耶稣教）之人也。初般若来华，遇其亲戚罗好心，好心大喜，请译经；般若不明华语及波斯语；景净不知梵文，亦不解佛教；自难成完全之译本。译成，献于朝廷；德宗见其不全，不许流行；命就西明寺重译：般若三藏宣释梵本；沙门利言译语；圆照（西明寺）笔受；道液、良秀、圆照（庄严寺）并润文；应真、超悟、道岸、詈空，并同证义。佛耶二教之僧，共译佛经，堪发一噱。今举《贞元录》之文于下：其文曰："好心既信重三宝，请译佛经；乃与大秦寺波斯僧景净；依胡本《六波罗蜜经》，译成七卷；时为般若不娴胡语，复未解唐言；景净不识梵文，复未明释教；虽称传译，未获半珠；图窃虚名，匪为福利；录表闻奏，意望流行；圣上濬哲文明，允恭释典；察其所译，理昧辞疏；且夫释氏伽蓝，大秦僧寺；居止既别，行法全乖；景净应传弥尸诃教；沙门释子弘阐佛经；欲使教法区分，人无滥涉；正邪异类，泾渭殊流；若网在纲，有条不紊；天人攸仰，四众知归。”又曰：“就西明寺，重更翻译讫，闻奏。”按文中弥尸诃教，即耶稣教；弥尸诃原文为Messiah。

华严宗自法藏灭后，以迄澄观，凡六七十年间；除慧苑背师说立异议外，无可观者；实为华严之暗黑时代。澄观在华严宗之位置，与荆溪之在天台相似；其以一宗再兴，祖述师说为己任；二人亦相似。唯澄观于振兴本宗之外，兼排慧苑之异义，力复法藏本旨；颇受当时禅宗之影响；终至其弟子宗密，倡为教禅一致论；其意虽谋发挥法藏之说，而与法藏本旨大异矣。

慧苑之《刊定记》谓澄观五教，不过在天台之四教中，加以顿教而已。其言曰：

> 此五，大都影响天台，唯加顿教令别尔；然以天台呼小乘三藏教，名谬滥故，直目名小乘教；通教但被初根，故名初教；别教被于熟机，故名终教；圆教之名依旧也。

其意以为小乘、大乘始教、终教、圆教，与天台之三藏教、大乘通教、别教、圆教相同；法藏不过加顿教为五教；此举殊乏意义。何则？法藏之顿教，乃指口不得言心不得虑之绝对真理，实是理而非教；不可与能说之教小、始、终、圆，视同一律；若亦得谓之教？则大乘佛教之极致，皆不得不谓为顿教；此慧苑所以不满于五教，而别立四种教之判释也。（四种教，载在第十三章之二。）

慧苑与其师法藏意见相歧之处，以四种教之判释，及两重十玄缘起说，为最重要。澄观斥为异论，而回复法藏之说；以示绝对之理为顿教，非常神妙；成立五教之判释；至于天台四教与法藏五教相同之处，澄观亦与慧苑同其意见；其相异之处，惟在立顿教与否之点耳。澄观《华严玄谈》曰："若全同天台，何以别立？有少异故，所以加之。天台四教，皆有绝言；四教分之，故不立顿。贤首意云：天台四教绝言，并令亡诠会旨；今欲顿诠言绝之理，别为一类之机。"其所主张，以为华严之五教，大体同天台之四教；所以于天台外为此说者，因天台不别说顿教，而法藏则为一类离念之机而说之也。至澄观即以禅宗当此顿教；故以五教为合理。实际上顿教今尚流行也。证观对于两重十玄之意见，若欲详叙，恐近烦琐，今略之。

法藏所言顿教为何？应略加说明；盖当法藏时代，尚未置禅宗于眼中；故禅为顿教，未及考虑。及澄观标出禅为顿教，华严与禅，始相接近。澄观论同、别二教，以配五教；兹示之于下：

别教小乘（《四阿含经》等）——————小乘

同教三乘（《解深密经》等）——————大乘始教

同教一乘（《法华经》等）——大乘终教
　　　　　　　　　　　　　——大乘顿教（禅宗）

别教一乘（《华严经》）——————大乘圆教

此以禅宗为同教一乘之极致；反之则降天台宗为终教之位置；即为对抗荆溪所唱之天台也。

加之澄观仿天台亦唱性恶不断之说。性恶不断说，虽为天台之特色；然善恶之体非二：一方见为善，则他方见为恶；虽佛亦非能断性恶；阐提亦非失性善。澄观借天台立说：乃据《起信论》之平等差别一而二二而一之性相融会论，谓真如与万法，真妄合一；故一方见之为真，他方见之为妄，真妄二者，根本相同；离真无妄，故真不可断，则妄亦无尽；此即《六十华严经》所谓“心佛及众生，是三无差别”；《八十华严经》所谓“应如佛与心，体性皆无尽”是也。**证观参照此《六十》《八十》两译之文，合而详言之，可谓为“心佛与众生，体性皆无尽”也。**谓心佛众生之体性无尽，则如来亦可谓为性恶不断也。于是澄观一方扬禅以抑天台，一方又用天台之理，以与天台对抗。

真谛所译《大乘起信论》，本为示阿赖耶缘起说一派之论。因与玄奘所传之说违异；故法藏大师，却称扬《起信论》以对抗玄奘。谓玄奘所传之说，仅大乘始教，说真如与万法一体不离之关系，未为彻底；而《起信论》论平等差别一体不二，大乘教之真理，至是始尽其底蕴；故以之为大乘终教，而置于玄奘所传法相宗之上。盖法藏虽以华严自立，而三论宗或真谛宗，凡可为玄奘法相宗对抗之武器者，皆助势力，而置之法相宗之上，以期压抑法相宗；而以华严居最高位置，以示自己之立足地位。故法藏著《起信论义记》，全与著三论宗之《十二门宗致义记》，用意相同，凡以为对抗法相宗之具耳。法藏著《义记》以前，虽有注《起信论》者；但法藏注解，备极周详；使前此不为人所重之《起信论》，促起学者之研究。至荆溪澄观时代；澄观更盛用之，以性相融会差别平等不二一体之说，为性恶不断论之一依据。终更扬法藏所判大乘终教之《起信论》，使侪于圆教之列，遂为证明教禅一致之根据；至宗密而达乎其极。荆溪则用《起信论》以说明自家之教义。于是《起信论》位置，在佛教教义史上，大为重要；但此与《起信论》自身之教义无关也。

澄观之弟子宗密，本传菏泽禅，后乃随澄观学《华严》；著述甚多，比于澄观，更进一步，而唱禅与华严一致之说；于其所著中，发挥尽致；其专说禅教一致论者，《禅源诸诠集》是也。今将其著述之重要者，列之于下：

《新华严合经论》四十卷

《金刚般若经疏论纂要》二卷

《禅源诸诠集都序》四卷

《普贤行愿品别行疏钞》九卷

《圆觉经大疏钞》二十六卷

《四分律疏》五卷

《盂兰盆经疏》二卷

《注华严法界观门》一卷

《原人论》一卷

《圆觉经大疏》十二卷

《华严心要注》一卷

《钞悬谈》二卷

《高僧传三集》载其著书“凡二百许卷，图六面”，今多不传。

今由《禅源诸诠集》以述其禅教一致论之要旨；盖宗密立禅，区分三种（此三种禅，已述于禅宗项下）；而谓与之相应之教，亦有三种；兹将禅教之配置述之于下：

教		禅
一、密意依性说相教	一、人天因果教（人天教）	
	二、说断惑灭苦乐教（小乘教）	
	三、将识破境教（唯识宗）……	一、息妄修心宗
二、密意破相显性教（三论宗）……		二、泯绝无寄宗
三、显示真心即性教（实大乘教）……		三、直显心性宗

宗密之唱禅教一致也，以《起信论》为根本；取《起信论》众生心、迷悟、染净、世间出世间之法，皆由此一心而生之说，而谓禅宗目的，亦在显心；教之目的，亦在一心；其说盖悉本诸澄观者也。

世传华严五祖：以杜顺和尚为初祖，华云和尚（智俨）为二祖，贤首国师为三祖，澄观国师为四祖；圭峰（宗密）大师即五祖也。自华云至圭峰，皆名震朝野；唐太宗以至文宗，咸赐封号焉。

华严宗自宗密以后，继承其绪者，比诸天台宗，著名之人较少；天台则荆溪以后，有道邃、行满诸师。日本之传教大师，即受教于道邃、行满，实为日本天台宗之始。未几，遭唐武会昌之难，除禅宗外，诸宗殆皆废灭；此所谓三武法难之一也。

兹就唐武宗会昌法难略述之：以示唐代佛教之归结；并言唐代道佛二教之关系。唐初佛教，已臻隆盛；但道教受朝廷保护尤笃；且太宗以降，领土扩张，远通异域，外国诸教，向未传入中国者，如景教耶稣教之一派、伊斯兰教、波斯祆教（火教）、末尼教等，皆相继而入，称为新宗教。当是时，本国儒教，深入人心，自无待言；道教见异教纷至沓来，常以该教为产自中土，时与外来佛教争衡；加之唐帝李姓，谓老子为其先祖，故累代极护道教，终唐之世二百余年间，二教冲突，未之或息。

高祖武德四年（621），道士太史令傅奕，上书十一条；论寺塔僧尼之多，为国家害；请灭省之。又著《高识传》，详列古来排斥佛教诸人，自武德之初，迄贞观十四年，凡二十余年间，极力排佛者，皆认为道教之功臣。自是道士中持排佛论者续出；高祖时，李仲卿著《十异九迷论》，刘进喜著《显正论》；辅翼傅奕，从事排佛。太宗贞观十一年（637），洛阳道士与僧侣辩论结果；道士奏之天子；天子下诏，改儒佛道三教席次，凡有仪式，道士、女道士列于僧尼之前。贞观二十一年，至命玄奘三藏，与道士蔡晃、成英等三十余人，集五通观；译《老子》为梵语，以弘西域。

当是时：护持佛教与道士抗辩者，以慧净、法琳、智实三人，为最著名；傅奕上书十一条时，朝廷召僧徒诘问；法琳进而辩之。高祖不仅欲限制僧尼，兼欲淘汰道士等，傅奕不为屈，频传其说于民间。法琳遂著《破邪论》（二卷）驳奕，门下李师政著《内德论》；同时绵州振音寺之明槩（传不明），对于傅奕，亦著《决破》八条，奏之朝廷。迨其后李仲卿、刘进喜等之《十异九迷论》《显正论》出；法琳遂著《辩正论》（八卷）。高祖武德八年（625），国学行释奠礼时，论三宗三座，定席次为老、孔、释；故慧净与李仲卿以下之道士等大论战，终使闭口而退。太宗下席次之诏敕时；智实与法常、慧净、法琳等，随驾上表谏之；谕以背命者处罪；智实独进言，甘伏罪于万刃之下，断不能伏其理；于是杖之，命还俗，处以流罪。贞观十四年，道士泰世英奏，法琳之《辩正论》为诽谤朝廷；至有捕琳推勘之谕；因琳之辩解，能称帝意，故减罪配益州；琳遂终于蜀地。其他二教争论尚多，兹略之。

唐累代尊敬老子；睿宗且以西城隆昌二公主为女冠（女道士），自是皇女始有入道者。玄宗崇奉道教愈甚，几以老子教为国教；称老子为大圣祖玄元皇帝，诏诸州建玄元皇帝庙；使州学生习《道德经》；道派之《庄子》《列子》《文子》《庚桑子》等书，亦令习之；置博士、助教，以教授学生，由是行之科举，登庸官吏。封庄子为南华真人；列子为冲虚真人；文子为通玄真人；庚桑子为洞灵真人。视佛教若普通之祠庙；而以道教为宗正寺。

道教元为下等宗教，颇多迷信；特唐之诸帝，信之深笃；惑于道士之妖言，类皆服丹药，或黄金、水银，以求长生不死之术；有因是得病以死者。以此教理浅薄之道士，何能与佛教徒辩论；故二教争理，道士恒败；如高宗麟德年间，使二教徒论《化胡经》之真伪；僧法明出问老子往印度成佛，用华语耶？抑胡语耶？道士皆瞠然莫知所答；当时二教徒争论之情状，由此可推而知也。

此时高宗命将道教书中所记老子化胡之语削除；中宗之世，亦命将道观中之老子化胡成佛图，及佛寺所画老子像悉毁之；用《化胡经》，或书化胡者，皆准违敕以处罚。

唐之诸帝，如是崇道抑佛，而佛教不为之少衰；流行民间，势力伟大，非道教可比。于是僧尼之数日增，寺院之设日广，朝廷为佛教费金钱益多，国家经济颇受影响，势必施行淘汰僧尼政策；傅奕在高祖时，既有此请；高祖欲将二教教徒，共行淘汰，即此意也。则天时代，武后欲造佛大像，宰相狄仁杰、纳言李峤，先后上书谏之。狄仁杰之疏曰："今之伽蓝，制过宫室；穷奢极壮，刻绘尽功；宝技殚于缀严，瑰材极于轮奂；工不役鬼，物不天来，既皆出于民，将何以堪之？且一夫不耕，犹受其弊；浮食者众，又劫人财；臣每念之，实切悲痛。"李峤之疏曰："今造像钱已有一十七万缗；若以散施，广济贫穷，人与一千，尚济一十七万户；极饥寒之弊，省劳役之勤，顺诸佛慈悲之心，广人主亭毒之意。"由此观之：当时佛教盛极之弊，与夫忧世之士之衷情，可以考见也。

后百余年；韩退之著《原道》曰："古之为民者四，今之为民者六；古之教者处其一，今之教者处其三；农之家一；而食粟之家六；工之家一，而用器之家六；贾之家一，而资焉之家六；奈之何民不穷且盗也。"亦不外乎就排佛之意而引伸之耳。

玄宗即位之初，紫微令姚崇上淘汰僧尼之奏，使一万二千人还俗。命百官禁建寺，铸佛像，写经典。是时又行度牒制；凡僧尼出家，必经有司考验合格，乃给以凭，谓之度牒；有牒者，得度为僧尼，免其地税徭役；此因当时贵戚富豪，往往借僧尼以避徭役，实为防弊而设。其立说也，或谓此举与佛之慈悲，深相契合；或谓学佛在心不在形；而于佛教无少加以反对者。但道教之徒，因天子之迷信，遂从而附和之，以唐室祖先教为口实，排击佛教，不留余地；终至有武宗破佛之举。

然玄宗虽崇道教，决非轻视佛教；盖当是时，即善无畏、金刚智来弘密教之时代也。开元二十六年（738），敕天下诸郡，郡各建开元、龙兴二寺：定国忌在龙兴寺行礼；千秋节在开元寺祝寿；此二端足为玄宗兼重佛教之证。及武宗会昌五年（845），而破佛令行矣。

宪宗元和十四年（819），韩愈上表，谏迎佛骨，排斥佛教。时在荆溪、澄观殁后，会昌破佛前二十余年。宪宗览奏大怒；流愈潮州。愈赴潮州后，颇亲大颠和尚，似少闻佛法。然一般佛教者言，愈遇大颠后，深悔前非，则不尽可信。唯愈慨叹当时奉迎佛骨，谓三十年一开，其年必丰，近乎迷信；故云："枯朽之骨，凶秽之余，岂宜以入宫禁；乞以此骨，付之水火，以绝根本。"愈亦不得谓非痛快男子。柳子厚文章，与愈齐名，而颇信佛；白居易亦然；晚年禁止一切肉食。

会昌法难之起，由于武宗信道教之故。会昌元年（841），召赵归真等八十一道士入宫，亲受法箓；衡山刘元靖，亦深博帝之信仰，为光禄大夫，任崇玄馆学士；二人共在宫中修法。有谏帝者，赵归真更招罗浮山邓元超入都，互相结纳，以厚其势；当时宰相李德裕亦助之。遂应道士之请，对于佛教，除长安洛阳各四寺、地方诸州各一寺外，悉毁坏之；僧徒则上寺二十人、中寺十人、下寺五人而外，悉令归俗；毁寺之材木，以造廨驿；金银则总交度支之财政官；铁像造农具；铜像铜器铸钱。武宗诏曰："其天下所拆寺，还俗僧尼，收充税户；於戏？前古未行，似将有待；及今尽去，岂谓无时；驱游惰不业之徒五十万，废丹艧无用之室凡六万区。"由此观之：此举在当时备极纷扰，诚非细故也。

当是时：非独禁佛教也，景教、祆教、末尼教、伊斯兰教等，亦被其厄。景教为耶稣教一派，西历五世纪顷，希利亚之涅司特儿始行之。此人唱基督非神子说，故为一般耶稣教徒所排斥；在四百三十一年小亚细亚耶匪耶司之宗教会议被捕，流于阿儿美尼亚；其书悉被焚弃。但此教行于西亚细亚地方，渐经波斯来中国。在中国始传此教者为阿罗本（西亚细亚人）；贞观九年（635）来长安，迎于宫中译经。京都造大秦寺；各州建景教寺以弘其教；拜阿罗本为镇国大法主；其后有景净等僧。景教流传中国之次第，记于《大秦景教流行中国碑》；景教之景，碑文曰：“功用照彰，强称景教。”盖谓有照暗黑之功用曰景也。祆教为波斯之昨罗阿司特所开之拜火教；太宗贞观五年，何禄传入长安。当高祖时，长安已有建祆神祠之说；唐设祆正、祆祝之官，其盛可知矣。末尼教，亦波斯宗教；乃末尼（一作摩尼）氏所开；以祆教为本，而调和佛耶二教者；则天延载元年（694），拂多诞传入中国。伊斯兰教为穆罕默德所开[1]；来中国年代不明，似在贞观前后。经会昌之难，诸教皆潜，惟伊斯兰教[2]复行。

武宗十九年崩[3]；宣宗立；废破佛令。时值唐之末叶，宦官擅权，任意废立天子；加以牛李之争，朝廷纷扰不止。**李德裕、牛僧孺，争拥政树党，互相轧轹，谓之牛李之争**。且藩镇骄横，不肯用命；经懿宗、僖宗、昭宗，至昭宣帝，唐遂亡于朱全忠；经五代之乱世，佛教终不能大发展；经典既失，人才亦稀，益陷于衰微矣。历五十余年，至后周世宗时，又下破佛令；显德二年（955），禁止私自出家；废寺院之无敕额者三万百三十六所，存二千七百寺。民间之铜器、佛像，限五十日以内，由官司收买铸钱；私藏铜五斤以上，不纳官者处死。此即世称三武一宗之厄之一宗也。五代诸帝中，周世宗较有力，领土较大；其他各地，为群雄所割据；故此厄仅其一部分耳。至如南方之吴越王，累代奉佛颇厚，其域内

1　原文为“回教为谟罕默德所开伊斯兰教”。

2　原文为“回教”。

3　唐武宗只在位6年，此处疑似有误。

佛教甚盛。

吴越王始自钱镠；后唐庄宗于同光三年（925）赐玉册金印，称吴越王。传钱瓘、钱佐、钱倧、钱俶，累代相承；钱俶之时，值赵宋之兴，终归于宋。吴越王领土之内，有天台山者，历史上有名之大寺也；当吴越王建国时，适值天台十四祖清竦时代；镠加以保护。俶尤崇佛，值天台羲寂时代；俶子钱惟怡，与义通同时；此二人者，与佛教关系颇深。吴越王与天台之关系，俟后述之。

第十六章　宋以后之佛教

（一）概说

自武宗会昌之法难，继以五代之战乱，佛教之气运大衰。宋兴，佛教前途，欣欣向荣，如春花之怒发。盖宋太祖志在振兴文教，其于佛教亦然。建隆元年六月诏诸路寺院，经后周世宗时所废而未毁者不毁；既毁之寺，所遗留之佛像，亦命保存；且屡令书写金字银字之《藏经》。《释氏稽古略》称“开宝元年，敕成都府造金银字之《藏经》各一藏。”又曰：“帝自用兵平列国，前后凡造金银字《佛经》数藏。”《佛祖统记》称开宝五年，诏京城名德玄超等，入大内，诵《金字大藏经》，帝亲临，并赐紫方袍云。所建之寺颇多。太宗虽信道教，亦未若视佛教之重也。

开宝四年，太祖遣张从信往益州成都雕《大藏经》，版成于太宗太平兴国八年，此实我国《大藏经》版之嚆矢。又印度西域之僧赍梵经来中土者，陆续不绝，国人之游历外国者亦多；翻译之业，以太宗时为最盛。至当时外人之来华者；太祖时，则有曼殊室利（中天竺人，与沙门建盛同来）、可智、法见、真理、苏葛陀、弥罗（西天竺人）等。太宗时，则有法天、钵纳摩、护罗、法遇（中天竺人）、吉祥（西天竺人）、天息灾

（迦湿弥罗人）、施护（乌填曩人，西北印度之一国）。此诸人中，以天息灾、施护、法天为最著名。

太平兴国五年，法天三藏始受命来京师；当以此时为译经之始。是年，天息灾（明教大师）、施护（显教大师）、法天（传教大师）、法护等诸三藏亦来，乃于太平兴国寺西，建译经院以居之。后赐名传法院；寺分三堂，中央为译经之所，东为润文之所，西为证义之所。法进、常谨、清沼诸人，充笔受缀文之役。是时天息灾定译经仪式，兹据《佛祖统记》所记者，列之于下：

于东堂面西，粉布圣坛作坛以粉饰之；开四门，各一梵僧主之，持秘密咒七日夜；又设木坛，布圣贤名字轮坛形正圆，层列佛大士天神名位，环绕其上，如车轮之状，目曰大法曼拏罗；请圣贤；阿伽沐浴凡供养之器曰阿伽，此言沐浴之器，设香华灯水肴果之供；礼拜绕旋，祈请冥祐，以殄魔障。第一译主，正坐面外，宣传梵文。第二证义，坐其左，与译主评量梵文。第三证文，坐其右，听译主高读梵文，以验差误。第四书字，梵学僧，审听梵文，书成华字。第五笔受，翻梵音成华言。第六缀文，回缀文字，使成句义。第七参译，参考两土文字，使无误。第八刊定，刊削冗长，定取句义。第九润文官，于僧众南向设位，参详润色；僧众日日沐浴，三衣坐具，威仪整肃；所须受用，悉从官给。

此时所译，皆入《藏经》。在译经院西偏建印经院；译毕，即在院开雕。又因天息灾等之请；选拔惟净以下童子十人，使在译经院习梵学；使译经业不至废绝。惟净未几为笔受，赐紫衣，及光梵大师称号；于梵语颇有发明，所译之书亦不少。太平兴国寺，本名龙兴寺；周世破佛，废为官仓；太祖复之；太宗改今名。

真宗时，外国僧来华者，则有法护（中天竺摩揭陀人）、日称；仁宗时，则有智吉祥；其他则有契丹（辽）国师慈贤，或系摩揭陀人，但不能详耳。徽宗时之金总持，亦有二三译本。以上所举西域、印度之人，于传无征者居多。真宗以后，来者尤众；因无关重要，故略之。

以《藏》中所存之经考之：法天所译，凡一百余部；以法天名译者，凡四十余部、七十余卷。以法贤（法贤学于中天竺摩揭陀那烂陀寺）名译者，凡七十余部、一百余卷。天息灾（北天竺惹烂驮啰人，惹烂驮啰，即迦湿弥罗）所译，凡十九部、五十九卷。施护所译，凡百十余部、二百三十余卷。所译大小显密化制殆遍，龙树之书尤多。法护（谥普明慈觉传梵大师）所译，凡十二部、一百余卷。我国人惟净等翻译亦不少，惟净所译五部、四十余卷。

太宗时，吴赵王臣服于宋，赞宁随王入朝，赐号通慧大师。著有《高僧传三集》（三十卷）、《三教圣贤事迹》（一百卷）、《内典集》（一百五十卷）、《外学集》（四十九卷）、《僧史略》（三卷）诸书。赞宁在吴越王下，为两浙僧统；入京之后，为左街讲经首座；后又奉命为右街僧录。

兹就宋世道教言之：太宗集天下《道经》七千卷，修治删正，写成三千三百三十七卷，赐各宫观。真宗之世，选道士十人更详定之，增六百二十卷，共三千九百五十七卷，赐名《宝文统录》；冠以御制之序；此之谓《道藏》。宋世虽佛道二教并行，但遇有两教相毁訾之书，辄严禁出版；其制止两教之争，颇具苦心。

宋初以来，佛教之盛，既如上述。其间以天台山家、山外之争，为重要之事件。至于元照之《四分律》再兴，所受天台影响颇大也。

宋徽宗时，稍稍排佛；徽宗，北宋末之昏君也；极信道教，敬礼道士徐知常（赐号冲虚先生）；此外，则徐守信、刘混康二人，亦有势力；

后林灵素大博信用；帝自称教主道君皇帝。林灵素奏称天上有神霄玉清府，长生帝君主宰之；其弟青华帝君，皆玉帝子，下有左元仙伯以下八百余官；帝即长生大帝君，徽宗信之，故自称道君。造玉清昭阳宫（后改玉清神霄宫）；置老子像，自为奉使；改天下之寺曰宫，改院为观，使安置长生青华帝君像；行千道会，每会殆费金数万缗。政和六年，诏于道箓院烧弃佛经。宣和元年，改呼佛为大觉金仙，菩萨为仙人大士，僧为德士，尼为女德士，皆使从道教之风道士与德士，以徽章区别之；道冠有徽章，德士则无；命德士离寺，使道士入居之；盖徽宗固企图佛教与道教合而为一也。当是时：左街香积院之永道上书谏之；流于道州。翌年（宣和二年），复僧尼形服，去德士等称号，使复为僧。宣和七年，召还永道，赏其护法念笃，赐名法道；终赐号圆通法济大师。是徽宗排佛之举，为时极短；溯自宣和元年正月改佛菩萨号，翌年九月复旧：中间不过年余耳。

自宋兴以迄于亡，除徽宗稍稍排佛外，累代俱保护佛教。宋时，辽起于蒙古；辽衰，金起于满洲；此二国皆自北方，侵入我国本部。西则李元昊（西藏种之一，党项人）据有河西之地，建西夏国，窥宋西陲。而宋之内部，前则有王安石、司马光等新旧法之争；后则有秦桧、岳飞等和战之讧；谋国之论，殊不一致。徽钦而后，国步益艰；终至迁都临安。当是时：元太祖成吉思汗铁木真，蒙古人，势颇强盛；自太宗（窝阔台）以至宪宗（蒙哥），领土日扩；东达朝鲜，西及小亚细亚一部；一军服俄罗斯地，一军进匈牙利，一军侵入德意志之西列西亚，夺我国扬子江以北之地，威力及西藏安南。至世祖忽必烈汗，全灭赵宋，一统华夏，国号曰元。

元世祖未即位前（即其兄宪宗时代），受命击西藏，即尊信西藏佛教（即喇嘛教）；即位后，甚保护之；元代可谓为喇嘛教时代也。

元世祖至元十八年，谓道教书，皆后世伪造；除老子《道德经》而外，所有《道藏》，皆命烧弃；举凡毁谤佛教、偷窃佛语、贪财利、诳惑百姓之类，悉禁止；并刻石立碑，载其始末。此举实发端于宪宗之时，兹据《佛祖通载》述其次第于下：

乙卯间宪宗之五年，宋尚存；当宋理宗宝祐三年，迄至元十八年，殆为三十年前之事道士丘处机、李志常等，毁西京天城夫子庙为文城观；毁灭释迦佛像、白玉观音、舍利宝塔，谋占梵刹四百八十二所；传袭王浮伪语，老子八十一化图，惑乱臣佐。时少林裕（福裕）长老，率师德诣阙陈奏。焚毁《道藏经》之碑文，载有罽宾大师兰麻、僧统福裕之名。先朝蒙哥皇帝（宪宗）玉音宣谕，登殿辩对化胡真伪，圣躬临朝亲证；李志常等义堕词屈，奉旨焚伪经此时论议，帝师发思巴与道士难诘，焚伪经四十五部，亦见于碑文；罢道为僧者十七人；还佛寺三十七所；党占余寺，流弊益甚。丁巳秋（宪宗七年），少林裕长老复奏；续奉纶旨，伪经再焚；僧复其业者二百三十七所。由乙卯而辛酉，凡九春（辛酉世祖即位之二年）；而其徒窜匿，未悛邪说；谄行屏处，犹妄惊渎圣情；由是至元十八年冬，钦奉玉音，颁降天下，除《道德经》外，其余说谎经文，尽行烧毁；道士爱佛经者为僧，不为僧者，娶妻为民。当是时，江南释教都总统、永福杨大师琏真佳，大弘圣化。自至元二十二春，至二十四春凡三载，恢复佛寺三十余所；如四圣观者，昔孤山寺也。道士胡提点等，舍邪即正，罢道为僧者，奚啻七八百人云云。

由是观之：此种争执之大体可知矣。又焚弃道教伪经，宪宗之世，既已行之；其后尚实行数次；考其起因，实由于道教之徒，占领寺院，数侵佛教之范围；如孤山寺者，有名之伽蓝也，其时已化为道观矣。当时之道教，有正一教、真大教、太乙教三派之别：正一教起自张道陵；其余二派，则始于金之道士：即真大教为刘德仁所唱；太乙教为萧抱真所唱；此等道教，至是皆受极大之打击。《辩伪录》(五卷)载《焚毁诸路伪道藏经之碑》，乃至元二十一年祥迈奉世祖敕所撰，专为破斥道教而设也。盖排佛之举，虽复见于明世宗之世；然在我国历史上观之：此次可称道佛二教争执之最后时期矣。

《佛祖通载》列此焚毁之《道藏经》书目，凡三十九部。又《辩伪录》载僧侣与道士论议者十七人，道士之归佛者十七人，所谓十七僧者：即燕京圆福寺从超、奉福寺德亨、药师院从伦、法宝寺圆胤、资圣寺至温、大名府明津、蓟州甘泉山本琏、上方寺道云、滦州开觉寺祥迈、北京传教寺了询、大名府法华寺庆规、龙门县行育、大都延寿寺道寿、仰山寺律主相叡、资福寺善朗、绛州唯识讲主祖珪、蜀川讲主元一是也。

元自世祖崩后，历七十余年而亡；盖世祖时代，蒙古极臻隆盛；殆世祖崩，元遂式微。其间喇嘛教，颇蒙保护；因保护之甚，酿成弊害；至于佛教史上，则别无显著之事迹。惟刘秉忠之历史，有足述焉：盖秉忠固助世祖立大功之人也。初蒙古都哈喇和林，世祖之时，移都燕京，建国号曰元；种种制度，多为秉忠所定。秉忠，本禅僧也；先是海云禅师应世祖之召，途次云中；闻秉忠博学多才，偕谒世祖，大合帝意；海云南还，秉忠奉命留侍左右，决大事者三十余年；官光禄大夫太保；死赠仪同三司太傅，封赵国公，谥文贞；秉忠虽位极人臣，尚斋居蔬食，终日淡然，无异平昔。

明太祖朱元璋，濠州人；少失两亲，入皇觉寺为僧。元末，各地豪杰并起，元璋亦起于濠州；随郭子兴，得其信任；终领其众而大兴；故即位后，颇保护佛教。不独佛教为然，即道儒二教，亦加保护。当时鉴于元末佛教流弊，以为不严重约束佛子之行为，则不得望佛教之兴隆，于是凡欲为僧者，必考试经典，给度牒，不许任意出家；禁僧侣混杂俗人中生活，有带妻者，加以严惩；而鼓励避俗修禅山中者。于洪武二十七年，敕礼部榜示各条之中，一一举之。其文曰："凡僧之处于市者，务要三十人以上，聚成一寺。"又曰："僧有妻者，许诸人捶辱之；更索取钱钞，如无钞者，打死勿论。"又出榜文，张挂天下各寺；凡轻慢佛教，骂詈僧侣者处罚。

又为处理僧侣寺院（道教亦然）计，详定僧官之制；设僧道衙门，置僧录司、道录司，各任其官；品秩甚高，待遇优渥。大理寺卿李仕鲁屡上疏陈僧侣之跋扈，不采；仕鲁辞官，帝怒而处之以死。兹将其时所设之僧官，举之于下大体依据宋制：

僧录司，掌天下僧教事。（京师）

左善世（正六品）

右善世（正六品）

左阐教（从六品）

右阐教（从六品）

左讲经（正八品）

右讲经（正八品）

左觉义（从八品）

右觉义（从八品）

此时受僧录司之任命者，则有左善世戒资、右善世宗泐、左阐教智辉、右阐教仲羲、左讲经玘太仆、右讲经仁一初、左觉义来复、右觉义宗鬯，此洪武十四年所制定者。洪武十一年任玘太仆为左讲经；更任溥洽、德瑄、了达三人为僧录司；十二年授仲羲为阐教；此皆前所制定者。洪武十五年，任行果为左阐教，任如锦为右觉义，复任西藏星吉鉴亦为右觉义。其后尚有左善世弘道，左善世夷简等之名。

各府僧纲司，掌本府僧事。（地方）

都纲

各州僧正司，掌本州僧事。（地方）

僧正

各县僧会司，掌本县僧事。（地方）

僧会

太祖崩，建文帝（惠帝）立；仅五年而有燕王棣靖难之役，燕兵陷金陵，帝遂不知所终。盖太祖鉴宋用郡县制度，帝室孤立而亡；故封二子樉为秦王（西安），三子棡为晋王（太原），四子棣为燕王（北平）；总封二十五王（皇子二十四人，从孙一人）于各地，以藩屏皇室；而诸王之力强大，卒招此祸。或谓建文帝投火崩；或谓在逃，不知所之；或谓及事急，开太祖遗筐，有杨应能度牒法衣，因编修程济计，遽招溥洽，落发为僧，由水关逃去；称为应能，巡游广西贵州诸寺。英宗正统年间，迎于宫中，号为老佛以寿终。传其还京时途中所作之诗曰："流落江湖四十秋，归来不觉雪盈头。乾坤有限家何在，江汉无情水自流。长乐宫中云影暗，昭阳殿里雨声愁。新蒲细柳年年绿，野老吞声哭未休。"燕王棣即太宗（永乐帝）也。使太宗举事者，即禅僧道衍。初太祖后马氏，先太祖崩；太祖甚悲，不再立后，葬毕，选各高僧侍诸王，使为母祈冥福。时道衍因左善世宗泐之荐，随侍燕王赴北平，住庆寿寺；劝帝举大事，受命为军师，卒能使帝达其志。帝即位后，衍为左善世，更擢为太子少师，复俗名为姚广孝，不再蓄发娶妻。著《道余录》。死后封荣国公，谥恭靖，享祀太庙。盖姚广孝之事迹，颇与元刘秉忠相似也。

太祖洪武五年，集大德于蒋山，校刻《藏经》，是为《南藏》；太宗永乐十八年，复重刻于北平，是为《北藏》；南北二京，各藏一藏；更刻一藏于石，安置于大石洞。太宗以后，明佛教尚盛；武宗极尚佛教，学经典，通达梵语，自号大庆法王；其护法更无论矣。道教虽亦受累代保护，其势力远在佛教之下。世宗即位，极嫌弃佛教，溺于道教，信道士邵元节，以为真人，使总领道教；又举道士陶仲文；元节官至礼部尚书（死赠少师）；仲文进少保礼部尚书，封恭城伯。嘉靖四十年，使御史姜儆、王大任等，索天下之符箓秘书。道士四方来集者甚多，道教之势极隆。当其即位之初，先毁宫中佛像，凡百九十六座（一万三千斤）；更用赵璜之言，一夜中命破坏京师寺院；悉除禁中佛殿；太庙配祀之姚广孝，则移置于大兴隆寺，力排佛教；后服道士王金等所献丹药而崩。

宋元明三朝，禅宗在国中最占势力；宋初之天台，元之喇嘛，皆不及也。明代始将禅讲教三者，相提并论。太祖洪武十五年，礼部榜示亦有“照得佛寺之设，历代分为三等；曰禅，曰讲，曰教，其禅不立文字，必见性者，方是本宗；讲者，务明诸经旨义；教者，演佛利济之法，消一切现造之业，涤死者宿作之愆，以训世人”等语。其法以禅为第一；以华天诸宗为讲，属第二；以仪式作法，专务祈祷礼拜、忏悔灭罪之道者为教；教似密教（喇嘛教亦属之），属第三。或谓禅、讲、瑜伽，而禅独占佛教首位。

我国佛教之末期，所应注意者，为诸教融合之倾向；非独天台与禅，或华严与禅，或念佛教与禅，在佛教之内，互相融合；即佛教与儒教，亦有融合之倾向；故佛儒道三教融合论，迄明末而益著。

自明以后，佛教渐衰；至清代仅尊形式之喇嘛教；虽有遗留名寺，概无足观；惟禅净二宗，仍融合一致，流行于民间；清末学者，多喜研寻佛学；佛教乃有复兴气象。

（二）天台宗山家山外之争与戒律宗之再兴

宋世佛教复盛，所应叙述者，即天台与戒律之再兴是也。盖天台宗，自荆溪灭后，一旦衰颓，三大部至不存于中国。此事载在《佛祖统纪·羲寂传》，兹录之于下：

初天台教迹，远自安史挺乱，近从会昌焚毁，残编断简，传者无凭；师每痛念，力网罗之；先于金华《古藏》，仅得净名一疏；吴越忠懿王（钱俶）因览《永嘉集》，有同除四住，此处为齐，若伏无明，三藏即劣之语；以问韶国师（天台德韶，参照禅宗系统）；韶云：此是教义，可问天台寂师；王即召师出金门建讲，以问前义；师曰：此出智者《妙玄》，自唐末丧乱，教籍散毁，故此诸文，多在海外；于是吴越王遣使十人，往日本国，求取教典；既回，为建寺螺溪，扁曰定慧，赐号净光法师云云。

盖吴越王据《永嘉集》“同除四住”之文，求天台教籍于海外，此天台书籍之所以得再传于中国之故也。四住为见思二惑，见惑，为见一切处住；思惑分为三种：即欲界之思惑曰欲爱住。色无色界之思惑曰色爱住，曰无色爱住；是故四住为二惑；大小乘俱宜除见思二惑，故谓之同除四住皆齐。但遣使日本之说，于日本历史无征，恐系遣使高丽，而误书日本也。证之《统纪·谛观传》而益信，兹示《谛观传》于下：

吴越王遣使致书，以五十种宝，往高丽求之；其国令谛观来奉教乘，而《智论疏》《仁王疏》《华严骨目》《五百门》等，禁不令传；且戒观师，于中国求师问难，若不能答，则夺教文以回；观师既至，闻螺溪善讲授，即往参谒；一见心服，遂礼为师。

盖天台教籍，乃高丽谛观传至中土者。

谛观著《四教仪》，世称《谛观录》。《统纪》曰：“尝以所制《四教仪》藏于箧，人无知者；师留螺溪十年，一日坐亡；后人见故箧放光，开视之，唯此书而已；由是盛传诸方，大为初学发蒙之助云。”

羲寂以后，天台宗乃有兴复之机，而渐趋于隆盛；兹将荆溪以后，系统大体，示之于下。

（《佛祖统记》有精密系统表；此表但举大略，参考《高僧传四集》《释氏稽古略》《诸嗣宗脉记》等书而作。）

荆溪湛然
- 行满（华顶）—最澄（日本天台宗之祖，传教大师也。）
- 道邃（兴道）—最澄；—广修（至行）—物外（正定）—玄琇（妙说）
  - 清竦（高论）

荆溪于天台大师为第六代；在天台以前，有龙树、慧文、慧思，以三祖加之，则为第九祖；然则荆溪之嗣法，所谓第十祖者，究属何人？则有异说：晁说之撰《明智法师塔铭》，谓荆溪、行满、广修，须依其名之先后为次第；或谓玄烛为十祖，但玄烛之为人不可考。

（山家系统）
- 羲寂（螺溪）
  - 义通（宝云）
  - 谛观（高丽人）
  - 宗昱（弃阴之异计）
- 遵式（慈云）—祖韶（明智）
  - 元净（辩才）
  - 思义（慧净）……

—知礼（四明）—梵臻（南屏）—会贤（超果）—蕴齐（清辩）—法云（景德，著有《翻译名义集》）

—从谏（慈辩）—择卿（车溪）—可观（竹庵）—宗印（北峰）

—泰初（群峰）

—怀坦（相洲）—永清（古源）—蒙润（玉冈，著有《四教仪集注》）

—大祐（蘧庵）

—必才（大用）—大山恢

—觉先（剡源）—允泽（云梦）—怀则（虎溪）

—佛鉴（铦）—性澄（湛堂）

—本无（我庵）—元璞（如璋）

—善继（绝宗）—如玘（大璞）

—弘济（天岸）—朴隐（元瀞）

—显示（謷庵）

—允若（浮休）

—法照（佛光）—师训（子庭）—慧日（东溟）—普智（无碍）—天竺（慧）

—东禅（翁）—百松（真觉）—祖灯亦名传灯（无尽）

—元粹（古云）

—俊芿（日本北京律之祖，泉涌寺）

—尚贤（广智）—继忠（扶宗）—处元（草堂）—道渊（息庵）—道琛（圆辨）

—从义（神智）

—志磐（大石，著有《佛祖统记》）

—慧询（月堂）—法登（逸堂）—元启（石坡）—宗净（无住）

—法莲（止庵）—善月（柏庭）……

—处躬（一庵）—宗晓（石芝，编著《乐邦文类》《四明教行录》）

—戒应（雪堂）

—本如（神照）

—处谦（神悟）

—处咸（法真）—元慧（安国）—智仙（真教）

—了然（智涌）

—智连（觉云）

—与咸（泽山）

—元性（山堂）

—有严（樝庵）

—文燦（四明）

—则全（三学）

—崇矩（浮石）

└慧才（广慈）—希最（妙语）

└仁岳（净觉）

《佛祖统记》称四明之弟子，有嗣法二十七人，入室者四百七十八人，升堂者千人。

（山外系统）

└志因（慈光）—晤恩（慈光）
- 源清（奉先）
  - 智圆（孤山）
  - 庆昭（梵天）
- 洪敏（灵光）
- 文备（慈光）

（字下附着重号者，为山家系统之人，而入山外系统者之记号。）

宋初，天台宗有山家、山外之争；然山家山外名称，为自许为天台正统山家派之所取，非公平之称呼；今所以用此称呼者，不过为习惯上便利起见耳。

山家山外之争，难以概述；为时既久，人数复多；问题关涉种种方面，即同一山外之人，议论亦各不一致；今择其重要者，略举一二焉。世人均谓山外派之说，与华严宗所说教义、观法，大体相近；而山家派则谓山外派之说，未得为纯粹之圆教。例如山家以天台圆教之教理，为平等即差别，差别即平等；而森罗万有，即为平等理性、超绝凡虑不可思议之本体。由此见之：则一切万有诸法，互相融镕无碍，皆是一体绝待。所谓心、色、佛、众生；自表面观之，则区别历然；毕竟皆是互具三千之法；毕竟皆是即空、即假、即中。就心具三千诸法言之；则色亦应具三千；众生亦应具三千；佛亦应具三千；盖三千即三谛，色、心、佛、众生，皆是三谛圆融（三千三谛，应参考第十章）。由此言之，迷悟善恶，不过由各方面观点不同，加以种种之名；而其性本来无二；此天台所以据之，而有性恶不断，及无情有性、草木成佛诸说也。至山外议论，则先分理事；空中二谛属理，是平等；假谛为事，即差别；差别之法，依无明之缘所起之假相，三千诸法，即指此假谛。而此三千差别之相，皆一心所现；故心为本，色为末，色心不可谓为共具三千；三千诸法，共由心出，故得谓为一心具三千；若谓色具三千，则无是理。以上所说者为教理；若就观法上言之；则山家之观心，谓之妄心观；山外之观法，谓之真心观。山家既谓一切万有，皆具三千诸法；任何观境，皆同此三谛圆融之理；但就实际上之便利言之；则观我心为三千三谛，而以观我心为最近便也。迷悟善恶真妄，皆是同一之物；故我除此妄心（即第六识）而外，别无真可求；观介尔之妄心，即为三千三谛；故谓为妄心观。山外则反是；区别真妄，分论理事，观妄心中之理、平等之真如而行之；举凡众生、佛、色、心，皆为三千三谛，任观何法皆同；但与山家就便宜上观心之说异；谓能造能具者，独有此心；心外别无具三千三谛之理；故观心外，别无观法之道；是为真心观之大要也。

山家山外二派之争，具体事情，始自何人？其所由来，颇极复杂；考其近因，似在荆溪。天台以"心佛及众生，是三无差别"为教义；而心佛众生，皆与三千三谛无违；然就事实言之，观法常以心为主，则明甚。荆溪因与华严宗对抗，故用《起信论》解释天台教义，既取真如不变随缘之说，势必分不变真如与随缘真如二方面，以区别事理二种。但荆溪为努力发挥天台教义之人，尚未判然为此说；若以传于日本之传教大师之说为真心观；则于其所承之师，如道邃、行满辈，已发其萌芽矣；道邃、行满，为荆溪之亲弟，故山外之说，早已存在。

相传此争，起于慈光寺晤恩；天台大师之作《金光明经玄义》也，有广略二本；晤恩对之作《发挥记》释《光明玄》，以广本为后世伪作。《金光明经玄义》有广略二本：其最初之释名段，分为教义释、观行释二段者为广本；中无《观行释》者为略本；山家之人，以广本为智者亲撰；山外之人，以广本为伪造。故《观行释》，为山家山外妄心真心二观相争之本。自是之后，《光明玄》之真伪，议论纷起；故晤恩可谓为二家争端之本。按晤恩之师志因，既以真心说天台之观；故晤恩承之，特志因时尚未彼此相争也。其后灵光洪敏造《金光明玄义记》；孤山智圆作《表微记》(一卷)，及《索隐记》(四卷)；而四明之知礼则对之作《拾遗记》(三卷)，以敷演宝云之传焉。

由是观之：武宗会昌以后，天台之教籍散佚，难判真伪；加之讲习教义者中绝，正统之传承不明；故各自逞其所见，终至起山家山外两家之争；然追溯其源，两家固皆有所据也。

一方对于荆溪之《十不二门》据荆溪《妙玄释签》中提出者，又起争端；即奉先寺之源清著《十不二门示珠指》(二卷)、国清寺之宗昱著《十不二门注》(二卷)，而唱真心观者是。宗昱为羲寂弟子，其系统出于山家；而议论同于山外；故山家呼为弃阴之异计，斥而属诸山外。《十不二门指要钞》(二卷)，即四明知礼对于源清宗昱而作者也。此后永嘉继齐著《指滥》，天台元颖造《征决》、嘉禾子玄出《随缘扑》，皆责难四明；四明乃撰《二十问》，以祛其蔽；净觉仁岳作《十门折难》助四明以破之；名虽谓为山家山外，实则与山外学者论争者，仅四明知礼一人而已。至山外与四明辩难者，则有梵天庆昭，而孤山智圆实助之。

四明之兴此争，实因同学宝山善信之请，出《释难扶宗记》(一卷)、驳晤恩之《光明玄发挥记》，及灵光洪敏奉先源清之《难词二十条》，以主张《光明玄》广本为真本之说。此《难词二十条》今佚。唯由是可知四明以前，宝云义通与晤恩、洪敏、源清等一派相对，其争已起于此时；又宝山善信之使四明答辩，亦由是可推而知也。但义通唯有《光明玄》之《赞释》，及《光明文句》之《备急钞》，其实际之相争如何，无由得知。

自四明《释难扶宗记》一出，庆昭、智圆二人以《辩讹》答之；四明又出《问疑书》，庆昭对之造《答疑书》；四明更造《诘难书》，庆昭又述《五义》以应之；即《五义书》是；四明更造《问疑书》，一年无答，更以《覆问书》促其答；庆昭乃造《释难书》以应答之；四明最后造《十义书》（二卷）、《观心二百问》，以破山外之说；如斯往复辩难五次，经过岁月七年。

雪川之仁岳（净觉）最初助四明力辟山外之异义；后背四明，自立异义，造《十谏书》以诤之；四明作《解谤书》以斥之；仁岳复作《雪谤书》与四明争；四明中途而逝，遂不复能辩；又四明孙弟扶宗继忠之门有从义（神智）者，著《四教义集解》，反抗山家之说；以上二人：世所称后山外者是也。雪川希最出《评谤》，反抗仁岳；永嘉处元造《止观义例随释》（六卷），反抗神智，皆与后山外诸说相争者。

称为天台中兴之祖四明尊者，名知礼；居四明延庆道场，故人以四明呼之；真宗时，赐号法智大师，亦称法智尊者。在宝云门下十年，宝云灭后，盛开讲筵，著述亦多。仁宗天圣六年殁，寿六十九岁。其著述之重要者：为《观音别行玄义记》（四卷）、《观音别行疏记》（四卷）、《金光明玄义拾遗记》（三卷）、《金光明文句记》六卷，此书未成而四明殁，其《赞佛品》，为弟子广智所续、《观经疏妙宗钞》三卷，以上五部称为天台五小部；与三大部共为学天台者之要典、《十不二门指要钞》（二卷）、《十义书》（三卷）、《观心二百问》（一卷）、《扶宗记》（二卷）、《解谤书》（三卷）、《修忏要旨》《金光明忏仪》《大悲忏仪》（以上各一卷）等书。此外尚有石芝所编之《四明教行录》（七卷），为欲知四明之说者，所不可缺之书也。

有遵式者，与四明齐名，其德尚过之；号称慈云尊者，世人称之曰："螺溪宝云振于前，四明慈云光其后，其被推重如此。"遵式与四明交亲最厚，极推重四明，隐然助之；观其所作《指要钞》序文，可以知其故矣。（嗣法有二十五人）

四明派之势力，由前所示之系统，略可推知；南屏、广智、神照三家，法流最荣，就中以广智之末为第一。

四明一派之隆盛，不暇详述；仅略解系统图之大体于前，其他从省；欲知其详，须参考《佛祖统纪》等书。

广智与后山外净觉相争，所著《广智遗编》《阐幽志》，其书现存；弟子继忠编《扶宗集》（五十卷），力明山家正统之说；其弟子草堂，于同门神智主张山外之说，标立异议时，造《义例随释》以抗之，其始末已述于前矣。息庵亦力辟异说，其下有圆辩者，门人众多。《佛祖统纪》曰："先贤有云：四明中兴天台之道；圆辩中兴四明之宗；盖谓四明之后，有一派为知解之学，近似山外者；而圆辩者出，独能发挥祖意，以起四明；盛矣哉！或谓月堂得观行，止庵得宗旨，一庵雪堂得辩说，皆有师家之一体云。"月堂、止庵、一庵、雪堂皆圆辩之弟子也。著《佛祖统纪》之志磐，即出自此系统，以上所言，盖有暗斥他家之意。月堂著《圆宗解》；月堂门下有柏庭者，出《楞严玄览》《金刚会解》《圆觉略说》《楞伽通义》《因革论》《附钞笺要》《山家绪余集》《三大部格言》《简境十策》《金錍义解》《宗教玄述》《仁王疏记》等书；石芝宗晓编《四明教行录》；又著《乐邦文类》《法华显应录》诸书；逸堂法登作《圆顿宗眼》。南屏之学问，至弟子会贤泰初之时，称为南屏家；可见其学风异于他处；慈云之弟子祖韶，评为"碎割法身讹误后学去也"；神照弟子樝庵，谓为"力勉勿传，有醍醐化糟粕，法藏变鬼火之语"；又广智对于南屏《类集》之批评曰："类集之行，得失相半；得在其纲要，失在昧其起尽。"由此可知南屏为类聚的学风，且受诸家种种批评者也；以上评语，载在《佛祖统纪》；故知志磐对之，亦多少有排斥之意也。南屏弟子从谏，传授天台教义于高丽义天僧统；此南屏家之下，清辩有《顶山记》，景德有《翻译名义集》，慈辩从谏之法流，自车溪经竹庵以至北峰；竹庵著《楞严集解》《楞严补注》《盂兰盆经补注》《金刚通论》《金刚事说》《圆觉手鉴》《竹庵草录》《山家义苑》；宗印有《金刚新解》《释弥勒偈》等书；此人在南屏家，号称高足；著《四教仪备释》之古云，著《三大部读教记》之法照，皆出其门；而法照有继世盛大，光祖父道之美评。神照著《普贤行法经疏》《仁王忏仪》；处咸续成其师之《行法经疏》；又著《三慧论》《光明十愿王》；樝庵有严著《玄义释签备检》《文句笺难》《止观助览》《龙王法印经疏》《安乐行注》《空品注》《心经注》；神悟处谦著《十不二门显妙解》；了然著《宗圆记》《净业记》《护国记》《金刚义解》《假名集》《释十不二门》《止观枢要记》《虎溪集》；弟子亦多；泽山与咸著《菩萨戒疏注》《金刚辨惑》《法华撮要》《复宗集》；著《山堂集》之山堂元性，亦了然之法资，而神照一家之著名者；实专劝念佛往生者也。

《志因传》虽不详载山外派学者之名；但晤恩乃当代学者，且为极谨严之德行家。《佛祖统纪》称之曰："平时一食，不离衣钵；不蓄财货；卧必右胁；坐必跏趺；晨早亲视明相，每布萨此云净住每半月，集众僧说戒经，使比丘住于净戒中，名布萨，大众云集，潸然泪下；盖思大集有无戒满阎浮之言也。"由此观之：可想见其为人矣。山家山外之争，以四明与梵天为中心；梵天学殖，自无待言；山外派学者，当推孤山为第一。

孤山智圆，于学者气象之外，尚有超逸之风；二十一岁，随奉先源清；二年而源清殁。遂往居西湖孤山，从学者如市；讲道未尝少倦。殁于真宗乾兴元年，年四十七岁。著《维摩垂裕记》十卷，释《净名略疏》、《百非钞》一卷，释《涅槃疏》之百非义、《涅槃经三德指归》二十卷，释《涅槃疏》、《涅槃经发源机要记》二卷，释《涅槃玄义》、《请观音经阐义钞》二卷，释《请观音经疏》、《金光明文句索隐记》（四卷）、《金光明玄义表微记》（一卷）、《观无量寿经刊正记》二卷，释《观经疏》、

《金刚錍显性录》（四卷）、《十不二门正义》（一卷）、《盂兰盆疏摭华钞》二卷，释圭峰《盂兰盆疏》、《阿弥陀经疏》（一卷）、《阿弥陀经疏西资钞》（一卷）、《般若心经疏》（一卷）、《心经疏诒谋钞》（一卷）、《首楞严经疏》（十卷）、《楞严经疏谷响钞》（五卷）、《不思议法门经疏》（一卷）、《四十二章经疏》（一卷）、《瑞应经疏》（一卷）、《普贤行法经疏》（一卷）、《无量义经疏》（一卷）、《遗教经疏》（二卷）、《文殊般若经疏》（二卷）、《析重钞》（一卷）、《间居编》（五十一卷）。

净觉、神智，后山外派也；著述甚多：净觉著《金刚般若疏》二卷，别有释此之《发轸钞》三卷、《弥陀经新疏》二卷，及释此之《指归记》二卷、《楞严文句》（三卷）、《楞严会解》十卷，及释此之《熏闻记》五卷、《四十二章经疏还源记》二卷，释《孤山疏》、《遗教经助宣记》二卷，同上、《义学杂编》（六卷）、《十不二门文心解》（二卷）、《起信梨耶生法图》（一卷）、《苕溪讲外集》（二卷）；此外尚有数部，凡三十余部。神智著《光明玄顺正记》（三卷）、《光明文句新记》（七卷）、《观经疏往生记》（四卷）、《十不二门圆通记》（三卷）、《金刚錍寓言记》（四卷）、《四教仪集解》（三卷）、《义例纂要》（六卷）、《三大部补注》（十四卷）。观其所著诸书；足知其忠于所学，且净觉持律峻严，不以事易节；神智非法不言，行步有常；唯因四明一派，后独昌荣；故山外之学，遂终被视为邪道也。

元明之际，天台宗颇衰。惟明天启时，有幽溪大师传灯（亦称无尽祖灯），禀台教于百松大师；契入楞严大定之旨。卜居幽溪之高明寺；立天台祖庭，遂成天台宗之高明法脉。所著《生无生论》，融会三观，阐扬净土法门。又有《法语》一篇，最为切要。此外有《楞严经圆通疏前茅》（二卷）、《维摩诘所说经无我疏》（十二卷）、《法华经玄义辑略》（一卷）、《观无量寿经图颂》（一卷）、《般若融心论》（一卷）等书。

明末有蕅益大师智旭，其思想最近天台；然不能谓为纯粹天台宗人物也。其著述与天台有关者：则有《法华会义》(十六卷)、《妙玄节要》(二卷)、《法华纶贯》(一卷)、《教观纲宗》(一卷)、《教观纲宗释义》(一卷)、《大乘止观释要》(四卷)等书。入寂于明永明王永历八年十二月清世祖顺治帝十一年。蕅益自云："愿作台宗功臣，不愿作台宗后嗣。"然蕅益大师入寂后；其弟子等，乃公议以之继续无尽灯之系统云。

律宗至唐末颇衰，及宋代允堪之《会正记》、元照之《资持记》出，面目一新；号称中兴。南山律宗之系统，得以不绝。兹举南山律师以后之系统如下：

南山—周秀—苏州道恒作《行事钞记》十卷—扬州慧正寺省躬著《行事钞顺正记》六卷。—慧正—京兆玄畅法宝大师，著《行事钞显正记》—越州元表著《行事钞义记》五卷—守言—元解—法荣—杭州处恒亦名处云，著《拾遗记》三卷—杭州择悟著《义苑记》七卷—允堪智圆律师—择其—元照大智律师—开元经院智交俊芿之传，立道标于元照之次，真照之传立智交—东堂准一—竹溪法政—石鼓法久—如庵了宏—

- 上翁妙莲
  - 真照日本东大寺圆照之徒，因妙莲行居二人而学戒者。
  - 石林行居
- 守一与妙莲争宗义者。
- 俊芿日本北京律之祖，受天台于北峰宗印者。

(此系统，乃日本凝然大德据俊芿真照传而作，颇觉可信；但真照之师行居以后，事迹不明；其渐次衰颓之故耶？由此可知律宗衰于唐末五代之顷，至宋初允堪元照时代而复盛。)

允堪律师没于仁宗嘉祐六年；凡南山律师重要著述，皆为作注：即《行事钞会正记》《戒疏发挥记》《业疏正源记》《毗尼义钞辅要记》《教戒仪通衍记》《净心诫观发真钞》等十部之记解；世呼为十本记主。《释氏稽古略》谓有十二部。其《衣钵名义章》一卷现存。其《会正记》，世呼为《四分律》之会正宗。元照律师居杭州灵芝寺，故学者单呼曰灵芝。凡南山律师之三大部，悉为作注：即《事钞资持记》《戒疏行宗记》《业疏济缘记》是也。此外著《芝园集》《盂兰盆献供仪》《释门章服仪应法记》《佛制比丘六物图》《摄戒种类》《菩萨戒本持犯要记》等书。元照之解《四分律》，颇用天台之教意，较从来之四分律宗，具有特色。故《稽古略》称之曰："以法华开显圆意，作《资持记》；与会正师殊途同归；推明南山元意，而上合于佛制；自是《会正资持》，又分宗于律矣。"元照入寂于徽宗政和六年，年六十九。元照以后，除前列系统之外，无由得知其详。

（三）元以后之喇嘛教

西藏喇嘛教，元时传入中国；兹据修拉辩以特（Schlagintweit）之《西藏佛教》，及挖台尔（Waddell）之《西藏佛教》，并引证他书，述其概略于下：

佛教始传于西藏，均信为在双赞思甘普王时当我隋开皇时，即西历纪元六百五十年前后；前此是否有此教之形迹？无由得知。西藏古来相传陀朵里思颜赞王时当我东晋时，有四宝箱自天降于王庭，人皆不知为何祥；时有印度僧五人来，王以为师；五僧为启四箱，出四宝物：一、《庄严宝王经》（亦名《百拜忏悔经》），依之立忏悔法；二、舍利金塔，依之立供养法；三、六字大明之宝玉刻（唵嘛呢叭咪吽）依之立持诵法；四、法教轨则，依之立修验法；实为佛教传入西藏之嚆矢。此与元帝师发思巴之《彰所知论》所载一致；《彰所知论》曰："如来灭度后千余年，西番国中初有王，曰呀乞嘌赞普；二十六代有王，名曰陀朵里思颜赞；是时佛教初至。”按陀朵里思颜赞，乃纪元三百三十年间人；此种怪奇之谈，殊难置信；或者双赞王以前，西藏稍有佛教影响之资料，可供参考耳。

双赞王生于纪元六百十七年，卒时八十二岁，即唐太宗时也。王在西藏，得大势力；入侵汉地，与太宗战；后太宗与之言和，以文成公主嫁之为妃；时贞观十五年事也。公主极信佛，多携佛像经卷以往西藏，佛教遂勃兴。又前此二年，双赞王曾纳尼波罗国王女白利司布为妃；二妃俱劝王弘通佛法。当是时，僧侣来自印度、尼波罗、汉地者日多；自此以后，佛教大盛；外国文物，随之输入；故西藏文化之进步，亦以此时为最著。王特遣端美三波罗亦名三姆菩陀，梵语即善良之西藏人之意；本名顿米往印度求佛教；端美留南天竺七年，就利维喀拉及爹维特新哈学佛教；赍佛经多卷还；后本梵语造西藏文字；由是翻译多数经典。后世崇拜双赞王，称为观世音菩萨化身；称二妃俱为多罗菩萨化身；称端美为文殊菩萨化身。

当佛教未来西藏以前，西藏流行一种神教曰巴恩教；相传以秀拉白为教祖；所崇拜者多魔神，诵咒文而拜之；其形式颇似密教。佛教初来时，似二教并行不悖；及佛教渐盛，遂相冲突；旋复自相调和；而佛教中亦自然含有神教分子矣。

自双赞王历五代至乞嘌双提赞王；此王为双赞以后之英主，曾于玄宗时纪元七百二十八年—七百八十六年入寇四川云南以达长安；其母为中国天子之女，夙受母教，弘布佛化。《蒙古源流》记此王为持苏陇德灿，谓其尚唐肃宗女金城公主，颇兴佛教云。要之西藏佛教，虽始于双赞王；而建西藏佛教之基础，实乞嘌双提赞王也。

乞嘌双提赞王，年十三即位；兵力远被；既尚金城公主，乃悔武事，极隆佛教；遣僧至印度学佛典梵语；聘中印度僧善海大师素恒啰克西塔来藏宏教。又从其言，请那烂陀寺之硕学，真言瑜伽派之大德莲华生上师《蒙古源流》称巴特玛师入藏；自余高僧亦继续而来。此莲华生上师，实喇嘛教之祖也；其随西藏使节入藏也，在纪元七百四十七年。此时西藏所行之佛教，以无着之瑜伽宗为主，乃自汉地传入者；及莲华生至，唱中论宗；新旧两派之争渐盛。王遂集二派学者，辩论于朝堂之上，中论宗胜；瑜伽宗人，多去之印度。王建寺于萨姆耶司，以善海大师为第一世，使盛译中论派诸经论；始置喇嘛，以统率僧侣。喇嘛，西藏语也；梵语为郁多罗；译言长老，后遂为西藏佛教通称。继善海首为喇嘛者，曰巴尔巴司。莲华生在西藏，不久即返印度；有高足二十五人；其中翻译经论最多而著名者，曰毗卢遮那。《佛祖通载》称毗卢遮那罗佉怛。

莲华生初无著译存于西藏，其人最可注目者，即布中论宗，唱秘密佛教，以佛教与西藏原有神教相调和是也。故西藏佛教，乃取大乘秘密佛教与神教融合之形，以渐广其流传者也。

徕巴胆《佛祖通载》为乞嘌徕巴胆王，乞嘌双提赞王之孙也；亦极力倡兴佛教；此时经典之译者颇夥，龙树、提婆、世亲等之书，多被译出；其译著之最有名者，以湿连怛罗菩提为始；此外则有基那米特罗，及湿连陀罗菩提、般若华尔曼、达那西拉、菩提米特罗诸人；湿达怛罗菩提、基那米特罗，俱安慧论师之弟子也。

纪元八百九十九年此年代尚有异说，未能明确，朗达尔玛弑其兄徕巴胆王《蒙古源流》载有达尔玛特松王死年三十六岁，其兄朗达尔玛即位，不书弑前王事。又述朗达尔玛破佛之事，言：多里隆赞（即陀朵里思颜赞）时，佛教始来西藏；故至达尔玛特松之死，凡四百九十五年云自立，大破佛教；此为西藏佛教之一大灾厄，佛塔寺院，为之破坏；僧侣还俗，至有被屠杀者。王即位三年后，为巴尔多儿姐喇嘛所弑，佛教厄灾遂息。至朗达尔玛孙巴勒科尔赞时，佛教复兴；重建八大寺院，前代逃遁印度之僧侣，渐还旧居；十一世纪顷，迦湿弥罗及印度僧侣，接踵而至；司木立替、达摩帕拉、希达帕拉、库那帕拉、般若帕拉诸人，亦继续而来；

大圣阿通沙，那烂陀寺那罗之弟子也；以纪元一千三十八年入藏；实可目为喇嘛教之再造者及改革者也。阿通沙本名抵斑喀拉输利迦那，即定光吉祥智之义；本印度倍搿儿州王族喀儿耶那输利之子，年六十，来西藏；在摩迦陀地方，为维克拉马希拉寺之教授师。《蒙古源流》以阿通沙之来，在西藏陇吉王时；陇吉为巴勒科尔赞之孙，乃札实则克巴之子也；札实则克巴致力回复佛教，派遣子弟大臣二十五人，前往印度招致高僧。因阿通沙之来，遂使西藏佛教，达于光怪陆离之状态；所谓甘丹派教律合一之义者，实以阿通沙为鼻祖；自是甲论乙驳，渐呈宗派分裂之盛况。阿通沙之弟子，称为甘丹派最初教主者，为德母顿；或曰：当推布埒司顿为最初教主。

西藏佛教之宗派，自教义上观之，可分毗婆娑、经部、瑜伽、中论四宗；但此为学者之佛教；通俗概行秘密佛教，即念密咒行密轨者是也；此为有名西藏文典学者勖玛所言。但密教之外，通俗佛教一方面，尚有念佛教，即依阿弥陀如来之誓愿，以期往生西方者甚多也。

西藏古时，大小乘教义，业已并行，而以瑜伽（法相）、中论（三论）二宗为盛；二宗亦以浅深高下，互相争执；瑜伽一方，遂有凌驾中论之势。及莲华生来，龙树教义再兴；八九世纪之交，有庆陀罗克尔其者，就此宗经论，详加解释；纪元十世纪以来所谓佛教再兴时代，此派学者，重来自印度；西藏遂以此为佛教正宗矣。此莲华生以后之中论宗，谓之布拉三格中论宗。

以上仅就教义上言之；兹更举现存宗派之区别：则修拉搿以特氏谓西藏佛教有九派：即尼玛派、乌尔更派、甘丹派、萨克耶派、搿尔端派此出自宗喀巴之甘丹寺，与改鲁革派同、喀尔修派、喀尔玛派、布利库革派以东西两藏之布利库革为本山，乃宗喀巴黄帽派之一支流、布尔古派是。挖台尔氏以为自根本四派，衍出多数支流派；更区别为旧派、革新派、半革新派三种。

挖台尔谓西藏佛教之生派别也，以阿通沙及其弟子布埒司顿所开之甘丹派（革新派）为滥觞。有以阿通沙及布埒司顿之改革为趋于极端者，乃唱稍折衷的半革新派。今据挖台尔之说，示西藏所传旧派以外之三大新派之系统图于下：

金刚持（即阿抵佛陀）
- 文殊—龙树……婆薮子（世亲）—库格颇拉
- 茶司喇嘛—孔孔确格耶儿颇=萨克耶派
- 体罗（十世纪人）—那罗（十、十一世纪间人）—玛儿帕—米拉拉帕—突格颇拉尔载=喀尔修派
- 弥勒—无着……阿通沙—布埒司顿=甘丹派

点线示中略数代者，孔孔确格耶儿颇为萨克耶派之祖；此派以世亲为龙树之继承者，以用龙树所传之《华严经》与世亲之《真谛论》为主；且折衷新旧两派。喀尔修派开祖玛儿帕，本阿通沙之弟子，后往印度从那罗那烂陀寺高僧受学而还。但此图仅示继承之大体；详言之，尚有错杂之处；即相传阿通沙为文殊化身，故与文殊系统所属之萨克耶派有关系；那罗为阿通沙之师，故亦与喀尔修派有关系；玛儿帕亦阿通沙弟子，故亦与甘丹派有关系；又与萨克耶派，亦有系统上之关系。阿抵佛陀，即最胜佛陀之意；金刚持，即大日如来。

此三大新派，更加旧派即尼玛派，则成根本四部；此根本四部，更分裂多派，其大体如下：

巴恩教 —— 尼玛派

秘密大乘佛教

- 尼玛派以莲华生上师为祖。
  - 喀尔陀库派—兰因派
  - 那打库派
  - 明德尔林派
  - 德尔其塔克派
  - 乌尔更派
- 甘丹派十一世纪之初分出。……改鲁革派十五世纪之初，成自宗喀巴。
- 喀尔修派十一世纪之终分出。
  - 抵孔派十二世纪之终分出。—塔龙派（同上）
  - 喀尔玛派十二世纪之中分出。
  - 上都格派十二世纪之中分出。
    - 中都格派
    - 下都格派
- 萨克耶派十一世纪之初分出。
  - 拿尔派十五世纪之初分出。
  - 觉南派十四世纪之初分出。

（以上诸派中：尼玛派为旧派；甘丹派及改鲁革派为革新派；喀尔修诸派属于半革新派。）

表中最堪注目之人，乃西藏佛教革新家宗喀巴，称为西藏之路德者是也；宗喀巴本名罗卜藏札克巴；纪元千四百十七年明永乐十五年，生于孔奔。为后甘丹派布埒司顿七十八世之雀司克亚白赞喇嘛弟子；博学而持律严肃，且颇活动之高僧也。自其学说上言，此人盖立于中论与密教之间而调和之，以防止其冲突者也。所著如《菩提母儿》（Bodhi-mur）、《塔儿尼母儿》（Tārnim-mur）、《阿尔塔捏利开》（Altanerike）、《拉玛利玛》（lām-rim）等，皆为密乘中论二义调和之书。且此时喇嘛教益盛，僧侣之行益堕落；欲匡正之，是非严肃之戒律派不可；世称宗喀巴为持律者，其主义可想见也。

兹就宗喀巴派之祖，自十一世纪之阿通沙，迄布埒司顿以后，喇嘛教全体之形势略述之；西藏自朗达尔玛死后，佛教渐有重兴之势；十三世纪元世祖忽必烈，奉宪宗命来西藏之时，萨克耶派之势力殊盛；忽必烈为收揽西藏人心计，挈发思巴还；即位之后，尊为帝师；终至定喇嘛教为元国教；命发思巴统管天下佛教，且左右西藏政权。《元史》曰：“元起朔方，固已崇尚释教：及得西域，世祖以其地广而险远，民犷而好斗，思有以因其俗而柔其人；乃郡县土番之地，设官分职，而领之于帝师；乃立宣政院，其为使位居第二者，必以僧为之；出帝师所辟举；而总其政于内外者，帅臣以下，亦必僧俗并用，而军民通摄；于是帝师之命，与诏敕并行于西土；百年之间，朝廷所以敬礼而尊信之者，无所不用。”元之尊信喇嘛，即此一端，已可见矣。

《佛祖通载》谓自国师禅怛啰乞答为累叶国王之师，十七代而至萨思加哇，相传为莲华生弟子，乃发思巴之伯父，亦其师也。《元史》称萨斯加哇，萨斯嘉人也；自其祖多尔济，世世以其法佐国主，霸西海者十余世。发思巴年十六，谒元世祖忽必烈汗，以世祖即位之元年为国师；受命造蒙古新字，为大宝法王；赐玉印；至元十一年还西藏；十六年入寂《佛祖通载》为至元十七年，《元史》以为至元十六年；赐号皇天之下一人之上宣文辅治大圣至德普觉真智佑国如意大宝法王西天佛子大元帝师。其《彰所知论》，盖为世祖太子真金而说。与发思巴同时受尊敬者，国师胆巴也；亦名功嘉葛剌思，号金刚上师；乃发思巴之弟子；亦赴印度求法；来中国后，受命住大护国仁王寺；成宗大德六年入寂。此外有必噜匝纳实哩者，亦发思巴弟子也；有汉译《楞严》，又有西藏译经典多卷；赐号普觉圆明广照弘辩三藏国师；后坐与安西王子伊噌特穆尔等图谋不轨被诛。又有沙罗巴观照，所谓佛智法师者，亦发思巴弟子，所译多未传之显密诸经。

自后元累代有帝师来自西藏，发思巴西还，其弟琳沁代之。达尔玛巴拉实哩、伊特札实琳沁、策喇实巴鄂尔嘉勒、札克嘉勒灿、多尔济巴勒、桑节札实、衮巴勒藏布、班珠尔戬藏等以上据《元史》，相嗣为帝师；最后之帝师，为顺帝时受其任命之伽璘真。顺帝极暗愚，《元史》称平章政事哈麻，使其妹婿秃鲁帖木儿，劝西藏僧在帝前行运气之术，号之曰演揲儿大欢喜，或大喜乐；以伽璘真达此秘法，封为帝师，日事淫乐；任僧侣为司徒；帝师、司徒，各取良家女三四，名曰供养；且伽璘真欺帝曰：陛下尊富，仅此一代；人生岁有几时，当受此秘密大喜乐禅定，广聚女子为淫戏；帝之诸弟宠臣，皆在前相狎，男女裸处；呼其处所曰吐即兀该事事无碍；佛教之弊，至是达于其极。盖西藏佛教，是时似颇受印度檀陀罗派即女神崇拜派之影响；故一种淫靡之风，遂浸染于西藏，而尤加甚焉。此教风之流传，乃由西藏南境尼波罗之秘密佛教，尼波罗之密教，即变自檀陀罗者也。檀陀罗为专崇拜女神之一派；有所谓荼克拉会合者，凡在会合之男女，悉以平等为主义；此种集合，为反对印度严重阶级制度而设。且其时行五摩字法之仪式，所谓五摩字法者，一摩假，即酒；二摩恩萨，即肉；三摩特司耶，即鱼；四摩乌陀罗，即谷；五摩花肚拿，即两性交媾。元之事事无碍，恐由此恶风而来。

更据《元史》喇嘛隆盛之弊害述之：世祖之时，宋天子皇族诸陵及大臣坟墓，在钱塘绍兴者；悉被江南释教总统嘉木扬喇勒智发掘；或杀人，或受美女宝物之贿赂，其所攘夺盗取之财物，凡金一千七百两，银六千八百两，玉带九，玉器大小百二十一，杂宝具百五十二，大珠五十两，钞十一万六千二百锭，田二万三千亩；此外私庇人民不输公赋者，凡二万三千户；其藏匿不露者，尚不可胜举。总之元代保护佛教之余，其流弊之大，为史所载者，不得不谓为实录也。

明太祖之时，以元之帝师喃迦巴藏为炽盛佛宝国师；由是受封者，有灌顶国师、赞善王、阐化王、正觉大乘法王、如来大宝法王等；各领其本国人民，以臣服于明。成祖时，亦以公哥监藏已藏卜为圆智妙觉弘教大国师；又闻异僧哈立麻召之；封为万行具足十分最胜圆觉妙智慧善普应祐国演教如来大宝法王西天大善自在佛；使领天下之释教；其徒孛罗以下三人皆为国师；次封法王；尊崇甚笃。自是西藏僧来者日众，而以阐化王、阐教王、辅教王、护教王、赞善王五王为始；封西天佛子者二人；封灌顶大国师者九人；封灌顶国师者十八人。于是臣服于明，历年朝贡不缺，以致藩属之礼。

当是时，往来中国者，皆宗喀巴以前之红教喇嘛；宗喀巴生于明成祖永乐十五年西历纪元千四百十七年，卒于宪宗成化十四年西历纪元千四百七十八年，故宗喀巴之黄教派，压迫红教旧喇嘛，而得势力时代，当在明中叶以后。盖宗喀巴所立之改鲁革派僧侣，遵宗喀巴制，着黄衣，戴黄帽，与从来红帽派喇嘛区别；遂至谓旧喇嘛教为萨马儿，即红帽也；新喇嘛教为萨色儿，即黄帽也；巴恩教为萨拿克，即黑帽也。宗喀巴所建有名之甘丹寺，在西藏国都拉萨东方三十英里。

宗喀巴既建甘丹寺后，势力增大，自是有所谓达赖、班禅二喇嘛者；渐开宗教政治之端绪。又此二喇嘛，虽谓始自宗喀巴之二弟子；实则所谓达赖喇嘛者，起于敦根珠巴；敦根珠巴建一寺于拉萨，与宗喀巴同时，且年或稍长西历纪元一千三百九十一年—千四百七十五年；其所建寺，即布达拉寺。布达拉在拉萨近旁，布达拉即补陀落，观音之净土；达赖喇嘛，古来信为观音化身；盖西藏人自信其国土与观音有缘，且为观音之所守护者。敦根珠巴，后又建寺于札什伦布居之；受班禅林薄溪之尊称，此即班禅喇嘛系统之始。布达拉寺，凡历根敦嘉穆错、琐南嘉穆错、云丹嘉穆错，至第五世喇嘛罗卜藏嘉穆错，清初人也西历千六百十七年—千六百八十二年；其与清交通，在太宗崇德年间，喇嘛遣使盛京；太宗亦遣使西藏，以达赖、班禅二喇嘛为金刚大士，即其发端也。盖西藏分前藏喀木，或察木多、中藏即卫拉萨、后藏单称藏曰札什伦布，即此、青海四大部：蒙古和硕部之固始汗，自明末以来，领有中东二部即前藏、青海；然布达拉五世喇嘛之时，以后藏地为藏巴汗所统治为口实，诱固始汗之兵取后藏，悉逐红帽派喇嘛，以扎什伦布之班禅喇嘛掌后藏；固始汗又使其子鄂齐尔汗留守后藏。当此之时，罗卜藏从固始汗受达赖尊号；达赖，蒙古语谓之海，譬其德广大之尊称也。此达赖喇嘛与班禅喇嘛管治西藏，为完全僧侣政治之历史；由是宗喀巴派黄教喇嘛，遂全为西藏之统治者。

初罗卜藏大喇嘛，借固始汗之兵力，灭后藏之藏巴汗，乃桑结第巴第巴为喇嘛厅之僧职，掌理兵备财政事项之策。桑结颇奸佞，于五世喇嘛死后，秘之，伪称大喇嘛入定，不见人；矫命行事，悉由己决，凡十五年；后事败露，为清帝所诘责；不得已，乃立六世达赖。由是与属于蒙古和硕部血统之藏巴汗，发生争端；时准噶尔部之噶尔丹，势力甚盛；本为喇嘛，居西藏时，因与桑结交欢，故助桑结攻击固始汗子达颜汗。未几，噶尔丹北侵喀尔喀，喀尔喀部求援于清，噶尔丹遂败。桑结为达颜汗之子拉藏汗所杀；其所立之六世达赖被废；拉藏别拥立六世达赖；清朝虽曲加保护，而六世达赖，甚无人望；蒙古诸部，在甘肃西宁之红山寺，别立新六世达赖。噶尔丹之后，领准噶尔部之策妄那布坦，乘此纷扰之机，遂入西藏，杀拉藏汗；西藏喇嘛，多不喜拉藏汗，皆助之。但清朝初即助拉藏，故清圣祖闻变，即遣兵入西藏，废拉藏所立六世喇嘛，更迎西宁之达赖，为第六代大喇嘛；此即噶儿藏嘉穆错也。世宗即位之初，西藏又有内乱；清遣兵平之；送置驻屯兵二千人于西藏，保护喇嘛；置驻藏大臣于拉萨；时世宗雍正二年西历纪元千七百二十四年事也。

此时之蒙古，其东方成为漠南蒙古、漠北蒙古；漠北蒙古，又有喀尔喀部；此二部之东，与满洲接境者，为科尔沁部；以上为鞑靼三大部。又西方有漠西蒙古之厄鲁特部，亦分四部：天山北路之大部，为准噶尔部；其北为土尔扈特部；更北为都尔伯部；准噶尔部之东，乌尔木齐附近，为和硕部；自青海至西藏，皆属于其势力之下。当准噶尔之噶尔丹盛时，为其所侵，于是厄鲁特三部皆屈服于噶尔丹，终与北方喀尔喀部冲突；与清交锋。

红黄二教最显著之区别，除衣帽之色相异外，为红教派带妻，黄教派不带妻之一点。但红教派，非悉皆带妻也；如喀尔修派之始祖玛儿帕带妻，由此派所产出之喀尔玛派僧侣，亦多带妻；又萨克耶派发思巴后之札萨呼土克图亦带妻；因以子为嗣法者；故红教喇嘛，似以带妻生子而使嗣法为理由也。黄教则反之；禁止带妻；故其嗣法者，称为呼毕勒罕喇嘛学道，能不迷本性，转世再来者，称呼毕勒罕；例如达赖、班禅等大喇嘛死时；遗言死后往生某地，因探得其地之生儿，依之以定嗣续者也。然其后亦发生种种弊害，称为呼毕勒罕者，多至数人；清高宗乾隆时，在中藏之大招寺，备置金奔巴瓶，将所指示方向土地同名者之名单，入此瓶中；驻藏大臣、达赖，或班禅等重要喇嘛，集于宗喀巴之像前，抽签以定之。

以此呼毕勒罕转生而使传法弘教，其事发生于宗喀巴之遗嘱；黄教派始行之；其后红教派亦仿效之。盖转生弘法之举，非唯达赖、班禅二大喇嘛有之；而属于其下，举凡各领一方，以教化为事之呼土克图，亦深信此事。呼土克图，再来人意。喇嘛能明心见性，由达赖、班禅证明，方得称呼土克图。故每遇呼毕勒罕出，则以其名呈报理藩院：由理藩院抽签；乾隆时向理藩院报名者，总数多至百六十云。西藏称呼土克图十八人，称沙布隆者十二人，漠北蒙古十有九人，漠南蒙古五十七人，青海番地三十五人，四川察木多番地五人，驻京呼土克图十四人，此等皆呼毕勒罕所出也。

蒙古喇嘛教，分漠北漠南二大部：清世宗雍正元年，漠北喀尔喀部哲卜尊丹巴呼土克图死于京师；诏如达赖、班禅死时之例，护其丧还库伦，于是立漠北库伦喇嘛教之一支。当是时，第五达赖之弟子章嘉呼土克图蒙古呼毕勒罕将出世时，其名在北京雍和宫所备之金奔巴瓶内，由驻京章嘉呼土克图监视抽签；雍和宫者，中国第一喇嘛庙也又来，大蒙优待，置于漠南蒙古多伦泊，此即所谓多伦泊之一支也。于是喇嘛教第一支为布达拉；第二支为札什伦布；第三支为库伦；第四支为多伦泊。

（四）禅宗

禅宗五家，发端于唐末五代之时，皆起于南方。当是时，南汉、南唐、吴越，在南方建国，各据其地；禅宗亦受其保护。五家之中，沩仰派似早衰，法脉仅存，兹举可知者于下：

```
沩山灵祐———仰山慧寂———西塔光穆———资福如宝———资福贞邃
          └香严智闲  └南塔光涌———芭蕉慧清
```

以上所列，不过四五世耳。沩山生于唐武宗会昌年间，入寂于宣宗大中七年；仰山卒于昭宗大顺元年，由此推之：沩仰宗之法脉，盛于南唐之初，其后遂绝。

法眼宗始自大法眼禅师，即清凉文益也；此宗起于雪峰，经玄沙师备而至罗汉桂琛；清凉出其门下。雪峰义存居福州闽川之雪峰；唐僖宗时，赐号真觉禅师；法席常有众一千五百人。当时天下骚然，群雄割据，各自称王，当王审知称号闽王时，雪峰垂化此地，四十余年；于后梁开平二年三月入寂。是年十一月，玄沙师备亦卒，闽主赐号宗一禅师。桂琛、文益，俱五代时人，桂琛居漳州城西之石山地藏院十余年，后迁罗汉院；卒于后唐庄宗天成三年。文益，即清凉法眼，为南唐王李昪所迎，自金陵报恩院，迁居清凉寺；赐号净慧禅师；卒后谥大法眼禅师；再谥大智藏大导师；入室弟子四十三人。

法眼宗历二三代而衰，法统不明；天台德韶，俗姓陈氏，与天台宗智者大师同姓，故人称智者再来。德韶寻智者之遗迹，终住天台；受吴越忠懿王尊信，且劝王遣使新罗，缮写天台教籍，使中国本土已经衰灭之天台教宗，得以再兴者，韶与有力焉。入寂于宋太祖开宝五年。其弟子永明延寿颇知名；延寿初居明州之雪窦山，后应忠懿王之请，住灵隐山新寺，为第一世；更转永明大道场。著《宗镜录》一百卷，为学者所佩仰。入寂于开宝八年。当是时，高丽王慕其学德，遣僧三十六人承其法；自是法眼宗弘布于高丽，而中国反衰矣。今示法眼宗略系于下：

- 雪峰义存
  - 长庆慧稜
  - 鼓山神晏
  - 保福从展
  - 安国弘瑫
  - 玄沙师备—地藏桂琛
    - 清凉文益
      - 天台德韶—永明延寿
      - 灵隐清耸—支提辩隆
      - 归宗义柔—罗汉行林
      - 百丈道恒
      - 报恩玄则
      - 罗汉智依
      - 清凉泰钦—云居道齐
        - 灵隐文胜—灵隐延珊
  - 云门文偃

与法眼宗同出于雪峰下之云门宗，其末造不如临济宗之盛；然宋初则颇振，但非沩仰、法眼、曹洞之比耳。云门禅师，居韶州云门山光奉院，其地为南汉刘龚所辖，故受南汉主之归依；赐号匡真禅师，入寂后谥曰大慈云匡真弘明禅师。于后汉隐帝乾祐二年入寂。自云门经香林澄远、智门光祚，而至雪窦重显，其法大振。雪窦即选《碧岩录》百则而著颂古之人，其书称《雪窦颂古》。初住翠峰，转迁明州雪窦，来会者号称极盛，故世称云门中兴。入寂于仁宗皇祐四年六月。其法嗣以天衣义怀为最著名。入寂于仁宗嘉祐五年。圆通法秀、慧林宗本，出其门下；在圆通之下者，有佛国惟白，在慧林之下者，有法云善本。法秀为汴京法云寺第一世，圆通禅师，其敕赐号也。入寂于哲宗元祐五年。其法子佛国惟白，以著《禅门续传灯录》（三十卷）得名。入寂于徽宗建中靖国元年。

慧林宗本始居苏州之承天、兴教二寺；后因杭州净慈寺之坚请，往居净慈寺。尔时四方互请，故说帖中有“借师三年，为此邦植福，不敢久占”之语。元丰五年，应神宗皇帝之召，住慧林寺，圆照禅师，其号也。入寂于哲宗元符二年。法云善本承其法，圆通法秀入寂时，即受敕嗣其法席，入法云寺，大通禅师其号也。入寂于徽宗大观三年。与圆照并称，故世呼大小圆照云。

智门光祚之门下，与雪窦同门者有延庆子荣；其法嗣名圆通居讷，居庐山圆通寺；与欧阳修交，颇为所重；内侍李允甯舍汴京第宅为禅寺，敕赐额，名十方净因寺；欧阳修奉天子（仁宗）命，推选居讷居之；居讷以病辞，举大觉怀琏代之。当是时，汴京两街诸寺，悉属法相宗、南山律宗；至于禅宗、天台，但行于各地方；自有此净因寺，禅宗始行于京都；大觉者，怀琏之敕赐号也。居讷入寂于神宗熙宁四年。怀琏入寂于哲宗元祐五年。

云门之法流，当以明教契嵩为最知名；嵩字仲灵，藤州镡津人；居杭州灵隐寺；著《传法正宗记》（十卷）、《定祖图》（一面），定禅宗法脉之异论；此外述《辅教编》（三卷），上之仁宗；敕加入《大藏》之中；赐号明教大师。入寂于熙宁五年。辑其文曰《镡津文集》（十九卷）。

宋以后，云门之法，当与临济并盛。徽宗皇帝序《续灯录》曰：“自南岳青原而下，分为五宗；各擅家风，应机酬对；虽建立不同，而会归则一；莫不箭锋相拄，鞭影齐施；接物利生，启悟多矣；源派演迤，枝叶扶疏，而云门临济二宗，遂独盛于天下。”由此观之：其盛可知矣。及宋都南迁，蒙古北入，云门宗遂致衰微；入元，其法系遂全不可考矣。《五灯会元续略》曰：“云门宗，自宋迄元，代不乏人；如圆通、善王、山济，俱明眼宗哲，法席甚盛；但嗣法莫可考，岂深藏其德而不求著耶？抑末流闻见之不广也。”又载宋末云门禅僧数名，但其系统未明。兹示云门宗主要人物略系于下：

- 云门文偃
  - 香林澄远—智门光祚
    - 雪窦重显
      - 天衣义怀
        - 圆通法秀
          - 佛国惟白—慧林慧海
          - 保宁子英
        - 长芦应夫—长芦宗赜
        - 天钵重元—元丰清满—雪峰宗演
        - 佛日智才
        - 瑞岩子鸿
        - 慧林若冲
        - 慧林宗本
          - 长芦崇信—慧林怀深—灵隐慧光
          - 投子修颙
          - 法云善本
            - 长芦道和
            - 雪峰思慧—净慈道昌—雷庵正受
      - 承天传宗
      - 长芦智福
    - 延庆子荣
      - 圆通居讷
    - 南华宝缘
  - 双泉仁郁—德山慧远—开先善暹
    - 云居了元 高丽之义天，受禅于了元。
    - 智海本逸
  - 德山缘密—文殊应真—洞山晓聪
    - 佛日契嵩 明教大师
    - 云居晓舜—蒋山法泉
    - 大沩怀宥—归宗慧通
  - 双泉师宽
    - 五祖师戒
      - 渤潭怀澄—育王怀琏—径山维琳
      - 洞山自宝—洞山清辩
    - 福昌重善
      - 夹山惟俊
      - 育王常坦
  - 洞山守初
  - 白云子祥

曹洞宗之微弱，不如沩仰、法眼，其盛亦不如云门、临济；虽特称为曹洞宗，而洞山、曹山以来之正系，法脉后绝；唯赖云居道膺之一脉，曹洞之泉，得以不涸；降至元代，其末叶繁盛，乃出于意外。瑞州洞山良价敕谥号悟本禅师，唐末人，入寂于懿宗咸通十年；曹山本寂敕谥号元证禅师，居抚州曹山，入寂于昭宗天复元年。五家之中：曹洞、沩仰、临济三宗，起于唐末；其云门、法眼二宗，则起于五代。

洪州云居山道膺入寂于昭宗天复元年，敕谥号弘觉大师，六传而至芙蓉道楷；道楷初受诏，居东京十方净因寺，更移住天宁寺；且赐紫衣，并赐号定照禅师；道楷上表固辞，谓常发誓愿，不受利名；若自违素愿，何以教人；频谕不从。天子徽宗大怒，置之狱。时有司知楷忠诚，乃问曰："有疾则可免罪，长老有疾乎？"楷毅然答云："生平未尝妄语，岂敢诈疾以求侥幸；平日有疾，今实无。"遂迫令还俗，流于缁州；时大观元年事也。翌年免罪，结庵于芙蓉湖上；《续传灯录》载"数百人环绕坐卧；楷虑祸，乃日各食粥一杯；不堪者稍稍去，在者犹百许人"云。后所居之寺，敕赐华严禅寺之额。入寂于徽宗重和元年。其法资有丹霞子淳入寂于宣和元年，即芙蓉卒之翌年；丹霞之下出清了真歇，谥悟空禅师、正觉，俱名匠也。正觉名声最振，居明州天童山；寂后谥宏智禅师。入寂于南宋高宗绍兴二十七年。其《从容录》（三卷）与《碧岩录》，俱为禅学者所称；盖即天童宏智之《颂古百则》，万松行秀评唱之以示众者也；万松退隐之所，榜曰从容庵，故命名《从容录》云。

万松老人行秀，构万松庵于顺天府报恩寺，其后转住万寿寺、栖霞寺，晚年造从容庵，为退居之所。《从容录》因湛然居士从源之请而成。此外尚著《祖灯录》（六十二卷）、《辨宗说》（不详卷数）等书。入寂于蒙古定宗二年，当南宋理宗之淳和[1]六年。

1　"淳和"当作"淳祐"。

宋季以后，曹洞大势，《五灯会元续略》载之綦详；曰：“曹洞宗至宋季尤盛于河北；所以元世祖大集沙门，惟少室裕祖，高贤鳞附，如黄钟为八十四调之首，如车毂为三十六幅所归，洵至盛矣，谁与京焉。独惜明兴以前，金辽以后，河北为战争之所；名刹兵秽，格言燹加；如洛之白马、天庆，嵩之少室、龙潭，熊耳之空相，磁之大明，泰之灵岩，燕之报恩、万寿，灯灯不绝，班班可纪，而人罕被其光。至今仅存云门、寿昌、少室三叶，颇称繁衍；但清凉已上，间有一二宗支，无从考核。”由此文观之：少室雪庭之福裕，云门之圆澄，寿昌之慧经，三派法脉后存，其所弘布，以在北方者为主。适金、辽、蒙古交侵，北方成为战场，大寺多蒙灾祸；其间有行秀等盛行法化，得法者一百二十人；此宗之行，亦云盛矣。

兹示曹洞宗略系于下字下附着重号者，示来自日本之人：

- 洞山良价
  - 曹山本寂
    - 曹山慧霞
    - 鹿门处真—谷隐智静—谷隐知俨
  - 疏山匡仁—护国守澄—护国知远
  - 清林师虔—石门献蕴—石门慧彻—石门绍远
  - 云居道膺
    - 归宗怀恽
    - 同安道丕—同安观志—梁山缘观—大阳警玄—投子义青—芙蓉道楷—丹霞子淳
      - 长芦清了—天童宗珏—雪窦智鉴—天童如净
        - 鹿门觉—青州一辨—大明宝—王山体—雪岩满……

- 报恩行秀
  - 报恩从伦
  - 千松明得—百松妙峰
  - 华严至温佛国禅师。
  - 少室福裕
    - 灵岩净肃—封龙普就—天庆义让—熊耳子定
    - 少室文泰—宝应福遇—少室文才—万安子严—少室了改—少室契斌—定国可从—少室文载—宗镜宗书
      - 少室常润—大觉方念—云门圆澄
        - 佛日明方
        - 百丈明雪
        - 指南明彻
        - 麦浪明怀
        - 化山明盂
        - 香雪明有
        - 东山明澓
      - 廪山常忠—寿昌慧经
        - 博山元来
        - 东苑元镜
        - 寿昌元谧
        - 鼓山元贤
- 雪庵从瑾
- **永平道元**（日本曹洞宗之祖）

天童正觉（宏智）—净慈慧晖—华藏慧祚—东谷光—直翁举
- 云外云岫—**东陵永岐**
- **东明慧日**

禅之五派中，其末最盛者，临济宗也。至宋时分杨岐、黄龙二派：而杨岐宗之法孙，最为繁荣。世以此二宗加于五家，呼为五家七宗云。

临济义玄，嗣黄檗希运断际禅师之法；由南方北来，居镇州临济院，后移大名府兴化寺东堂。入寂于唐懿宗咸通八年；敕谥号慧照禅师。临济之后，经兴化存奖、南院慧颙、风穴延沼至首山省念，为汝州首山之第一世；更居汝州叶县之广教、宝应诸寺。首山嗣法中，有名者，为汝州叶县广教院之归省、潭州神鼎之洪諲、襄州谷隐山之蕴聪、汝州广慧院之元琏，及汾阳太子院之善昭等。善昭传之石霜楚圆：杨岐、黄龙，分于石霜之下。

- 临济义玄
  - 兴化存奖—南院慧颙—风穴延沼—首山省念
    - 叶县归省—浮山法远—净因道臻
    - 神鼎洪諲
    - 谷隐蕴聪—金山昙颖
    - 广慧元琏—华严道隆
    - 汾阳善昭
      - 石霜楚圆
        - 翠岩可真—大沩慕喆—智海道平—净因继成
        - 蒋山赞元
        - 黄龙慧南
        - 杨岐方会
      - 琅玡慧觉
      - 泐潭晓月
      - 法华全举
      - 石霜法永
      - 天圣皓泰
      - 大愚守芝—云峰文悦
  - 三圣慧然

黄龙慧南敕谥普觉禅师，入寂于神宗熙宁二年；生前法席之盛，评者以为可比马祖百丈，嗣法者颇多：《续灯录》载有八十三人；其中以宝峰克文、晦堂祖心、东林常总三人，为其法流之最广者。宝峰克文居洪州泐潭；前曾住庐山归宗寺；真净禅师，其敕赐号也入寂于徽宗崇宁元年。晦堂祖心，继慧南法席；敕赐号宝觉禅师入寂于哲宗元符三年；其法嗣有死心悟新、灵源惟清等四十余人。东林常总，居江州东林兴龙寺；嗣法达六十二人之多；开先行瑛、泐潭应乾，其显著者也。

- 黄龙慧南
  - 宝峰克文
    - 泐潭文准
    - 兜率从悦
    - 清凉慧洪
  - 云居元祐
  - 开元子琦—荐福道英
  - 东林常总
    - 开先行瑛
    - 泐潭应乾
      - 胜因咸静
      - 圆通道旻
  - 仰山行伟
  - 晦堂祖心
    - 死心悟新—禾山慧方
    - 灵源惟清—长灵守卓—育王介谌—万年昙贲—雪庵从瑾—虚庵怀敞—明庵荣西（日本临济宗之祖）
    - 泐潭善清—山堂道震
  - 泐潭洪英
  - 云盖守智
  - 保宁圆玑
  - 百丈元肃
  - 报本慧元
  - 福严慈感
  - 佛印宣明
  - 大沩怀秀—大沩祖瑃
  - 黄檗惟胜—昭觉纯白

兹就杨岐派略述之：此派在五祖山法演之卜；出佛鉴（慧勤）、佛眼（清远）、佛果（克勤）三佛：三佛中，佛果克勤之法，尤为盛大；实为虎丘、径山二大系所自出。

杨岐方会入寂于仁宗庆历六年，嗣法者凡十二人；白云守端为其上首，为圆通居讷所推选，历住承天、圆通二寺；后迁法华、龙门、兴化、海会诸寺；所至归依者众，有如云集。入寂于熙宁五年。蕲州五祖山之法演，嗣其法，法嗣二十余人；昭觉克勤，其一也；以原本《雪窦颂古》，加以垂示、着语、评唱，造《碧岩集》而得名。初在成都照觉寺，后会张商英无尽居士于荆南，应其请而留碧岩；复受诏移住金陵蒋山；更奉敕住元宁、万寿诸寺；建炎初，又转镇江金山；时值宋都南迁，南宋之初，高宗赐号圜悟禅师高宗绍兴五年。太平慧勤，与昭觉克勤齐名；人咸称之曰：五祖下之二勤；慧勤居舒州之大平寺；清远住舒州之龙门寺；其下有牧庵法忠；牧庵下有普庵印肃。

杨岐方会—┬—保宁仁勇 ┌—云盖智本
　　　　　└—白云守端—┴—五祖法演—┐
┌———————————————————┘
├—太平慧勤 —┬—文殊心道
│　　　　　　└—佛灯守珣
├—云居善悟
├—龙门清远—┬—牧庵法忠—普庵印肃
│　　　　　　└—雪堂道行—晦庵慧光—蒙庵元聪—泉涌俊芿（日本）
├—开福道宁—月庵善果—老衲祖证—月林师观—无门慧开—┐
│　　　　　　┌————————————————————┘
│　　　　　　└—法灯觉心（日本）
├—大随元静
├—天目齐—懒牛和—竹林宝—竹林安—海西堂容庵—中和璋—海云印简—┐
│　　　　　　└—可庵朗（刘文贞）
└—昭觉克勤（圜悟）—┐
　┌———————————————┘
　├—此庵景元—或庵师体—天童智颖—径山如珏—圣禅无传（日本）
　├—灵隐慧远—┬—疏山如本
　│　　　　　　└—叡山觉阿（日本）
　└—育王端裕—净慈师一—天童达观

克勤法嗣，多至七十五人；其法流以虎丘、径山为最大；虎丘一派，分松源、破庵二流；径山一派，分灵隐、北涧二流；兹示之于下：

（一）虎丘绍隆—天童昙华—天童咸杰

- 荐福道生—径山道冲
  - 月潭智圆—东里弘会
  - 顽极行弥—一山一宁—石梁仁恭
- 松源崇岳
  - 天童文礼—育王如珙—保宁清茂
    - 月林道皎（日本）
    - 石室全玖（日本）
    - 竺僊梵仙
  - 无明慧性—兰溪道隆镰仓、建长寺之开山
  - 金山善开—径山心月—大休正念
  - 道场普岩
    - 净慈衍—西涧子昙
    - 径山智愚
      - 巨山志源
      - 南浦绍明（日本）
  - 华藏觉通—径山普度
    - 无象静照（日本）
    - 胜林琼林（日本）
    - 径山净伏
      - 即休契了—愚中周及
      - 径山悦—是心来复—以亨兼
- 破庵祖先—径山师范—仰山祖钦—高峰原妙—中峰明本
  - 径山师范
    - 妙见道祐（日本）
    - 无学祖元—镰仓、圆觉寺之开山
    - 兀庵普宁
    - 环溪惟一—镜堂觉圆
    - 别山祖智—樵谷桂仙（日本）
    - 圆福法心（日本）
    - 圣一圆尔（日本）
  - 仰山祖钦
    - 径山希陵—别传妙胤
    - 灵云持定—般若世诚—仰山正友—无文元选（日本）
    - 灵山道隐
  - 中峰明本
    - 正宗了义
    - 大觉祖雍
    - 白云以假
    - 明叟齐哲（日本）
    - 右先印原（日本）
    - 远溪祖雄（日本）
    - 无隐元晦（日本）
    - 关西义南（日本）
    - 业海本净（日本）
    - 复庵宗已（日本）
    - 伏龙元长

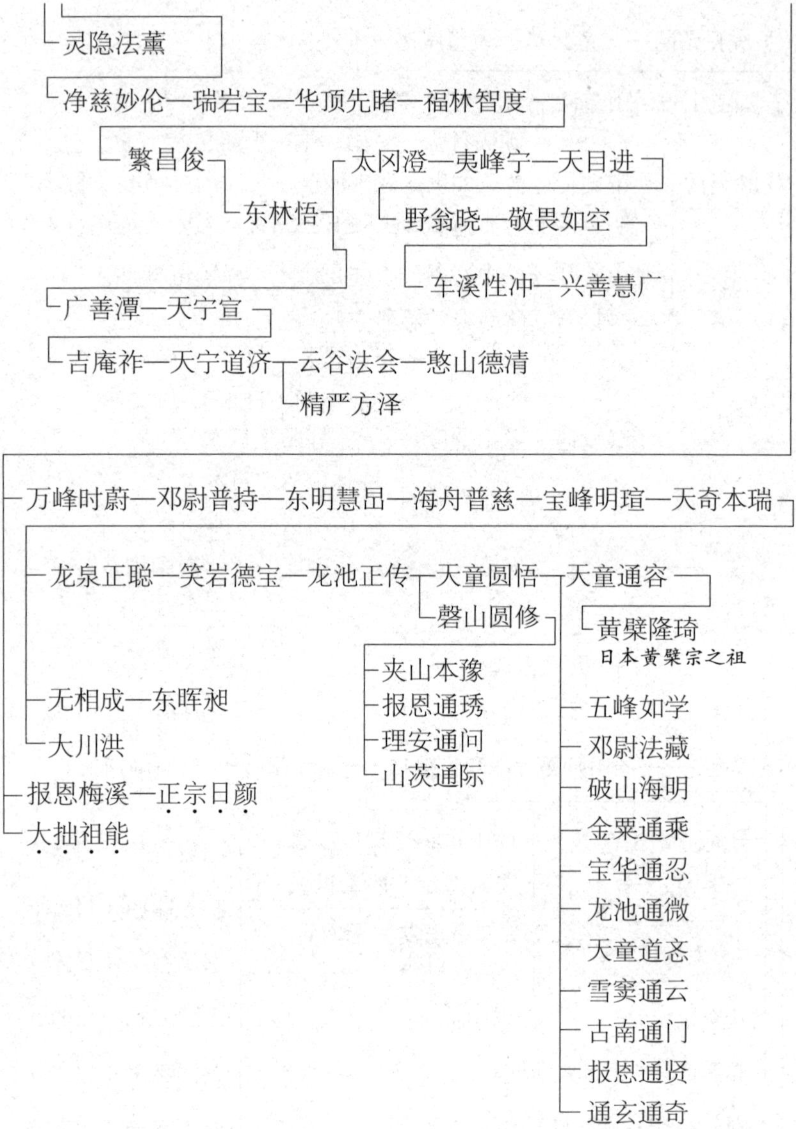
灵隐法薰
净慈妙伦—瑞岩宝—华顶先睹—福林智度
繁昌俊
东林悟
太冈澄—夷峰宁—天目进
野翁晓—敬畏如空
车溪性冲—兴善慧广
广善潭—天宁宣
吉庵祚—天宁道济
云谷法会—憨山德清
精严方泽
万峰时蔚—邓尉普持—东明慧旵—海舟普慈—宝峰明瑄—天奇本瑞
龙泉正聪—笑岩德宝—龙池正传
天童圆悟
天童通容
黄檗隆琦
日本黄檗宗之祖
磬山圆修
夹山本豫
报恩通琇
理安通问
山茨通际
五峰如学
邓尉法藏
破山海明
金粟通乘
宝华通忍
龙池通微
天童道忞
雪窦通云
古南通门
报恩通贤
通玄通奇
无相成—东晖昶
大川洪
报恩梅溪—正宗日颜
大拙祖能

（二）径山宗杲

- 教忠弥光
- 西禅鼎需—鼓山安永—净慈悟明
- 东林道颜—净慈彦充
- 育光德光
  - 径山如琰
  - 天童了派
  - 灵隐之善—雪峰善珍—径山行端—径山智及
    - 灵隐忻悟
    - （姚广孝）
  - 北涧居简
    - 育王大观—仰山元熙
      - 祥符念常（著《佛祖通载》者）
      - 龙翔大訢
        - 天界宗泐
        - 东传正祖（日本）
    - 天祐思顺（日本）

平江府虎丘之绍隆入寂于南宋高宗绍兴六年，其法嗣仅昙华一人；昙华有嗣法八人，卓越者，咸杰一人也。咸杰之下：自松源、破庵等出，此派渐盛；破庵之后，尤极繁荣。松源崇岳，曾住景德灵隐寺；宁宗庆元六年，上书乞退居东庵，许之。松源入寂于南宋宁宗嘉泰二年之法，当镰仓中晚之际，盛传于日本；即中国宋末元初时也。

破庵之法，传于径山师范；师范历住雪窦、育王、径山诸寺；理宗时，召至修政殿说法；赐号佛鉴禅师。著有《语录》五卷行于世。入寂于理宗淳祐九年。据系谱所载，日本镰仓时代禅宗诸人，嗣径山之法者甚多。

径山宗杲，初参曹洞禅；因曹洞禅过重传授，以为禅乃佛自悟自证之法，岂别有传授者耶？于是去而之临济，承圜悟之法；在圜悟门下，最称卓越，名重一时；高宗命住育王；又受诏迁径山；孝宗时，赐号大慧禅师。入寂于孝宗隆兴元年。嗣法者九十余人。《续灯录》曰："鼎需、思岳、弥光、悟本、守净、道谦、遵璞、祖元、冲密等九人，皆契悟广大，先师而殁；其余皆道化一方，临济宗旨益振焉。"大慧之下，德光之门，分灵隐之善、北涧居简二派：出于径山智及门下之道衍，即助明成祖举兵之姚广孝也。

元以后，禅宗与喇嘛教俱盛；盖助元世祖成业之刘秉忠谥文贞，本属禅僧，故于临济宗之宏传称便焉。先是，秉忠居云中南堂寺时，适值海云印简，应世祖之召，乃随之而往；印简颇为世祖所尊信，故称为临济之中兴。武宗至大二年，敕赵孟頫撰《临济正宗碑》；其文曰："海云大宗师简公，性与道合，心与法宜；细无不入，大无不包；住临济院，能系祖传，以正道统；佛法盖至此而中兴焉。"其推崇可谓至矣。刘秉忠乃出于印简弟子可庵朗公之门下者也。

元代破庵一派之高峰原妙，其弟子以中峰明本、正宗了义为最著；而明本尤杰出。仁宗延祐五年，礼聘之不至；赐号佛慈圆照广慧禅师；谓其院曰正宗；英宗亦敬信之；寂后七年，在文宗时，更赐谥为智觉禅师。顺宗之世，以其《语录》三十卷，加入《藏》中；更赠号普觉国师。入寂于英宗至治三年。朝廷之尊崇，可谓至矣。中峰之法，在足利时代，盛传于日本。

明太祖本为禅僧，故明之佛教，大半属于禅宗；明末临济宗，据载在《会元续略》者观之，此大势可以窥知矣。《会元续略》曰："临济宗自宋季稍盛于江南，阅元而明，人宗大匠，所在都有；而韬光敛瑞，民莫得传；惟是天童、磬山、车溪三派鼎峙，支那学者，依为出世梯航。"要之：明末清初之际，禅宗已无昔日之盛，其系统可寻者，仅天童圆悟、磬山圆修、车溪性冲等三派而已。三人俱明末人，车溪寂于神宗万历三十九年；天童寂于毅宗崇祯十四年；磬山与天童同门，寂于崇祯八年；其时代盖相同也。

圆悟，号密云；宜兴蒋氏子。耕樵为业；年三十，弃家事龙池传和尚。掩关千日；后过铜官山顶，忽觉情与无情，焕然顿现，觅纤毫过患不可得，遂大悟。凡六坐道场，法席最盛；临济之传，称为中兴。时天童古刹久废；悟慨然重兴之。所嘱付弟子十二人。悟有《语录》十二卷行世。

圆修，字天隐；荆溪闵氏子。依龙池剃染；参父母未生前本来面目；工候急切，至百余日；偶读《楞严》至佛叱阿难此非汝心处，默然有省。厥后掩关两载，终日蒲团；正在绝念忘境之际，忽闻驴鸣，豁然大悟。于万历庚申，结茅磬山，渐成大刹。门下人材之众，与圆悟相埒。

同时有憨山大师德清，受禅于云谷法会；叹六祖大师旧址颓废，再兴之。其著述颇多；化度至盛。入寂于熹宗天启三年。兹举其著述之重要者于下：

《法华经通义》七卷

《法华经击节》一卷

《圆觉经直解》二卷

《大乘起信论疏略纂要》一卷

《大乘起信论直解》二卷

《观楞迦经记》十八卷

《金刚决疑》一卷

《般若心经直说》一卷

《肇论略注》二卷

《八十八祖真影传赞》五卷

《中庸直指》一卷

《老子道德经注》二卷

《庄子内篇注》四卷

又憨山《梦游集》（五十五卷），乃其门人据憨山手记而编辑者，此外尚有《憨山语录》（二十卷）。

明末高僧，有云栖袾宏；或以为属华严宗；然其一生所宏扬者，多属净土；盖宋明以后，各宗殆无不兼崇念佛也。曾至京师参遍融、笑岩天奇本瑞之法孙二师；嗣至东昌，途闻鼓声，忽然大悟。因其居杭州云栖入寂于明熹宗[1]万历四十三年，故世称云栖大师云。其著述如下：

《楞严经摸象记》一卷

《阿弥陀经疏钞》四卷

《阿弥陀经疏钞事义》一卷

《阿弥陀经疏钞问辨》一卷

《四十八问答》一卷

《净土疑辨》一卷

《西方发愿文》一卷

《遗教经论疏节要》一卷

《禅关策进》二卷

《梵网菩萨戒疏发隐》七卷

《沙弥律仪要略》一卷

《往生集》三卷

《缁门崇行录》一卷

《直道录》一卷

《自知录》一卷

---

1 “明熹宗”当作“明神宗”。

《山房杂录》二卷

《云栖遗稿》三卷

《竹窗随笔》三卷

《正讹集》一卷

此外尚有《云栖规约》《僧训日记》《戒杀放生文》《放生仪》等小篇。盖云栖本出于禅，又盛弘念佛，与天台蕅益，并称明末二大明星。闻谷大师广印，云栖弟子也；为作塔铭称之曰："一度弟子，千有余人；得戒弟子，万有余人。"足证其化导之盛。

紫柏真可大师，亦当时英俊，尝至京师参遍融禅师；后游诸方，历参知识。念《大藏经》卷帙重多，外间不易得见；因改刻方册，俾易流通；命其弟子密藏、幻予，先后任刊刻之事；贮板于径山寂照庵；世所称《径山藏》是也。闻谷碑铭中，称闻谷慕紫柏事迹，兴寺于其旧址。憨山大师亦颇忻慕之。著有《般若心经说》（一卷）、《般若心经要论》（一卷）、《般若心经直谈》（一卷）、《紫柏老人集》（二十九卷）、《紫柏老人别集》（四卷）等书。其嗣法系统亦不明。

（五）诸宗融合之倾向

宋初佛教再兴，汴京中央诸寺，仅有法相宗、南山律宗；禅宗、天台宗，只盛行于江南；其北传也，为时颇后；前已述之。是知法相宗，自为天台宗荆溪大师论破以后，尚借玄奘余力，行于京都；已无学德兼备者，足传于后世；降及元代，历史所传者，惟镇江普照寺之普喜（吉祥禅师）、秦州景福寺之英辨（普觉）及云岩之志德（佛光大师），称为元初学者而已；又明代有明昱者，唯识宗掉尾之大家也；著有《三十唯识约意》（一卷）、《百法明门论赘言》（一卷）、《观所缘缘论会释》（一卷）、《观所缘缘论释记》（一卷）、《唯识论俗诠》（十卷）、《因明入正理论直疏》（一卷）、《三支比量义钞》（一卷）等书；但自唐武宗会昌法难后，玄奘弟子窥基等所著之论疏，皆遭焚毁，中土失传；明昱殆未寓目；其传承既不详；所说亦多乖玄奘本旨；凡明代人之解释法相者，皆有此误，固不独明昱为然也。

明代禅、教、讲之区别，恐系宋末以来一般人之说；其教中似含有秘密佛教之仪式；故秘密佛教，在社会方面，颇占一部分势力；但在佛教史上，则无可记之事实。唐末宋初，秘密佛教人材间出，自后即不能窥知矣。

其仅可记者，为讲求学问之华严宗；与实际佛教之念佛宗。但此二者，亦不能谓为纯粹之华严宗，或纯粹之念佛宗；盖此等宗教状态，或受天台之影响；或与禅宗混合而成也。

华严宗，宋初有长水子璿，即世所称长水大师是也。自澄观大师传圭峰；圭峰传彻微；彻微传海印；海印传法灯；法灯传长水；华严宗至此，始复兴盛。相传长水初学华严于秀州洪敏，后闻琅玡慧觉汾阳善昭之下之名，随之学禅。将嗣其法，琅玡谓之曰："汝宗不振久矣；宜励志扶持，以报佛恩。"乃奉师训，居长水说《华严》，其徒多及千人。以贤首教义著《首楞严经义疏》（二十卷）、《大乘起信论疏笔削记》等书，知名于世。

长水之后有净源其先出泉州晋水，故世称晋水净源，学《华严》于五台山承迁《宗脉记》则以为子璿亦承迁弟子，而以宗密而下，经传奥、从朗、现而至承迁，以承迁亦现之弟子，但承迁之传不详，承迁著有《注金师子章》一卷，今存；后亦受教于长水，最后居杭州之南山慧因寺。当是时，华严宗经典，多所散佚，适高丽之义天，来华学佛教，所携华严经典甚多；尝决疑于净源；因此华严宗之书，得复归于中国；义天还高丽后，以《华严经》一百八十卷赠净源；即《六十》《四十》《八十》三译，即世称《三大华严》也；净源得此，为别建华严阁以藏之；故世亦谓慧因寺为高丽寺；称净源为华严宗之中兴者。著有《妄尽还源观疏钞补解》（一卷）、《原人论发微录》（三卷）；与师会之《一乘教义分齐章复古记》（六卷）、《焚薪》（二卷）、希迪之《五教章集成记》（一卷）、道亭之《五教章义苑疏》（十卷），称宋四大家。元初有仲华文才直觉国师，《佛祖通载》谓其著有《慧灯集悬谈详略》《肇论疏》等书。其弟子有大林了性弘教大师、幻堂宝严，京师之大宝积寺之妙文，亦为此宗之达者；明代有别峰大同，本学《华严》于春谷法师怀古肇公；后参中峰，中峰告之曰："贤首之宗，日远而日微矣；子之器量，足以张大之；毋久淹乎此也。"遂专弘《华严》；弟子之嗣法者，分布列刹。著有《天柱稿》《宝林类编》。同时有古庭善学，受《华严》于宝觉简公，融会甚深微妙之旨，学者宗之。降及明末，圆镜亦以学《华严》知名于世。云浪法师恩公，绍天界无极老人之统，承贤首二十三世之系，弘《华严》于金陵；三演大疏，七讲玄谈，尽得华严法界圆融无碍之旨；弟子分化四方者甚多。观元明之际，此宗学者，似尚不少；或者因其对于《华严》不能有所发挥，此宗遂渐就衰微乎？未可知也。

清凉宗密以后，华严颇近禅宗；长水既传琅玡之禅，别峰亦因中峰禅师之言，而弘《华严》；当时华严与禅之关系，略可推知。又自禅宗言之，法眼宗颇取华严教意，此可谓为取华严入禅者也。是则华严教义，纵存于元明之际，不过与禅相提携，以维持其余势耳。《宗脉记》以为自净源、冲观、师会、心、竹坡、悟、介、琼、南山、华春、谷遇，累代相承，而至别峰大同。

念佛宗，宋初以后，流传颇广；但非独立一宗，凡抱天台、华严乃至禅宗宗旨之人，以期念佛往生，或劝人念佛者；其人甚多，不遑枚举。

天台宗之四明三派中，神照一家，颇劝念佛；神照慕古庐山之风，结白莲社而修念佛；其念佛修行之处，阅六七年而为大刹。仁宗时，赐以白莲寺寺号。神照之弟子曰处咸，曰有严，曰处谦，《佛祖统纪》均有传；《处谦传》曰："熙宁乙卯（八年）四月丙寅，晨兴，沐浴更衣；集众讽《普贤行法》《阿弥陀经》；乃曰：吾得无生日用久矣；今以无生而生净土，即入定寂然。"《有严传》曰："畜一钵无长物，躬拾薪汲水，食惟三白；毗尼条章轻重等护二十年；专事净业；以安养为故乡；作怀净土诗八章，辞情凄切，人多乐诵；常时所修三昧，多获瑞应。"有严著有《阿弥陀礼文》。左伸，亦神照之弟子，刻西方三圣像，旦夜虔事；临终，请僧讽诵《阿弥陀经》未彻，即云：我已见佛光矣；遂沐浴更衣，戒左右勿哭，勿逼吾前，称佛结印而化。

处谦弟子曰净梵，曰择瑛，曰思照，曰行人宗利，俱念佛行者，其传载在《统纪》。《净梵传》载"十岁出家，常念阿弥陀佛"。《择瑛传》载有《净土修证仪》《阿弥陀佛身金色之偈》；又辨西方此土二种观门之相，以劝专修净业者；殁时亦"西向讽《弥陀经》，卷终而逝"。《思照传》曰："专修念佛三昧，筑小庵曰德云；后连小阁，为观落日之所；刻三圣像，每夜过午，即起念佛；月二十三日，率道俗系念，终其身三十年；一旦语其徒曰：夜梦佛金身丈六，此往生之兆也；请僧七日以助念佛；屈指作印，奄从坐化。"《宗利传》亦云："于静定中神游净土，见宝池莲花宝林境界；寻诣新城碧沼，专修念佛三昧，经历十年。"在处咸弟子元慧之下者，有了然；其传亦载"集众说法；复大书曰：因念佛力，得归极乐；凡在吾徒，宜当力学；即沐浴更衣，与众同诵《阿弥陀经》，至西方极乐世界而逝"等语。以上所举，皆神照家也；其念佛修行之盛可知矣。

又念佛、天台二宗，关系最为密切；天台之行者，多修念佛，以期往生西方；故不能仅谓为神照家念佛；今不过示其特著之一家而已。此外天台诸家之念佛者，代有其人，不遑枚举；唯石芝宗晓出于广智家之末。即著《乐邦文类》《乐邦遗稿》者与净土教关系最深，故表而出之。

《释氏稽古略续集》载元明之际，天台学者绝宗善继、瞽庵显示、无碍普智，皆专修净业，或弘扬之。《诸嗣宗脉记》载竹庵可观之法，传于北峰宗印；北峰之下，有相洲怀坦、剡源觉先、佛光法照等；自佛光经子庭师训出东溟慧日；其下有无碍普智；又自剡源，出云梦泽、佛鉴铦；二人门下各有著名之大师，即虎溪怀则、湛堂性澄是也。瞽庵、绝宗二人，共出湛堂之门。此外明初之蘧庵大祐，为玉冈蒙润之弟子；兼天台、华严之学；著有《弥陀略解》《净土指归》等书，行于世。

宋以后，诸宗学者，兼力弘念佛之高僧，当以唐末之永明延寿、宋初之灵芝元照、明末之云栖袾宏、蕅益智旭为最著。

永明延寿，法眼宗之大宗匠也；著《宗镜录》见前法眼宗下；应吴越忠懿王之请，住灵隐；后迁永明；禅与念佛兼修，夜则往别峰，修行道念佛之法。忠懿王为之建西方香严殿焉。石芝宗晓，在古来净土行者中，选出最著者七人，为莲社之七祖，呼延寿为其第六祖。（第一祖庐山慧远；第二祖光明善导；第三祖般舟承远；第四祖五会法照；第五祖新定少康；第六祖永明延寿；第七祖昭庆省常。）

灵芝元照律师，以天台教义释律；且当时禅宗甚盛，动逸纲纪；见持守坚固者，反嘲为执相，弊害甚大；遂唱导教、律、禅一致之论；同时以念佛之教，普劝道俗；其翻刻《慈愍三藏文集》也；宗旨有二：一为明慈愍之教、律、禅一致之说；一为供其弘通念佛教之用。《慈愍集》今不存，故内容不明。

“长芦宗赜，与当时名胜，盛结莲华净土念佛社”；乃《释氏稽古略》引《苇江集》中之语，盖在宋哲宗时代与元照同时也；所谓莲华念佛，其慕庐山白莲社之遗风乎。灵芝律师之前，当真宗之世，有圆净法师省常者，慕庐山之风，隐遁西湖之滨，结白莲社修念佛，后改净行社；当是时，入社者甚多；谓与昔时慧远之社媲美而无惭德省常寂于真宗天禧四年。其后则有天台神照一如之念佛，慕庐山之风，建白莲寺，修念佛，已如前述。又元照之普劝念佛；同时有给事中冯楫，与贤士大夫，高僧逸士，思继庐山莲社遗风，月修系念净土会；又圆辨道琛法师，所至建每月二十三日之净土系念道场；与禅、律、讲诸宗学者道俗，同修念佛；不期而至者，常逾万人；宋代白莲社念佛之盛，可以知矣。

明有庐山遍融，后入汴京，盛弘其教；受上下流归向；云栖大师，曾参谒之；遍融告之曰："不要贪名图利；勿扳缘贵要之门；唯一心办道，老实持戒念佛。"云栖虽亦参笑岩，迹其生平，似颇受遍融之感化。

云栖大师，于弘通念佛，有甚深之因缘，于前举之著述，可以知之。云栖本禅宗之人，其教理之解释，则用华严宗，此盖受其师遍融之影响，《续稽古略》称遍融"证华严三昧，得大解脱法门"；可知其系华严宗人。故云栖判念佛教，谓其在小始终顿圆五教中，正属顿教，而兼通终圆二教也。

蕅益大师智旭，俗姓钟氏；少好儒，颇斥佛教；十七岁，读云栖《竹窗随笔》，大悔悟；二十四岁，梦受教于憨山，欣然慕之；以道远未能往学；乃依雪岭出家。雪岭，憨山弟子也。盖蕅益本出自禅宗，后拟注《梵网经》，作四阄问佛？一曰宗华严、二曰宗天台、三曰宗法相、四曰自立宗，频拈得天台；遂潜心研究天台著述。晚年住灵峰，世称灵峰老人。但蕅益于律、法相、念佛种种方面，著述颇多；因近世天台学者，与禅宗、华严、法相，各持门户之见，不能和合；心勿谓然，故决不以一宗学者自居寂于永历元年。其著述现存者如下：

《楞严经玄义》二卷　　《楞严经文句》十卷

《楞伽经玄义》二卷
《楞伽经义疏》九卷
《盂兰盆经新疏》一卷
《占察善恶业报经玄义》二卷
《占察善恶业报经义疏》四卷
《金刚般若经破空论》一卷
《金刚般若经观心释》一卷
《般若心经释要》一卷
《法华经会义》十六卷
《法华经纶贯》一卷
《佛遗教经解》一卷
《四十二章经解》一卷
《八大人觉经略解》一卷
《阿弥陀经要解》一卷
《梵网经菩萨心地品合注》七卷
《梵网戒本经笺要》一卷
《梵网经菩萨心地品玄义》一卷
《四分律大小持戒犍度略释》一卷
《斋经科注》一卷
《优婆塞五戒相经笺要》一卷
《羯磨文释》一卷
《在家律要后集》三卷
《律要后集》一卷
《梵网经忏悔行法》一卷
《毗尼事义集要》十七卷
《沙弥十戒威仪录要》一卷
《大乘起信论裂网疏》六卷
《唯识心要》十卷
《三十唯识直解》一卷
《大乘百法明门论直解》一卷
《观所缘缘论直解》一卷
《观所缘缘论释直解》一卷
《因明入正理论直解》一卷
《大乘止观法门释要》六卷
《八识规矩颂直解》一卷
《唐奘师真唯识量略解》一卷
《六离合释法式略解》一卷
《教观纲宗》一卷
《法华玄义节要》二卷
《占察善恶业报经忏仪》一卷
《赞礼地藏菩萨忏仪》一卷
《大悲行法辩伪》一卷
《阅藏知津》四十八卷
《法海观澜》二卷
《绝余编》四卷
《见闻录》一卷
《辟邪集》一卷
《灵峰宗论》三十七卷
《选佛谱》二卷
《重订诸经日诵》二卷
《周易禅解》十卷
《四书解》卷数不详

蕅益之意以为佛教各宗，虽分派相争；然元来目的则一，不外乎明其自心而已。故唱诸宗融合一致论；谓佛教有教、禅、律三大区别：禅为佛心；教为佛语；律为佛行；此三者具备，始为完全佛教；执一以相争者，乃学者之误谬；此蕅益对于佛教思想之大体也。

总之宋以后之佛教，唯禅独盛；以无所羁束为高，其弊在放浪；因惹起其他教律之抗争，不易一致；故眼光高大者，或谓禅、教一致，或唱三学一源，以企其融合；其教中则以天台、华严、法相、念佛四者为主要也。此教、禅、律三者一致论之结局，而蕅益大师于是出世矣。蕅益之地位，于其著述之广，可以知之。元代虎溪怀则著《佛心印记》，对抗禅宗、华严宗，以天台为佛祖正传之心印，乃最有名之学者也。

佛教内部既有融合论；而对于道、儒二教一致之论亦渐起；佛教徒注儒书及《老》《庄》，以谋发挥其旨者亦渐多。但老子与佛教类似之处颇多，故其间争论亦烈；同时亦有相近之倾向始于南北朝时代，前既言之矣。儒家与佛教之性质，相去较远；儒为世间法，可称政治学；佛为出世间法，属于宗教；范围不同，故其争较少。降及宋世，理学勃兴；形而上的宇宙论，近于佛老所谈；争端复烈，势所必然。盖宋儒之学问，大都受佛教影响；其后王阳明之良知说，亦决不能出佛教之范围；而与儒教以莫大影响者，自属当时最盛之禅宗。于是佛儒因性质类似而相争；未几，又产出融合论矣。

唐韩退之、宋欧阳修之毁佛也，概系攻击其表面上之事实即附随于佛教而行之迷信，或其弊害；而未能达佛教之教理，触其深远之问题。至柳宗元颇反对韩退之，而为佛教辩护；苏东坡则笃信佛教，于教理研究颇深。是则儒者中之儒佛一致论，唐时已有之矣。

佛教徒中，攻击儒教最有名者，莫如宋之契嵩。其《镡津文集》中，载有《非韩》三篇，取韩退之之文，一一驳诘，殆无余蕴。然就其《辅教编》观之，契嵩受儒教影响亦颇甚；其《孝论》，即以佛教而融合儒的世间教；此契嵩所以为儒佛一致论者中之最古者也。当是时，欧阳修、李泰伯，盛为排佛论；契嵩往晤李泰伯，论儒释吻合，为之作《原教》《孝论》。泰伯颇喜其文，异其说，致书欧阳修誉之。

其后明之愿证，著《观幻子》谓合儒释一贯之妙；沈士荣著《续原教论》，讨论三教异同；姚广孝出《道余录》，驳二程朱子之说；明太祖亦有《三教论》《释道论》。此外禅僧中，有论道儒二教者；儒者中，亦多有论佛教者；今姑从略；惟就明末最后出之三教融合论者，憨山、蕅益二人述之。

憨山有《中庸直指》《老子解》《庄子内篇注》等书；蕅益有《四书解》《周易禅解》等书；憨山之《老子解》，卷端有《观老庄影响论》一名《三教源流同异论》，其主张三教一致，最为明显；实欲以禅意使三教合一者也。其文曰："余尝以三事自勖曰：不知《春秋》，不能涉世；不知老庄，不能忘世；不参禅，不能出世；知此，可与言学矣。"又曰："孔子，人乘之圣也；故奉天以治人；老子，天乘之圣也；故清净无欲，离人而入天；声闻缘觉，超人天之圣也；故高超三界，远越四生，弃人天而不入；菩萨，超二乘之圣也；出人天而入人天，故往来三界，救度四生，出真而入俗；佛则超圣凡之圣也；故能圣能凡，在天而天，在人而人，乃至异类分形，无往而不入。"由此观之：憨山三教一致之要领，可以知矣。

第十七章　近世之佛教

（一）概说

近世佛教，乃就有清一代，及民国以来佛教兴衰言之；清代康熙、乾隆二帝，尽力振兴儒教；对于佛教，亦颇提倡。喇嘛教本为元明二代之怀柔藩部政策；其寺院之配置，僧侣之阶级，廪饩之额数，皆有定制。清代所护喇嘛，皆黄衣派；而称本国固有之佛教徒为青衣派。然顺治、雍正二帝之参禅，乾隆帝之翻译经典，则于固有之佛教，关系至深；可谓清代佛教之全盛时期。嘉庆以后，国势凌替，佛教亦随之衰颓。至光绪年间，士夫竞谈变法；输入西洋哲学，推翻墨守儒说之成见；同时研究佛学之风，亦勃然兴起。民国以来，战乱不息，人心觉悟，研究佛教者，乃不期而同；创设佛教会，刊刻经典，各省皆有此机关焉。

（二）清代之喇嘛教

喇嘛分西藏、蒙古二支，已于第十六章述之。清制：喇嘛分驻京喇嘛，及西藏、蒙古各部喇嘛，而皆受前藏达赖喇嘛之管辖。喇嘛官秩，达赖、班禅以下，有札萨克、苏拉、德木齐、格斯贵等名。驻京者，设掌印札萨克大喇嘛一人，副札萨克大喇嘛一人，札萨克喇嘛四人，达喇嘛十七人，副达喇嘛四人，苏拉喇嘛十九人，教习苏拉喇嘛六人，德木齐三十一人，格斯贵五十人；其徒众曰格隆，曰班第。内务府三旗，及东陵隆福寺、西陵永福寺，皆设置喇嘛若干人。此外热河、盛京、五台山、归化城、多伦诺尔等处，咸设喇嘛；额缺升转，皆照驻京喇嘛之例。

顺治八年，创建后黄寺剃度喇嘛百有八人。十四年，后寺中，唪经喇嘛，定为四百人。雍正帝在藩邸，即喜研内典；受国师章嘉呼土克图之指导。及即位；兴修此邸，号雍和宫，为京师第一大庙；设王大臣管理之。宫内中正殿，为喇嘛唪经之所；定例：每日以二十人，在前殿唪《吉祥天母经》；以九人在后殿，唪《无量寿经》；以三人在后殿，唪《龙王水经》。

乾隆元年，议准在京各寺庙，原有度牒之喇嘛、格隆、班第，共九百五十九名。后增建福祐寺，食钱粮之格隆、班第，共三百十四名；皆未得度牒，乃按名补给。其额外所收之徒，遇食粮有缺，方予充补。

达赖喇嘛、班禅额尔德尼分主前后两藏。乾隆时，理藩院造册：至第六世达赖，所辖寺庙，计有三千一百五十余所；共计喇嘛三十万二千五百余人；班禅所辖寺庙三百二十七所；共计喇嘛一万三千七百余人。

（三）清代对于佛教之保护及限制

满洲民族，早崇喇嘛教，与蒙古相似。清初诸帝，对于佛教，颇示尊崇；故保护亦备至。雍正《御选语录》有云：“我朝之初居东土也；风俗淳古，实忠实孝；历代敬礼佛天；而于僧道，并无不问高下，一概尊敬之事；与蒙古习尚迥殊。”是知清代之尊敬佛教，非漫无区别，一概盲从者也。

清代一方尊重佛教；同时于寺观之建置，僧尼之剃度，又严加限制。顺治年间，定僧道官制，京师设僧录司、左右善世、阐教、讲经、觉义，掌释教之事；各直省府属设僧纲司；置都纲一人、副都纲一人；州属曰僧正司；县属曰僧会司；各掌其属释教之事，悉依明制。

对于寺观庵院之建立，所定限制，甚为严厉。《大清律例·户律》中规定："凡寺观庵院，除现在处所外先年额设不许私自创建增置；违者杖一百；僧道还俗，发边远充军；尼僧女冠，入官为奴；地基材料入官；民间有愿创建寺观者，须呈明督抚具奏；奉旨，方许营建。"

又出家亦悉依明代以来旧制，须由官给度牒，不许任意出家。《大清律例》中亦有规定："若僧道不给度牒，私自簪剃者，杖八十；若由家长，家长当罪；寺观住持，及受业师私度者，与同罪；并还俗。"然此项限制，事实上乃因僧道无户籍，可免纳丁税而设；自雍正年间，并丁税于漕粮；僧道之多寡，与税额无何影响；于是度牒之制，遂无形而废弛。

又"民间子弟，户内不满三丁，或年在十六以上而出家者，俱有罪；应付火居等僧道，不准滥受生徒；其年逾四十者，方准招徒一人；如年未四十，即行招受，及招受不止一人者，均照违律论罪。"

此等限制，定例虽严；然其后亦为具文，僧徒随意出家，比比皆是；或穷乏不能自存，则遁入空门；甚至犯罪者，亦借寺庙为藏匿之地；古人所谓出家乃大丈夫之事者，至是寖失其本意矣。

（四）清初诸帝之信佛

（甲）顺治帝之参禅

顺治帝自统一中原以后；一改满洲专崇喇嘛之旧习，而归依禅宗，颇致力于参究；观其与玉林琇和尚，及其弟子玶溪森和尚之关系，可以知之；玉林名通琇，系临济第三十一世，即磐山圆修之弟子也。顺治十五年，曾下敕谕；特遣使迎接玉林；有云："尔僧通琇；慧通无始，智洞真如；扫末世之狂禅，秉如来之正觉。"又十六年敕谕有云："尔禅师通琇；临济嫡传，笑岩近裔；心源明洁，行解孤高；故于戊戌之秋；特遣皇华之使；聘来京阙，卓锡上林；朕于听览之余，亲询释梵之奥；实获我心，深契予志；洵法门之龙象，禅苑之珠林者也。"其尊崇可谓至矣。玉林至京；顺治帝即于万善殿，请师升座说法；后迎入西苑，时时问答；遇合之隆，一时无比。既而玉林坚请还山；帝许之；留其首座玶溪行森，问答称旨。赐玉林号为大觉普济禅师；玶溪为明道正觉禅师。

然顺治帝之参禅，乃自憨璞和尚始；《宗统编年》载憨璞和尚，住京都海会寺；都门宗风，自此大振；顺治帝因狩南苑，幸海会，延见憨璞和尚，始与禅宗接触云：

顺治十四年，冬，十月；海会憨璞性聪和尚，结制万善殿；先是：上狩南苑，因幸海会；延见聪，奏对称旨；复召入禁庭，问佛法大意；乃诏结冬万善殿；赐明觉禅师号。上后谓天童忞曰：朕初虽尊崇象教，而未知有宗门耆旧；知有宗门耆旧，则自憨璞始；憨璞固有造于祖庭者也。

顺治帝自憨璞奏对之后，乃留心参究；既有玉林师弟，复召玄水杲和尚，说法于内庭。十六年，冬，天童道忞和尚，奉召入京；进见于万善殿；传谕，免礼赐坐，慰劳叙谭毕；即谕万善憨忠广济三处结冬。帝亲至方丈问法；时玵溪森、玄水杲、憨璞聪，皆承召对。十七年，道忞还山，帝亲送出北门，赐号宏觉禅师。

帝于座右大书："莫道老来方学道，孤坟尽是少年人。"以自警惕；与禅门耆学相见；不令称臣致拜，从容握手，情逾师友；可知帝之参禅，必有心得，非一知半解者也。

（乙）康熙帝之崇佛

康熙帝在位六十年；对于儒教及各种学术，均积极整理；成《康熙字典》及《数理精蕴历象考成》等巨著；而对于佛教，亦禀前代成规，特加保护。二十三年，南巡，临扬州之天宁、平山二寺，各有题词；天宁曰萧闲，平山曰怡情；至金山敕重加修建，亲制文勒石纪之；书扁额曰江天一览；此外所至江南名刹，多有题词。二十八年，二次南巡；至苏州邓尉山圣恩寺，亲拈香礼佛；赐额曰松风水月；至灵岩；赐书翠岚二字；复至杭州之灵隐云栖，而回江宁大报恩寺等处；所至遇山林学道之士，优礼有加。又曾发帑重修补陀罗迦普济寺，亲制碑记，有云："海寇猖狂，寺宇梵刹，皆为灰烬；自康熙二十二年，荡平台湾，海波永息；朕时巡浙西，特遣专官，虔修净供；敬书题额，永镇山门；复发帑重建寺宇，上为慈闱延禧，下为苍生锡祉。"又亲制重修天竺碑文，有云："能仁之量，等于好生；佛道之成，关乎民隐；将使般若之门，随方而启；仁寿之域，举世咸登。"康熙帝自言弱龄诵读经史，未暇览金经贝叶之文；观其所作碑记，乃抱儒释一致之思想；固未若顺治之能亲领禅悦；而其尊崇佛教，则犹先代之遗风也。

（丙）雍正帝之参禅

雍正帝于禅门，颇有造诣；自言得力于西藏喇嘛章嘉呼土克图；兹节引《御选语录》卷十八后序文于下：

朕少年时，喜阅内典；惟慕有为佛事；于诸公案，总以解路推求，心轻禅宗；谓如来正教，不应如是；圣祖敕封灌顶普慧广慈章嘉呼土克图喇嘛，乃真再来人，实大善知识也；梵行精纯，圆通无碍；藩邸清闲，时接茶话者十余载；得其善权方便，因知究竟此事。

帝之为此言，盖初时惟知从佛教经典上研求，而未知心性中向上之事，与一般学人所犯之病相同；及接近国师，而方能省悟也。帝曾于康熙年间，延禅僧迦陵性音，屡为结制；帝着力参究，偶有省悟；性音赞为大悟彻底；帝不自信，叩问章嘉；章嘉则不许之，更勉其进步。故帝于章嘉，极端信仰；称为证明之恩师。

帝自号圆明居士，曾辑古来禅师语录中之提持向上，直指真宗者，编为十九卷；名《御选语录》。而以自己与人问答言句，收录于第十二卷，颇多奇拔之语。兹录一二则于下：

众生不了，犹如小儿放风筝相似；随风放去，风定却复收来；收来放去，实同儿戏；何日是了期；所以古德每拈云："脚跟下红丝断也未？"此语甚亲切；譬如风筝线断，纸鸢落在何处？参。

学人初闻道，空境易，空心难；究竟则空心易，空境难；空境而不空心，到处为碍；空心而不空境，触途成滞；应知心外复有何物可空；物外复有何心可空；所以云："我自无心于万物，何妨万物常围绕。"少有分别心，则非第一义；若不如是，必不能守。

帝于即位之后；又在内廷与王大臣参究禅理；集此等诸人之语录，亦为一编；名曰《御选当今法会》；附于《御选语录》之十九卷。

帝既喜研禅理，又极提倡净土；盖鉴于禅门空洞之弊，而欲矫正之，示学人以脚踏实地之修行也。其于净土祖师，特提莲池大师，以为模范；《御选语录》中，采其要语，别为一卷；帝自制序文有云：

达摩未到梁土以前，北则什公弟子，讲译经文；南则莲社诸贤，精修净土；迨后直指心传，辉映震旦；宗门每以教典为寻文解义；净土为着相菩提；置而勿论；不知不觉，话成两橛；朕于肇法师语录，已详言宗教之合一矣；至于净土之旨，又岂有二……曹溪十一传而至永明寿禅师；始以净土提持后学；而长芦北涧诸人，亦作净土章句；及明莲池大师，专以此为家法；倡导于浙之云栖；其所著《云栖法汇》一书，皆正知正见之说；朕欲表是净土一门，使学人宴坐水月道场，不致歧而视之，误谤般若；故择其言之融会贯通者，刊为外集，以示后世。

雍正帝之重要著述：有《御选语录》十九卷，及《拣魔辨异录》八卷；《御选语录》分正集、外集、前集、后集之四类；其正集中所采语录：为僧肇、永嘉觉、寒山、拾得、沩山祐、仰山寂、赵州谂、云门偃、永明寿、雪窦显、圆悟勤、玉林琇、茚溪森十三人；而以道教之祖师紫阳真人张平叔及自己所著《圆明居士语录》，加入之；外集则采云栖莲池大师语录；前集、后集，则采达摩以下历代禅师之语录；末卷更附刻《当今法会》；由此编次之意观之：正集中以张平叔，与诸禅师并列，以示紫阳之由道入释；于古代佛教中，特冠以罗什门下之僧肇，最后则又附入云栖，盖有调和教禅净三宗之意焉。

至于《拣魔辨异录》，乃为天童圆悟禅师之弟子法藏著《五宗原》，标立邪说，有背师旨；悟禅师曾有《辟妄救略说》以驳斥之；而法藏之弟子弘忍，复作《五宗救》一书，以回护邪说；故帝特作此书，逐条驳正之；并将藏内所有法藏弘忍之语，及《五宗原》《五宗救》等书，尽行毁板；其所颁上谕有云：

法藏之言，肆其臆诞，诳世惑人，此真魔外知见；如魔嗣弘忍，中其毒者，复有《五宗救》一书；一并流传，冀魔说之不朽，造魔业于无穷；天下后世，具眼者少；不知其害；即有知而辟之者，有德无位，一人之言，无征不信……朕为天下主，精一执中，以行修齐治平之事；身居局外，并非开堂说法之人；但既深悉禅宗之旨，洞知魔外之情，灼见现在魔业之大，豫识将来魔患之深，实有不得不言不忍不言者。

帝盖鉴于明末禅门党同伐异之弊，徒在知见上逞机锋，而忘却向上一著，故慨乎言之；观《御选语录》后序中：性音劝帝研辨五家宗旨，帝谓五家宗旨，同是曹溪一味；不过权移更换面目接人；可知帝乃不承认有五家之区别；而主张五家一致之说者；其驳弘忍之《五宗救》，特就门户之见最甚者斥之耳。上谕又云：

粤稽三教之名，始于晋魏；后世拘泥崇儒之虚名，遂有意诋黜二氏；朕思老子与孔子同时；问礼之意，犹龙之褒，载在史册；非与孔子有异教也，佛生西域，先孔子数十年；倘使释迦孔子接迹同方，自必交相敬礼……后世或以日月星比三教，谓某为日，某为月，某为星；朕意不必如此作拘碍之见；但于日月星之本同一光处，喻三教之异用而同体可也；观紫阳真人之外集，自可无疑于仙佛一贯之旨；道既一贯，愈可以无疑于三教并行不悖之理；爰附及于此，使天下后世，真实究竟性理之人，屏去畛域，广大识见，朕实有厚望焉。

由上言之：可知帝更主张三教一致之说者；以《史记》孔子问礼于老聃之故事，引证儒道二教之根本相同；并引隋李士谦以佛比日，以道比月，以儒比五星之说而修正之；此亦宋明以来三教合一论之影响，而帝之主张，更为鲜明也。

（丁）乾隆帝之刻经事业

顺治、康熙、雍正三朝之振兴佛教，比诸唐宋开国时，亦无逊色。至乾隆帝则尽力于雕刻大藏经，及翻译国语藏经等，亦伟大之事业也。明万历十七年所刊《大藏》，计六千七百七十一卷；乾隆三年，乃敕选后世大德著述，增入藏中，为千六百七十二部，七千二百四十七卷，名曰《大清重刊三藏教目录》；从事雕刻，即所谓《龙藏》是也。然清代雕刻藏经，在康熙帝时，已编集《圆觉》《金刚》《楞严》《维摩》《仁王》《楞伽》《深密》《涅槃》《心地观》、诸部般若等二十二经，在内府出版；此《龙藏》乃经始于雍正帝，至乾隆帝而完成者也。《汇刻书目》第十九册卷首释藏之夹注下，有云："我朝雍正十三年，特开藏经馆；收奇黜妄，整理编刊；命和硕庄亲王等董其事，至乾隆三年竣工，颁发各省寺院；诚巨典也。"此可以为证矣。

乾隆帝又以满洲语翻译《大藏经》；《卫藏通志》卷首载《御制清文翻译大藏经序》有云：

若夫订《四库全书》，及以国语译汉全藏经二事；胥举于癸巳年六旬之后；既而悔之，恐难观其成；越十余载而全书成；兹未逮二十载，而所译汉全藏经又毕蒇。夫耳顺古稀，已为人生所艰致：而况八旬哉！兹以六旬后所创为之典，逮八旬而得观国语《大藏》之全成；非昊乾嘉庇，其孰能与于斯？而予之所以增惕钦承者，更不知其当何如矣。

乾隆帝为历代帝王中寿命独长之人；其订正《四库全书》，及国语翻译藏经，经始于乾隆三十八年即六十二岁之时；《四库全书》，历十余年告成；翻译藏经，则费十八年之岁月，至乾隆五十五年始竣工；帝年已七十九岁，其得意欣悦之情，可想见也。又云：

至于国语译大藏，恐人以为惑于祸福之说，则不可不明示其义；夫以祸福趋避教人，非佛之第一义谛也；第一义谛，佛且本无，而况于祸福乎；但众生不可以第一义训之，故以因缘祸福，引之由渐入深而已。

是盖说明佛教之第一义谛，本来空寂，超越于祸福之说；以祸福引诱众生，使之趋避，乃佛教之方便说也。又云：

然予之意，仍并不在此。盖《梵经》一译而为番（西藏）；再译而为汉；三译而为蒙古；我皇清至中国百余年，彼三方久属臣仆，而独阙国语之《大藏》，可乎？以汉译国语，俾中外胥习国语，即不解佛之第一义谛，而皆知尊君亲上，去恶从善，不亦可乎？是则朕以国语译《大藏》之本意，在此不在彼也。

由此观之：乾隆帝以国语翻译藏经之本意，可知矣。盖自宋初仿唐制，设译经馆；历元及明，均以刊印《大藏经》，为国家事业之一；清室继之，而有《龙藏》之编辑，意在超越前代，夸耀后世也。然元世祖命发思巴，始创蒙古新字；至武宗至大三年，召集藏蒙汉及西域学者，从西藏之《大藏经》，重译成蒙古文，称《蒙古藏经》；若清代无满洲语藏经，则视元为逊色；故乾隆帝汲汲图之，而有三方皆为臣仆，不可独阙国语《大藏》之言也。至于借翻译藏经，希冀以国语普及中外人民，亦为彼大一统之梦想也。国语《藏经》有一百八函，六百九十九部，二千四百六十六卷。

乾隆二十四年，帝曾命和硕庄亲王允禄，选择通习梵音之人，将全藏经中诸咒，详加订译；编为《满汉蒙古西番合璧大藏全咒》；计八十八卷；附《同文韵统》六卷；《字母读法》一卷；《读咒法》一卷，共九十六卷。当时颁发京城直省各大丛林；今则皆已不存；惟北京之雍和宫及观音寺，各存一部；版藏内庭，亦已散失。近由居士徐文霨、蒋维乔、陈汝湜等发起，向观音寺借得原本；由商务印书馆影印流通。此四译对照之全咒，亦乾隆帝一大事业也。

（五）嘉道以后佛教之衰颓

嘉庆道光之时，国势中衰；当时佛教传承，亦无前此之隆盛；而一部分自命儒教之学者，又墨守韩愈辟佛之成见，尽力排击佛教；僧徒流品既杂，寺庙中几为游民托足之所；遂致自暴自弃，日陷于衰颓而不可挽矣。在此期间，有可注意之二事：即太平天国之排佛及居士之勃兴是也。

（甲）太平天国之排佛

咸丰年间，洪秀全特起于广西；建立太平天国；以耶稣教为号召，自称上帝之第二子；对于异教，一切排斥；故无论佛寺、道观及民间祠庙；

师行所至，皆首先焚毁；神像经卷，破弃无遗；佛教上所受影响，殆匪细也。洪秀全以嘉庆十七年七月，生于广东之花县；七岁入村塾；天资敏捷，酷嗜史学，对古今兴亡大事，辄具卓见，为一乡所惊；后应试不第；见清廷政治腐败，官吏之贪黩，民生之困穷，遂有革命之志。是时有朱九畴组织上帝会，谋兴复明朝；彼与冯云山同往师事之；九畴死，秀全被推为教主；事闻于官，逮捕颇急；乃入耶稣教，借为护符；寻往香港，受英国某牧师教，得为广西之传道员；潜与其地豪杰杨秀清、萧朝贵、石达开等结交。会广西大饥，群盗蜂起；啸聚之众，多者数千人，少者数百人，各从事掠夺；秀全乘机与冯云山、杨秀清等，设立保良攻匪会；正在练兵集饷举旗兴师之时；秀全忽佯死，七日而苏；告其部众曰："上帝召余，告以天下有大劫，命余出而平之。"遂造《真言》《宝诰》，用作经典，俾众读之；且曰："入我乡拜我者可无事；上帝即吾父，耶稣为上帝之长子，余则次子也。"众皆惊异，信以为真；归依者日众。

道光三十年，秀全在平乐府之金田县起事；清室以承平日久，将骄卒惰，皆不能战；太平天国之军，所至克捷；十余年间，奄有广西、广东、湖南、湖北、江西、安徽、江苏、福建、云南、贵州、四川、山东、浙江等省，占天下三分之二。以咸丰元年十二月二十五日，为太平天国元年；一月元旦，定都南京；秀全自称天王。直至同治三年，太平天国方覆亡。其间经过丧乱之时期，十五年；占领地域，十余省之广；凡在斯地之佛教，皆根本摧灭无遗；即至今日，各省尚多有旧时名刹，未曾恢复者，是诚佛教之大劫也。

太平天国虽以耶稣教为门面，实则自有其信条：除前述之经典外，有所谓《天条书》之制定；强制军民，绝对信仰；其内容禁止崇拜邪神，奖励日曜礼拜，赞美上帝恩惠，并禁窃盗奸淫杀害等，刊行小册；颁布各军队及各官衙；使人人各手一册；军人入营后二十一日，即强制背诵；不能者杀无赦；其严厉如此。兹摘记《天条书》之项目如下：

（一）天条书（意即上帝尊崇论）

（二）忏悔之规矩

（三）忏悔文

（四）朝晚拜上帝之仪式

（五）每饭感谢上帝之文

（六）遇灾病时求上帝救护之文

（七）凡遇生产婚嫁等一切吉事时供物祭告之文

（八）建造房屋及其他土工时祭告之文

（九）升天（死亡）祭告仪式

（十）日曜日之赞美歌

（十一）平时遵守之十诫

观上戒条：已将人生之自胎生以至老死，一切规定于上帝信仰之下；禁止崇拜邪神，则凡我国自古以来之祖先鬼神，概在排斥之列；佛教之不能存在，亦固其所；受祸之烈，盖较诸往昔三武一宗之法难，有过之无不及也。

（乙）居士之勃兴

清中叶后，佛教渐衰；加以太平天国之到处摧残，东南佛法，不绝如缕；同治以来，所以能重整旧规而兴复之，驯致清末民初居士勃兴者；以数十年中，比丘居士，皆有杰出之人；提倡宏布，各尽心力故也。此事关系甚大，请详述之：

时则禅宗如金山、高旻、天宁等之唱导宗风，严整规模；能令入其中者，锻炼身心，变化气质；参方禅和，咸视为大冶洪炉。夫度牒试僧之制，废弛既久；更当大兵之后，削发披缁者，流品不齐；非用宗下恶辣钳椎，何足以祛旧习，振颓风；或讥其未免严酷，非知本之论也。故其有功佛门，实非浅鲜。虽表面上似于在家二众影响犹少；然如下述启发社会信心之诸师，皆自此中锻炼而出者；则饮水思源，即谓今日大多数居士，莫不受诸山之赐，亦无不可。

若就人言之，未易缕指；姑举其德望遍在人口者；有如赤山法忍、天宁清镕、鼓山古月，先主磐山后主留云之密融诸禅师；道高愿宏，随机接引，普及四众。复有台宗谛闲法师之师及师昆弟；大乱甫平，诸山即纷纷聘请宏经；逮至谛闲法师，法事尤盛；大江南北，浙水东西，岁无虚席。贤宗月霞法师，亦复分途并进，大启讲筵。于是男女居士，慕道皈依者，遂如东风启蛰，逐渐萌生，以上就比丘宏法者言之也。

更有特出之居士焉；即江都郑学川、石埭杨文会是已；学川因发愿刻经而出家，号刻经僧。文会见乱后经版无存，而梵册又不易请求披读也；因邀合同志，发起大愿，踵嘉兴藏式，专刻方册藏经；孜孜矻矻，抛弃一切世务，竭尽其精力资财而为之；数十年如一日。古德佚著，更多方展转向日本购求而归；校刊流布。文会道德学问，既足起人信仰；又以经书购求之易，故在家者研诵益多；遂于民四民七，由旅居北平之居士，两次聘请谛闲讲经，开向来未有之例焉（向来讲经，皆由寺院发起）。

北平本未遭兵燹；彻悟禅师曾创红螺山道场；其后人复能遵守遗风于不坠。又有清一省元诸师，方便接引。居士信心，已有动机；迨两次宏经，清信之士，乃如萌芽之怒长。南方信士，原多于北；如狄葆贤已于光宣间，在上海创设流通处。继又创办《佛学丛报》；影响颇大。及北平两次宏经之后，上海众居士，亦接踵宏经。由是风发云涌，居士所立讲习之社，念诵之林，流通之所，蓬蓬勃勃，遍及于黄河、扬子、珠江三流域，蔚成今日之气象矣。

一事之兴，必待众缘；非一朝一夕之故，亦非一手一足之烈也。尝试论之：同治以后，若无金山诸寺，以培植本源；无禅讲诸师，以启导敬信；佛门早不堪问矣，何况居士。然若无方册经书之流布，使僧俗便于研读；又岂能有今日之气象。然则居士之勃兴，望前思后，此中关系，诚非偶然也。若上溯清初居士中最著者，则有宋世隆、毕奇、周梦颜、彭绍升诸人；可谓为近世居士之先导。今依次述其历史如下：

宋世隆，字文森，长洲人。年四岁，听父读《金刚经》，即能诵四句偈。既长，补诸生；年五十余，有疾；偶触《华严经》无着无缚解脱句有会；遂长斋断欲，日诵《金刚经》；月余，病起；中秋夕，见堂前角灯，光不透脱；不觉感慨，默坐参究；久之，忽汗下通身，胸中廓然；作偈曰："主主宾宾无主宾，分明指点愈迷津；偶然风触灯中火，却遇当家旧主人。"时天笠珍禅师，过苏之大云庵；世隆往谒，既见；即云："龙脑薄荷，香闻天下。"师云："可要干矢橛么？"随问云："如何是干矢橛？"世隆云："八面春风。"师云："来此作么？"世隆云："不求佛，不求法，要讨个了当。"师厉声曰："万劫千生不得了。"世隆言下有省。师寻去之杭州南涧；世隆一再往谒之；在堂中有问未生前面目者，世隆应曰："螺髻峰。"少顷，进见；师云："好个螺髻峰，只恐未肯点头在。"因举六祖神秀菩提树话，问和尚如何道？师云："掀倒菩提树，打翻明镜台；髑髅都粉碎，处处绝尘埃。"世隆云："也不过到此。"师拂衣而起；拍世隆肩曰："如今可把六祖神秀，并老僧与居士，缚做一束，抛向钱塘江里去。"世隆顿悟临济吃三顿痛棒意旨，遂口占偈云："生前面目绝追求，螺髻峰高解点头；一句顿超三顿棒，凡情圣解付东流。"康熙四十一年，世隆得脾疾；示禅客曰："末后何必有句，末后何必无句；刀山剑树上翻身，镬汤炉炭中躲避；无端七十余年，总是逢场作戏；今日尚要卖弄一番，咄！你看这粉碎枯髅，那有一点西来之意。"其妻疾亟以告，世隆不往，第传语云："子去，我且行矣。"遂后妻数刻而逝。

毕奇，字紫岚；江南歙县人也。少避难至杭州，寓僧舍，阅《金刚般若经》，始知信向；继阅祖师语录，疑之；有堂头僧教看南泉斩猫公案；久之，闻斧声有省；颇自负。寻入马首山，有醒愚禅师者，结茅山居；奇一见，以机语接之；醒愚微哂而已；明日，复往见请益；醒愚征前语，指其负堕处；令参一归何处。居数月，其所亲访得之；要与俱归。奇归，参究甚力；行止不少间。阅五年，偶阅岩头语，大悟。再谒醒愚。醒愚笑曰："今日始知吾不欺汝也。"自是常居僧寺，持佛戒，终日瞑坐，夜卧不梦者二十年；居苏州支硎山德云庵最久。尝示禅客云："参话头有法，不可不知；何谓法？一念真疑无间断是也。何谓一念真疑？如雪岩云：'尽三百六十骨节，八万四千毛窍，并作个赵州无字；一提提起，如一团熟铁，如一堆烈焰相似，并无昏沉散乱之相可得。'此之谓一念真疑也。若起心动念，则谓之第二念，尽落知解；知解愈精，去道愈远；近世驰声走誉者，都从第二念而入；外面看时，句句般若；其实皆是意识依通，认贼为子；可不哀耶。何为无间断？今日也一念真疑而参；明日也一念真疑而参；不论年，那管月，但时时刻刻，一念真疑而参；必要实证实悟，大法现前而后已；此之谓无间断也。若果如是一念真疑；如是无间断；自然有日，不期然而然，话头参破，而明心见性矣。"其他论著颇多；此其最切者。康熙四十七年，终于德云庵；庵主如珏为之殓；收其遗书，有《别录》八卷行世。

周梦颜，字安士，一名思仁，昆山诸生也。博通经藏，深信净土法门，自号怀西居士。尝以众生造无量罪，淫杀二业，实居大半；因深维经义，著戒杀戒淫二书：戒杀书名《万善先资》，言多深痛。大要云："刀兵之难，在于人道，或数十年，或百余年，仅一二见；至于畜生，无日得脱。普天之下，一遇鸡鸣，无量无边，狠心屠户，手执利刃，奋向群豕；尔时群豕，自知难到；大声哀号，救援不至；被人裂腹刺心，抽肠拔肺；哀号未断，又投沸汤，受大苦恼；片刻之间，阎浮世界，万万生灵，头足异处；积群豕骨，高过山巅；漂群豕血，赤江水流；如是恶因；如是恶果；诘其根由，皆为我等口腹所致。世人动称我不作恶，何必持斋：岂知尔等偃息在床，妻孥聚首，即有素不相识之人，先为汝等遍造恶业，无量无边。我劝世人，未能持斋，先须断杀。”其戒淫书名《欲海回狂》，劝诸淫者：先观胎狱；了种种苦；是为息淫原始方便。次观此身，诸虫蛸集，宛转游行；寄生体中，吸人精血；是为初开不净方便。次观男女；脓血涕唾，恶露中满；犹如溷厕，粪秽所都；是为息淫对治方便。次想死人；正直仰卧，寒冰彻骨；黄水流出，臭不可闻；遍体生虫，处处钻啮；皮肉渐尽，骨节纵横；冢破骨出，人兽践踏；而我此身，终亦如是；次念《法华》所说因缘生相灭相，与不生灭；是为断淫穷源方便。次观自身；在极乐世界，七宝池内，莲华之中；莲华开敷，见阿弥陀佛，坐宝莲华，及诸种种庄严瑞相；自身礼拜供养于佛；作是观时，发愿往生极乐世界，永脱淫阱；是为究竟解脱方便。复著《阴骘文广义》三卷、《西归直指》四卷。乾隆四年正月，与家人诀，云将西归；家人请以香汤沐浴，却之；曰：“我香汤沐浴久矣。”谈笑而逝；异香满一室；年八十有四。

彭绍升，字尺木，又字允初，法名际清，号知归子，长洲人。世为儒，父兄皆以文学官于朝；绍升年二十余，治先儒书，以明先王之道为己任；兼通考亭、象山、阳明、梁谿之说；治古文，出入于韩李欧曾；既而舍之，专心净业，尤推重莲池憨山；竭力宏扬佛教；是在乾隆年间也。年二十九，始断肉食；又五年，受菩萨戒；自此不近妇人。尝言志在西方，行在梵网。当时与绍升共同振兴佛教者，有汪大绅（缙）、罗台山（有高）等，一时称盛。

绍升对于佛教，非但具热烈之信仰；又积极实行；或创莲社念佛；或购鱼鳖，授以三归戒而放生。曾与汪缙，共立建阳书院；所诏示诸偈，实可窥见绍升全部之信仰焉。兹示于下：

起懦偈

儒曰大勇，释曰大雄；男儿鼻息，灏气罡风。

决疑偈

一念不决，念念愚痴；一世不决，世世愚痴。

断淫偈

淫欲不断，万劫沉沦；念头方动，天怒地嗔。

戒妄偈

一语真实，三界导师：一语欺妄，万恶由斯。

舍身偈

担荷大法，是名丈夫；觑破壳子，非我非渠。

摄心偈

摄心之法，珠藏于渊；成就功德，水滴石穿。

息念偈

念起念灭，覆盖真如；起灭无地，入道之师。

念佛偈

千圣万贤；千魔万怪；一句南无，头头败坏；千圣万贤；千魔万怪；一句南无，头头自在；千圣万贤；千魔万怪；一句南无，本分买卖。

观上偈则绍升信念之坚，操行之洁，可想而知。晚岁屏居僧舍者十余载，日有课程，虽病不辍。年五十七，西向念佛而逝。著《一乘决疑论》，以通儒释之阂；著《华岩念佛三昧论》，以释禅净之诤；又著《净土三经新论》，以畅莲宗未竟之旨；此外有《居士传》《善女人传》《净土圣贤录》，皆为世传诵。绍升之文集，专阐扬内典者，为《一行居集》；讲论外典者，为《二林居集》。今天津刻经处，汇刻彭氏之宏法著述，名《彭居士法集》行世。

近世佛教，亦承宋明遗风，实为禅净二家独步时代。然士大夫学禅者虽众，能真参实悟之人盖鲜。文森、紫岚，苦心斯道，卒明大法；紫岚之论禅病，切实深挚；有裨于学者不浅。若安士、尺木，皆精心净土，信愿行三者，悉皆具足；临终不乱，从容生西，岂偶然哉。故四人者，实开清代居士参禅修净之先河也。

郑学川，字书海，扬州江都人。生于道光六年丙戌。少充诸生，颇究儒术；嗣问道于红螺山瑞安法师；博通教典，尤专精净土。太平天国乱后，紫柏大师之方册经板，荡然无存。学川悲之；于同治五年丙寅，与杭州许云虚、石埭杨文会、扬州藏经院贯如法师等；同时发愿刻经。学川即于是岁出家，号妙空；持律精严，过午不食；著述以外，专从事于刻经，故又自号刻经僧。前后十五年；凡创刻经处五所：如苏州、常熟、浙江、如皋，而总持其事于扬州之砖桥；刻全藏近三千卷。先是：扬州东乡之砖桥，有朔鸡道院；学川于院后，募建接引禅院；为存贮经板及习静之所。其后朗月法师，又募建院西邻屋若干楹，与东院通为一所；名曰法藏寺；即今著名之砖桥法藏寺也。学川示寂于光绪六年庚辰；年五十有五。寂时以《大般若经》尚未告成，手持《龙藏》全函，属其弟子；跏趺安详而逝。寂后三年，《大般若经》告成。学川著述极富，汇刻为《楼阁丛书》。其目如下：

《求生捷径》	《普救神针》
《百年两事》	《身心性命》
《泗水真传》	《西方清净音》

《如影观》 《如影论》以上二种，是其道友所作

《莲邦消息》 《礼斗圆音》

《地藏宝忏》 《施食合璧》

《四十八镜》 《宝色灯云》

《水陆通论》此是其父咫观居士作 《弥陀经论》

《华严小忏》 《华严大忏》

《华严念佛图》 《五教说》

《婆罗门书》 《镜影钟声》

《虚空楼阁》 《楼阁忏》

《楼阁真因》 《楼阁问答》

《楼阁音声》 《地藏经论》

杨文会，字仁山，安徽石埭人。佛教经太平天国之摧残后；海内人士，欲求一册经典，殆不可得；文会在同光间，以一人之力，刊刻单行本《藏经》；于是各地同志，相继而起；数十年间，文会所刻为最多；海外之古德佚书，亦由其力，得以收回刊布；遂使佛教典籍，普及全国；愿力之弘，关系之巨乃如此；其生平事迹，在佛教史上，诚宜特笔大书者也。

文会生于道光丁酉年十一月十六日；其母怀妊时；梦入一古刹，庭有巨瓮，上覆以笠，启视之，中有莲花，高出瓮口，旋惊寤，而生文会。幼颖悟；十四岁能文，雅不喜举子业，间与知友结社赋诗为乐。性任侠使酒；稍长，复练习骑射击刺之术。既而遭太平天国之乱，率家族转徙徽赣江浙间；恒以书自随，凡天文、地理、历数、音韵以及孔老庄列，靡不钻研；尚未知有内典也。

文会曾在里中襄办团练；跣足荷枪，身先士卒，日夜攻守不倦；厥后论功，则固辞不受。同治二年，居父丧；归葬乡里；适罹疫，病中得马鸣《大乘起信论》，反覆读之，得其奥旨；由是一意搜求佛经，后于书肆

得《楞严经》，就几讽诵，几忘其身在肆中，日暮不去；肆主促之归，始觉；是为文会入道之始，年二十七也。

自是凡亲朋往他省者，文会必托觅经典；遇行脚僧，必详询其来去之处，有何寺庙？寺中有无经典？向者所从事之学问，悉举而废弃之；一意宏扬佛教。同治五年，移居金陵，董江宁工程之役：遇真定王梅叔，邃于佛学，相得甚欢；复与邵阳魏刚己、阳湖赵惠甫、烈文、武进刘开生、翰青、岭南张浦斋、湘乡曹镜初等，互相讨论；以为末法时代，全赖流通经典，利济众生；于是发心刊刻单行本《藏经》；手订章程，征集同志，得十余人，分任劝募；创设金陵刻经处。文会日则督理工程，夜则潜心佛教。校勘刻印外，或诵经念佛，或静坐作观，恒至漏尽方寝。所办工程，费省工坚；曾国藩、李鸿章，咸以国士目之；知其淡于名利，每列保奖，不令前知；然文会遇官职，辄坚却不受；惟以刻经为其生命焉。

后曹镜初以创办长沙刻经处；约文会赴湘计议。适曾纪泽奉使欧洲，邀文会同往；乃随赴英法各国；未几，即请假归，仍以刻经为事。后刘芝田奉使至英；又邀文会赴伦敦；在彼得与日本南条文雄博士订交，方知中国自唐以后散失之经典，为日本保存者不少；因发愿使之复返中国：南条亦愿助之搜集；留英三年，仍请假归；自此不复与闻世事，益以刻经为专责。旋得日本弘教书院小本《藏经》，闭户读之；复寓书于南条文雄，广求失传之经疏；得藏外典籍二三百种，择其最善者刊行之。自金陵刻经处成立后，各地同志，如扬州如常州如长沙如江西，皆相继而起；向者求而不得之佛典，至此得之甚易；因此唤起学人之研究；迨至清末，已风靡一时。文会曾手定应刻大藏经典之目录，名《大藏辑要》；其生前虽尚未完成；然其手自校刊出版者，已有二千卷之巨矣。兹示《大藏辑要》略目于下：

——华严　　三十二部

——净土　　五十七部

——般若　　二十三部

——涅槃　　十三部

——密教　　五十六部

——方等　　六十六部

——法相　　二十五部

——法华　　十六部

——小乘经　十六部

——大乘律　十五部

——小乘律　七部

——大乘论　二十三部

——小乘论　四部

——西土撰集　十六部

——禅宗　　三十部

——台宗　　十四部

——传记　　十一部

——纂集　　九部

——宏护　　十三部

——旁通　　十部

——导俗　　四部

以上共四百六十部，三千三百二十卷。

文会晚年筑室于金陵城北延龄巷，为贮存经板及流通经典之所。遭母丧后，即诏其三子曰："我自二十八岁，得闻佛法；时欲出家，徒以有老母在，未获如愿；今老母寿终，自身亦已衰迈，不能复持出家律仪矣。

汝等均已壮年，应各自谋生，分炊度日。余所置房屋，永为金陵刻经处，作十方公产；汝等勿得视为己有。此后亦毋以世事累我也。”光绪三十三年，就刻经处，设立祇洹精舍；就学者缁素二十余人；文会延请谛闲法师讲台宗教观；而自任《大乘起信论》；此外有国文、英文，以造就通材，将来能赴印度弘传佛教为本旨；未及两载，以费绌而止。宣统二年，金陵同人，创佛学研究会，推文会为会长；每七日请文会讲经一次；听者多欢喜踊跃。三年之秋，文会示疾，自知命终时至；因以金陵刻经处事，嘱其弟子三人分任之；并嘱佛学研究会同人，于八月十七日，开会集议，改举会长；是日午刻，嘱家人为之濯足剪爪；闻会长已举出，为之色喜；至申刻，西向瞑目而逝，时会众犹未散也。病中告其家人曰：“我之愿力，与弥陀愿力合；去时便去，毫无系累；惟乘急戒缓，生品必不甚高；但花开见佛较速耳。尔等勿悲，宜一心念佛，送我西去。”云云。年七十有五。

文会自道其生平得力处曰：“教宗贤首，行在弥陀。”盖于大小乘经论，遍观博究；而以是为归宿者也。现今各省多有流通处，所流传之经典，远及南洋美洲；皆以文会校刊者为多；各地继起之刻经处，亦多依照《大藏辑要》，赓续其未完事业；文会于兵火摧残之后，继往开来，肩荷大业；推为清末特出之居士，诚无愧色矣。其著述有《大宗地玄文本论略注》四卷、《佛教初学课本》一卷、《十宗略说》一卷、《观无量寿经略论》一卷、《论语发隐》一卷、《孟子发隐》一卷、《阴符经发隐》一卷、《道德经发隐》一卷、《冲虚经发隐》一卷、《南华经发隐》一卷、《等不等观杂录》八卷、《阐教篇》一卷；此外尚有手辑之佚籍，及依据经典摹绘之佛像、极乐世界庄严图等，皆行于世。

更有高恒松者，字鹤年，江苏兴化人；居士中之最奇特者也。凡属居士，大都在家修持而已；惟恒松则一生行脚，参访诸山；全国内名山，殆无不有恒松之踪迹。恒松为南京赤山般若寺法忍长老弟子；于宗门颇用功。著有《名山游访记》，乃其随意抒写之日记也。恒松对于义赈及慈善事业，至为尽力。近与其夫人舍其田宅，为贞节妇女建立念佛道场；名兴化镏庄贞节院。

（六）民国以来佛教之曙光

自清光绪末年，变法维新，各地兴办学校；多有主张化无用为有用，改寺院为校舍，没收各寺之财产者；全国骚然；而地方无赖，又从而侵害之；僧人呼吁无门；其狡黠者，乃暗中托庇外人势力，以求保护。清廷知其弊，乃下明谕，遵祖宗法则，保护寺有财产；僧界略得宁息。及民国成立，佛教徒亦知自结团体，创设中华民国佛教总会；其时奔走最力者，天童山之住持敬安和尚也。

敬安率领江浙各寺院之代表，于民国元年，请愿于南京临时政府，要求下令保护寺有财产；事尚未成，而临时大总统孙文去职；袁世凯当选临时大总统；政府移于北平；敬安更纠合各省僧界代表，于元年之秋，至北平政府请愿；偶与内务部某议论不合，某挟官势威吓之；敬安大恚；归至法源寺，逾日而愤死。年六十有三。

敬安夙负物望，以诗僧名；及其死，朝野多惋惜之。袁世凯乃命国务院，转饬内务部，核准中华佛教总会章程；既而内务部亦于民国四年，颁布《管理寺庙条例》，施行至今；不可谓非敬安以身殉教之功也。

中华佛教总会，除保护寺庙财产外，亦有各种计划：如开设各宗专科大学、中学、师范、小学，及励行慈善事业等；虽未能按照章程，一一实行；然各寺庙中设学者，所在有之；此僧界革新之气象也。

至于居士方面，集合同志，设立佛教研究会者，各省各地，不期而同时并兴；虽规模大小未必同，然对于佛教为热烈之研究，则同一目的；如上海之佛教居士林、佛教净业社，则成立较久规模较大者也。

自杨文会祇洹精舍停止后；清两江总督端方，曾在南京，创办僧立师范学堂；初延谛闲法师主其事；未几，谛闲辞去，以月霞法师继之；辛亥革命，校舍毁焉。民元以后，沙门或居士，多有创立专门学校者：以宁波观宗寺观宗讲舍为最著；谛闲法师为主讲，宏扬台宗；毕业之弟子数十人，至今分往各地，弘扬本宗教义；江苏常熟兴福寺，则有华严学院，宏扬贤宗，月霞法师主其事；武昌则有佛学院，太虚法师主其事；厦门则有闽南学院；常州之清凉寺，则有清凉学院；近移讲座于上海，专弘华严，应慈法师主之；南京则有内学院，宜黄欧阳渐实主之；专事研究法相宗；以上各专门学校：或办至学生毕业为止；或至今仍继续办理；可见沙门居士，对于佛教上之研究，日进未已；至于居士之临时集合讲经会，请著名法师升座讲经，则无岁无地无之也。

研究佛教各团体，多有刊行杂志，以发表心得，兼沟通僧俗两界消息者；此亦昔时所未有，民国以来方产生者也。最初发刊者，有《佛学丛报》；于民国元年十月出版，其中颇多佳作；惜至民国三年，即以费绌而止；此后则有武昌佛学院之《海潮音》；上海天津居士林之《林刊》；上海佛教净业社之《净业月刊》；其间较有永久性者，则为《海潮音》，已赓续十余年之久；至内学院之《内学》，亦陆续刊行，而非定期出版物也。

刻经事业，南北各地，亦多有遵守杨文会之遗规，从事续刻《大藏辑要》以期其完成；最著者，有北京刻经处、天津刻经处，所刊经典，板式装订，悉与金陵刻经处相同。至重印全部藏经，则有上海频伽精舍翻印日本弘教书院之小本《大藏经》；商务印书馆影印日本之《续藏经》及《汉满蒙藏四体大藏全咒》。近又有朱庆澜、叶恭绰等，在上海集合团体，影印宋《碛砂版大藏经》。是亦社会方面，热心佛教者日多，故能有此成绩也。

民国以来，佛教所以有兴盛之曙光，其动机不外三端：(一）清末中外交通，西方学术输入；科举废，学校兴，学者思想解放，不复拘拘于儒家一孔之见；对外来科学，固喜从事研究；而对古来相传之学术，亦多为之整理；有文艺复兴之现象。(二）佛典单本之流行，得之较易，唤起学人研究之兴味。(三）元年至今二十余载，战乱不息；民生因苦痛而觉悟，遂皈依佛教，以求精神之安慰；故有革命时善战之军人，亦一旦屏弃万缘，祝发入空门者。有此三因：故南北各省佛教，一致勃兴，是不期然而然之潜势力也。

（七）敦煌石室唐人写经之发见

清光绪二十五六年间（已亥庚子），甘肃敦煌之千佛洞石室中，发见唐人写经，中多宋元以来未见之经疏；亦佛教史上重要之事实也。千佛洞，在敦煌县东南三十里鸣沙山下；有三寺，俗称上寺、中寺、下寺；上中两寺皆道观；下寺为僧刹；寺之左近，有石室千余；由唐迄元，皆谓之莫高窟，俗呼千佛洞。昔人就洞中塑佛像，并镌壁画；其用意盖与大同云冈石窟、洛阳龙门之造像相同；非为藏贮书物也。惟有一洞，其中全贮古书，乃西夏兵革时所藏；壁外饰以造像，故人皆不知其为藏书之所。迨清光绪已庚之际，缮治石室，凿壁而书出，由是稍稍流传于世。丁未、戊申，英国人斯坦因、法国人伯希和，先后游历至此，得六朝人及隋唐人所写卷子本书，各数千卷；并雕本石刻多种，运回伦敦、巴黎。我国人闻之皆惊异，学者多注意及之，因石室所留者，尚近万余卷；其中唐人写经，居百分之九十五；当时学部遣人前往取回，存于京师图书馆；运回时复经盗窃，散归私家者数千卷；今存于图书馆者，八千余卷而已。

敦煌石室唐人写经，不特多未入藏之经疏；且经文亦恒与《大藏》中译本不同；惟屡经剪窃，或首尾不完；或仅有首无尾；有尾无首；完全成卷者，已绝少；江西黎端甫曾经进京师图书馆校勘一次；著有《敦煌石室佛经校勘语》一篇；惜为时不久，未能将八千余卷，一一遍阅；其校勘亦不免错误；然其发见《大般若》《金刚》《维摩诘》等疏，与通行本不同，已足资考证矣。

迨民国七年，范源廉重长教育部时；蒋维乔建议，聘请江杜，入京师图书馆，专任校勘佛经之职，为时二载，而得藏中未有之《大乘稻芊经随听疏》《净名经集解关中疏》两书；由商务印书馆出版，皆希世之秘笈也。江杜跋《随听疏》云："曩闻敦煌经卷中，有《稻芊经疏》，为《大藏》所佚；心向往之久矣。既入馆，亟取阅之；芜乱讹脱，几不可读；为之爬梳剔抉，排比联缀；并取重复之卷，互勘异同；亦有援据他书，以校补者；积八阅月之久，录成一卷；仍阙首尾，会傅增湘新购得一残卷，所阙佚文，悉在其中；于是千年秘著，遂成完书。然此疏所依之经，亦非《大藏》译本；复于八千余卷中，穷搜遍觅而竟获之。"其于《净名经集解关中疏》亦然；偶得一卷，无首无尾；亦向八千余卷中穷搜之，苟得文义相类者，为之联缀成文；费时经年，竟得成书；是可见缀残补阙之不易，而秘笈出世，于佛教上有甚大之影响也。江杜叙此书云："考诸载记，鸠摩罗什，当后秦姚兴时，译经长安；弟子道生、僧肇、道融、僧叡称关中四圣；什公既道行超世，高足弟子，又皆一时龙象；故所译经，文词畅美，义味渊涵；观此重译之《净名经》，可以见矣。传称四圣著述甚富；意其时什公师弟，必皆有经疏行世；逮唐沙门道液，乃搜集关中诸疏，与自作之科解，汇为一编；即此书是也。观其标题，盖谓此为会集众说兼有科解之关中疏，以别于旧有诸本云尔。"又跋云："夫发挥经旨者，固推隋唐造极；而关中师弟，实导先河；关中述作甚富，而其学之留存于世者，独备此编；书最古，文最备，是为瑰宝，亦奚待言。然闷之千载，而独现于今；意者其为含宏光大，遍沾法味之征也欤。”观此：则此二疏之价值可知矣。

又著《大乘稻芊经随听疏》者，为沙门法成；法成之名，不见于传记；其《稻芊经》之本文，亦不知谁译；可知古德著述之散失，并其名亦湮没不彰者，往往而然。北京刻经处所刊《心经七译》中，有敦煌石室本一卷，其端题“国大德三藏法师沙门法成译”；惟无年月可考；其译例与玄奘相近；殆与著此疏者，是一人也。

第十八章　近世各宗

近世佛教各宗，与宋明以来无大异；惟最堪注意者，为宝华山律宗之重兴，至今为海内戒学之中心，是也。禅宗自宋以来独盛；五宗中，尤推临济一宗，天下丛林，殆无非临济子孙；曹洞宗虽式微，犹有数处存在；至沩仰、云门、法眼三宗，则宋以后已无闻矣。华严宗清初一盛而复衰。天台宗盛于清末。净土宗则普被于社会；且无论何宗，罔勿兼事念佛。法相宗则唯居士多研究之；沙门以此立门庭者盖鲜。三论宗亦极衰微。密宗则居士沙门，多有赴日本或入西藏研究者，颇有重兴之机。小乘之俱舍、成实二宗：俱舍则学法相者尚兼习之；成实则知者绝少矣。兹依次述之：

（一）律宗

律宗自宋允堪、元照以后，虽未中绝；然元明之间，典型尽失；至明末清初，有古心律师杰出；其嗣法子孙三昧、见月两律师继起，南山宗于是复兴。三昧律师创戒坛于金陵之宝华山；四方缁素之求戒者，咸趋之；至今南北丛林之传戒，罔不依宝华之轨范焉。

且清代自雍正年间，度牒试僧之制，无形废除；天下丛林，随处放戒；于是方外流品，渐趋复杂，为世诟病。幸有宝华山之律宗，以戒牒代度牒，稍示限制。宝华累代祖师，世世相传，宗风勿衰；其于近世佛教上之影响，至重且大。兹略示诸祖事实于下：

古心律师，名如馨；溧阳人，俗姓杨。既出家，慨律学荒芜，徒步五台山，求见文殊受戒；忽于云中见文殊菩萨，垂手摩师顶曰："古心比丘；文殊为汝授戒竟。"师顿悟心地法门；视大小乘律，如自己胸中流出。遂还金陵，于灵谷寺开戒说法，重兴南山律宗。时称古心为优波离转世者也。入寂后，谥曰慧云。

三昧律师，名寂光；俗姓钱，广陵瓜渚人。年二十一出家；初习贤首教观；嗣受戒于古心律师。古心一见即器之，嘱以专宏律宗。师精究力行，兼习禅观；冬夏一衲，不设卧具；一夕起行，内外洞达，遍体通明，彻见戒体。既而闭关于九子峰；参考律藏五部同异；隐居司空山，疏解《梵网经》；庐山东林远公道场久圮，师重兴之；振饰戒规，修持净业；四方僧俗向慕，如水归壑；昼夜六时，佛号不断；莲社之盛，一如远公时。其后结庐于衡岳，往来江汉间二十年；远迩闻风，请法恐后。金陵东南七十里，有宝华山者，妙峰登大师之旧道场也；岁久寺圮；南都宰官，请师重兴之；师遂于此建律宗道场；规模宏丽，甲于东南；仿东林结莲社，号为千华；接引四方大众，学徒常有千人。南北所开法席数十处；所建梵宇二十余处；所历戒席百有余坛；戒嗣遍天下；议者以为南山以后一人而已。乙酉又六月朔；示众曰："吾利生事毕；初四日午刻，当别大众。"届期，沐浴更衣，微笑而逝；时清顺治二年也。寿六十有六。著有《梵网经直解》四卷。

三昧律师，有著名弟子二人：曰香雪；曰见月。而见月嗣宝华山法席。

香雪，名戒润。随三昧师学律，兼习贤首教观。先住宝华山为羯磨。古法以九人一坛，受比丘戒。见月律师则广览律藏；改三人一坛，受比丘戒。香雪以为不合三昧遗教，遂下山。至常州天宁寺，大弘律宗。著有《楞严经贯珠》十卷行世。寂后，建塔于天宁寺内院。

见月律师，名读体，俗姓许；滇南白鹿郡人，祖籍句容。年十四，失怙恃；二十七，去家至剑州赤宕岩，习静三载；偶遇一老僧，授以《华严经》，披阅大悟；遂诣云龙山大觉寺亮如法师剃染焉。因慕江南三昧律师；乃携瓢笠东行，历南岳，过庐山，登五台，遍参诸老；值明末流寇遍地，师不辞艰险，茧足二万余里，始值三昧律师于润州之海潮庵；时师年三十六也。自是研穷藏中《四分广律》，及余部律文；充上座，讲《梵网经》；析义释文，口若悬河；座下千人，罔不叹服。嗣随三昧律师，主宝华山席；以教授兼掌院务。昧师尝语众曰："老人三十年戒幢；若非见月，几被摧折。"示寂之日，以衣钵戒本授师，使嗣法席。师即以十誓励众，共同遵行。两度静修般舟三昧，不坐不卧不依倚，昼夜壁立者九十日。复遵祇园遗制，建石戒坛；每开坛说法；四方缁素，不期而至，恒数千人，可谓盛矣。康熙十八年己未，示寂。寿七十有九。弟子六十余人，以定庵德基为法嗣。著有《大乘玄义》一卷、《毗尼止持会集》十六卷、《毗尼作持续释》十五卷、《传戒正范》四卷、《药师忏法》一卷、《剃度正范》一卷、《僧行规则》一卷、《三归五八戒正范》一卷、《毗尼日用切要》一卷、《沙弥律仪要略》一卷、《黑白布萨》一卷、《幽冥戒正范》一卷。

见月律师，有著名弟子二人：曰宜洁；曰定庵。而定庵嗣宝华山法席。

宜洁，名书玉，别号佛庵；从华山分住杭州昭庆寺，说法度生。著有《梵网经菩萨戒初津》八卷、《毗尼日用切要乳香记》二卷、《沙弥律仪要略述义》二卷。

定庵，名德基；俗姓林。性好佛，垂髫即不茹荤；既失怙恃，遂投苏州宝林寺剃度。复往宝华山，求戒于见月，月一见默契。受具戒后，刻苦修持，十载中无寸晷虚掷；真探毗尼奥蕴，三学该通；遂任上座，教授来学；继主法席，严整规约，御众宽严交济；凡遇劳作，以身先之；四方缁素，从学者云集；华山规模，日益宏远矣。杭州昭庆寺，南山道宣律师之道场也；请师开戒坛，归依者踵相接；师乃嘱同门宜洁居之。乾隆二十五年[1]庚辰秋，示微疾；至季冬朔日，以衣钵付其徒松隐；索笔书曰："吾七日后行矣。"果于初八日，沐浴更衣，端坐而逝。寿六十有七。著有《羯磨会释》十四卷、《比邱戒本会义》十二卷、《毗尼关要》十六卷、《宝华山志》十二卷。

松隐传闵缘；闵缘传珍辉；珍辉传文海；至文海时，而华山律宗，乃分支于京师。文海名福聚；俗姓骆；浙之义乌人。年十四，就邑之上方寺出家；苦志修持，十易寒暑；乃诣宝华山圆具；精究诸大律部；复遍参诸方善知识；阅历八载，始归本山。寻任上座，董率来学；继主法席，立规率众，大振法铎。雍正十二年，奉世宗召，入京师；主大法源寺席，今所称法源第一代律祖也。后奉命开三坛大戒；四方乞戒学徒，至千八百十九人。事毕，辞归；温旨慰留；固辞至再，以其法嗣明宝代主法席，乃还山。乾隆二年，奏请将本山三代祖师著述，编入大藏。师主席三十载，得戒学徒遍天下，以数十万计；高足弟子主席于南北丛林者，二十余人。所著有《南山宗统》《瑜伽补注》《施食仪观》诸书。

兹示宝华山律宗之系统如下：

慧云如馨——三昧寂光本山第一世——见月读体第二世——定庵德基第三世——松隐真义第四世——闵缘常松第五世——珍辉实咏第六世——文海福聚第七世——理筠性言第八世——浑仪圆先第九世——恺机明如第十世——卓如定静第十一世——朗鉴慧皓第十二世——体乾昌苍第十三

1 当为"康熙三十九年"。

世——敏通海然第十四世——圣性印宗第十五世——浩净发圆第十六世

（二）禅宗

宋明以来，禅宗特盛；尤以临济宗为独步；曹洞宗虽亦有继承之子孙，然已不绝如缕矣。清初临济宗，俱承天童圆悟、磬山圆修二派；子孙众多，法流繁衍；声闻九重，道遍天下。至道光时，势渐式微；太平天国乱后，更为不振；至今惟江南之金山、高旻、天宁三丛林，浙江西天目山之禅源寺，宁波天童山之弘法禅寺，犹能继续磬山之宗风而已。曹洞宗在清初时，有福州鼓山元贤永觉禅师，得寿昌慧经之传；其徒道霈为霖禅师继之，宗风颇振；其后亦衰；至今此宗法脉，尚能维持不替者，仅有福州之鼓山寺、汉口之归元寺、焦山之定慧寺三处；然亦名存实亡矣。今分述如下。

（甲）临济宗

圆悟法嗣，天童山翁禅师，名道忞；潮州茶阳林氏子也。幼沉毅有夙慧；总角以艺文擅名乡曲，试为生员；然恒有出尘想；及冠，读《大慧语录》，忽忆前身云水参方，历历如见；即走匡庐出家。历参憨山、黄檗诸名宿；后参天童圆悟于金粟；因阅殃崛难产机缘，遂彻悟从上关键；亲炙十四年，圆悟寂后，遂继法席。《宗统编年》，载顺治三年丙戌，忞和尚退天童入五磊；请费隐通容补住；至十四年，再住天童。

顺治已亥十六年，道忞禅师，奉诏入京；进万善殿；帝敕学士王熙、冯溥、曹本荣、状元孙承恩、徐元文至，与师问答；帝闻之，颇欣喜；帝问曰："老和尚因甚机缘悟道？"忞曰："长疑难产因缘，后来有个会处。"王熙问曰："发心参禅：即是善；如何又说不思善？不思恶？

既善恶都不思，当何处着力？”忞曰：“善恶总从心生；若不生，善恶何着。”熙沉吟，忞震威一喝；帝曰：“才涉思维，总成意识边事。”忞曰：“大哉王言。”后帝屡临万善殿，与忞论究；有《三世奏对录》。

忞住京逾年；屡辞还山；帝乃留其法嗣旅庵本月、山晓本晢两人在京；开法坛于善果、隆安两寺。帝赐忞号宏觉禅师；亲送出京。忞南还后，谢天童金粟院；投老于会稽化鹿山之平阳明洞天，自卜塔于黄龙峰下，为开山第一代焉。入寂于康熙十三年甲寅；寿七十有九。有《九会语录》《北游录》等书行世。

时尚有道忞禅师同门费隐通容禅师之法孙憨璞聪和尚，住京师海会寺，弘传道法。顺治帝之初知参禅，实得力于憨璞者，帝与道忞问对时，憨璞亦常列席。此皆天童圆悟一派之法流，传于都门之所由来也。

至磬山圆修一派，传入都门，则自玉林国师始。国师名通琇；童时即颖异不凡；年十九，投磬山剃染受具；执侍巾瓶；夜则随众坐香。一晚，目不交睫，至五鼓；修呼曰：“不用急，我为你举则古话；庞居士初见马祖，便问不与万法为侣者是谁？祖曰：待汝一口吸尽西江水，即为汝道。”琇闻之，即呈一偈；修曰：“不问你不侣万法；要你会一口吸尽。”琇于言下大彻。后修凡有征诘；琇皆当机不让。修寂后，遂继法席。

玉林于顺治十五年戊戌，奉诏入京；敕谕中有云：“朕俯询法器，缅想高风；思御宇以来，期沛无为之治；而虚席以待，乐闻无漏之因；用是特遣司吏院掌印官张嘉谟，颁赐玺书，远延杖锡；尔其遄驱象驭，早践龙墀；陈密义之慧空，赞皇猷之清净；呜呼！顺风而问，朕将同访道于崆峒；计日以来，尔尚效朝宗之江汉。”可见顺治帝钦慕之忱。既至京，奉旨在万善殿升宝座，举扬大法。帝常亲临；屡与问答，恒欣喜称谢。但未几，玉林即坚请还山；帝留其弟子茆溪行森和尚在京。道忞奏对之时，行森亦恒列席问对。

帝于十六年，又颁敕谕，加封玉林为大觉普济禅师；谕中有云："用是特降褒纶，赐号大觉；方欲久留瓶钵，时听伽音；冀朝夕之启予，庶默成夫元旨；而禅师欲全子道，祈尽孝思；坚请还山，勉襄石塔；有裨人伦，克端风化；朕俯徇其愿，敕护遄归；惜山川之既遥，倏夏秋之已隔；永言遗韵，惓惓于怀；追惟对御之言，实发大乘之秘；传灯可续，末法所希；爰是复降温纶，加封大觉普济禅师；赐以紫衣，并予金印；遣使赍往，昭朕眷衷；重扬法席之辉，永镇山门之宝。"盖帝于十五年，初封玉林为大觉禅师；至是；复加封大觉普济；至雍正《御选语录》中，则称大觉普济能仁国师；是盖玉林十七年入京传戒时所加封者也。

至十七年庚子之秋；顺治帝复召之入都；敕谕中有云："兹欲于都城建立皇坛，俾衲子一千五百人众，受毗尼戒；七条一缕，出自上方；五戒三皈，重宣佛义；然非禅师亲为羯磨，正恐以最上慈航，为人天阶级耳；惟冀荷担如来，阐明大法；不辞远道，惠然肯来；则皇城四众，重闻薝卜之香；新学缁流，顿长菩提之树；知禅师以佛法大事为先，不以静退小节萦念也；遥瞻浮渡，速慰悠怀。"是为玉林第二次入京之因缘；帝就见于西苑丈室；相视而笑，日穷玄奥；帝见一矮戒子，指问林；林云："长者长法身，短者短法身。"帝喜谢。十八年，帝崩。玉林拈香云："报身如梦幻，世界若空华；唯过量大人，去来无碍，进退如意；此是皇上用不尽的。"此可见玉林受顺治帝眷遇之隆；第二次入京，为时亦较久；宜乎圆修派与圆悟派之竞传都门，并辔连镳，一时称盛也。

玉林晚年，居天目山；计其生平，开堂说法四十年。康熙十四年乙卯秋，示寂于淮安慈云庵。先是：玉林闻宜兴善权寺，被土人焚毁，其法嗣白松自投火死；乐安老人（幻有禅师之师，玉林之祖）祖塔亦被掘。乃尽屏参侍，不食粒米；孑身潜出，渡江而北，至清江浦，止慈云庵。示微疾。唯饮冷水。索笔书曰："本是无生，今亦无死；此是正说，余为魔说。”掷笔而逝。春秋六十有二。门人迎归全身，建塔于西天目。有《语录》行世。

禅宗盛行于江南者，当时为天童圆悟门下之三峰派；此派即邓尉法藏；法藏开法席于海虞三峰，掩百日不语死关，闻折竹声，忽然大彻；颇嫌无师自悟，乃往谒天童，一见相契，命为首座。厥后以见解与师不同，为圆悟所斥。然其门下人材众多。故世人盛称三峰；弟子之最著名者；一曰灵隐弘礼禅师；一曰灵岩弘储禅师；皆于清代顺治康熙年间，大阐宗风；门徒繁多，遍布江南；弘礼门下，有愿云显禅师，住洪州云居；灵隐之道，乃风行江右；弘储门下，有原直赋禅师，住南岳福严；楚奕豫禅师，住潭州云盖；灵岩之道，乃大行江汉；时称南岳云盖，为甘露双垂。

具德弘礼，会稽张氏子。幼耽玄术，长慕空宗；投普陀剃发。旋游讲肆，闻三峰开法安隐，趋见之；力参本来面目，豁然了彻；机用横出，丛林中有铁策之称；三峰举为维那，纲纪一众。未几辞去。及闻三峰掩关邓尉，亟归省觐，受最后之嘱。礼住持凡十刹，行化三十年；住扬州天宁时，江淮之间，道法大振；而于灵隐最久；故灵隐百废具举，法席冠天下；功成不居，晚年退归径山。会扬州天宁，再请开法；欣然前往；既至，衲子云拥，师应机说法，倍于常时；甫经七日，命阖山设供；是夕，剧谈过夜半方寝；五鼓起，易新衣履；疾呼侍者曰：“快随我上方去。”侍者亟至，而礼已逝。时康熙六年丁未之冬也。寿六十有八。

继起弘储，南通李氏子。投三峰藏和尚出家。着力参究；会冬日结制；储自期七日明道；至第六日，危坐如塑像；堂中开静，见两行僧对问讯；嚗然自落，积劫未明之事，彻底见前；亟趋方丈；藏望见颜色曰：“看箭。”储喝；藏曰：“看箭。”储又喝；藏起立大呼曰：“看箭。”储放身倒；由是彻悟。初住天台能仁国清两刹，道大行；历住兴化灵石天宁瑞岩，而于苏州灵岩最久；衲子云集，至不能容；嗣法者几遍于江浙诸刹。晚年，退老尧封。康熙十一年壬子秋，示疾；自制塔铭，沐浴更衣，跏趺坐逝。有《诸会语录》百余卷行世。

《宗统编年》之著者纪荫云：“三峰、灵隐、灵岩，海内称佛法僧三宝；灵隐门庭甲天下，学众满数万指，不减南宋佛海时。”弘储之嗣法宝云曰：“临济殁后七百年，纲宗坠而不举；隆万之后，天童悟和尚，藏大机于一棒；三峰藏和尚，显大用于三玄；从奇入正，道合如离；吾先师灵岩储和尚，起而躬集大成；临济之道，至先师为极盛矣。”于此可见清初三峰一派之隆盛。

惟此派立说，与古来祖师相传者不同；诸方惊疑，多加攻击；至清雍正帝时，乃不屑以天子之尊，与释子笔战，著《拣魔辨异录》，力辟法藏门人弘忍之说。复特下明谕，将法藏及其弟子弘忍所著语录各书，尽行毁板；僧徒不许私自收藏。法藏派下所有徒众，著直省督抚详细查明，尽削去支派，永不许复入祖庭。谕到之日，天下祖庭，系法藏子孙开堂者，即撤钟板，不许说法；地方官即择天童下别支，承接方丈。此亦清初禅宗中之大事；与当时儒家吕晚村等所遭文字狱相类；而《拣魔辨异录》之书名，尤与《大义觉迷录》相映成趣。三峰派受此打击，遂盛极而衰，殆不能复振矣。

太平天国乱后，临济宗式微已甚；惟磬山圆修一派之子孙，尚绵延不绝；今镇江之金山，扬州之高旻，常州之天宁，与天目之禅源，皆能整肃门庭，接引学者；皆磬山之法嗣也。至天童子孙，惟宁波之天童寺本庙，尚称兴盛。兹分述如下：

金山之江天寺，建置甚古；或云始于东晋；或云始于梁；要之为古来有名之道场；克勤佛果，亦曾居之。清初移住金山者，为磬山圆修之弟子通问；通问，字箬庵；吴江俞氏子。幼失恃，多病；年十六，始自惊曰：“奈何使身心无所措之地哉！”走谒磬山圆修；修教看父母未生前本来面目。二十四岁，投南涧法雨大师出家。决计参方；闻圆悟和尚在北禅，腰包入吴中，得蒙垂示。复上磬山；五更，闻得一阵风声，疑情顿释；目前净裸裸地，了无一法当情；遂悟道。初住杭州南涧理安；后移住金山，大振宗风；复还磬山。顺治乙未十二年夏，磬山解制后；将方丈所有道具，手书分送诸方；乃杖锡出游；至武康报恩扫塔；晤玉林琇禅师，备托法门大事；预定逝期；九月，行至吴江，寓应天寺；如期坐逝。弟子迎龛，塔于南涧。有《语录》十卷、《续灯存稿》十二卷，行世。嗣法者十四人。兹示金山略系于下：

箬庵通问——铁舟行海——法乳超乐——量闻明诠——月潭明达——大晓实彻——天涛际云——六益了谦——沧海达慧——不空悟圆——正一悟明——志学悟通——广慈真济——道华清登——月溪显谛——观心显慧——大定密源——常净密传——性莲密法——隐儒密藏

以上诸师：自行海至悟明，皆有《语录》行世；最著名为行海、实彻、显慧、大定诸人。

行海，字铁舟；歙县蒋氏子。三岁失怙；父远出；依兄嫂，思念父母成疾；兄携往忠灵院祈佑；海见像教端严，欣然忘返；后得法于箬庵通问。问还磬山，继主金山法席。示寂于康熙二十八年癸亥，年七十有五。著有《金山志》。

实彻，字大晓；崇明陈氏子。出家后，入终南山；住石洞中，涧饮木食数年；一夕，立洞外；天无星月，云雾晦冥；忽见电光一烁，忽然大悟；乃述偈曰："奇哉奇哉甚奇哉，闪电光中正眼开；明暗两条生灭路，谁知无去亦无来。"即出山，参月潭和尚，得蒙印可；主金山法席。后迁天宁。乾隆二十二年，帝南巡，赐紫衣杯杖等。是年示寂，年七十有三。

显慧，字观心；丹徒孙氏子。受具于浙江海潮寺；刻志修禅；依扬州高旻天慧禅师，参叩有省。后回金山，得法于道华；继主法席。遇太平天国之乱，寺毁于兵火，仅结茅为禅堂。慧为人真实，主席十载；曾国藩器重之，为之重建江天寺；亲撰碑记；金山之得以重兴，慧之力也。同治十三年，甲戌沐浴更衣，趺坐入寂。年六十有五。

大定，字密源；湖北黄陂邓氏子。天性纯厚；幼茹斋，有出世志。父母殁，诣随州仁圣寺出家；为沙弥时，即精进勇猛，胁不沾席。遭太平天国之乱，流徙无定居；乃遍参诸方；先入蜀；继至终南、五台、九华、普陀、扬州之高旻、常州之天宁；最后至金山，谒观心禅师，参究有省。观寂后，主法席。性恬淡，居二年，即退院；仍领众禅诵不倦。虽老不假给侍，躬自缝浣。室中惟一禅床，每入定，必令人反锁其门，一定数日。年八旬时，开寿戒；登坛乞戒者五百余人，极一时之盛。光绪三十二年丙午秋，示疾；五鼓起，端坐至日午入寂。年八十有三。

近有融通禅师，法门之后劲也。师名印彻。江苏无锡吕氏子。少失怙恃，依舅氏读书。年二十六，投邑中嵩山寺出家。后受具于上海龙华寺。遍参名宿。住金山藏经楼，阅经三载。闻赤山法忍禅师名，随至赤山，一心参究，有省。仍返金山。隐儒和尚，付以心印。遂职首座，继主法席。未久，即退居。授其弟子惟一。师仍在禅堂领众焚修。先后主禅堂二十余年，精进如一日。缁素闻风向慕。民国十七年戊辰十一月十七日，略示微疾。于二十三日入寂。寿六十有三。塔于镇江东郊五峰山之阳。

高旻寺由天慧重兴。慧名实彻。自磬山修传玉林琇；琇传栖云岳；岳传南谷颖；颖传灵鹫诚；诚传天慧彻；彻于灵鹫诚座下，发明大事；行脚三十年有声。会雍正帝访玉林国师法裔；奉诏入禁庭，奏对称旨；蒙赐紫衣。雍正十二年，帝命住磬山圣月寺。十三年，复命移住高旻寺。由是高旻法席极盛，至今绵延不绝。彻著有《语录》四卷行世。兹示高旻略系于下：

天慧实彻——了凡际圣——昭月了贞——宝林达珍——如鉴达澄——

方聚悟成——道源真仁——德慈□[1]演——朗辉事□——月朗全□——楚禅全振

以上诸师：自了凡至德慈，皆有语录。著名者，为际圣、了贞、达珍诸人。

际圣，字了凡；浙江海宁薛氏子。出家后，与居士张世空同参诸方；坐石头城上，遇游侠三四人，以铁棒打圣曰："好和尚不打坐，打坐不是好和尚。"圣闻之，觉有所悟。后参天慧彻；一日，睹露柱，便知情与无情，悉皆成佛；即呈所得；彻云："子大事了毕。"遂付衣拂。乾隆二十一年丙子示寂，年五十有七。

昭月，字了贞；徐州沛县余氏子。自幼出家；尝诵《法华》《金刚》致疑；奋志参方，谒高旻了凡圣，参究有省；圣曰："谁教你坐在者里；悬崖撒手，自肯承当；绝后更苏，欺君不得。"月豁然开悟；从兹日穷玄奥。后主法席三十余年；规约严明，不妄许可。乾隆五十年乙巳示寂，年五十有七。

达珍，字宝林；移住天台山国清寺；重兴禅宗，道法大振。著有《正源略集》十六卷；《补遗》一卷。

近有法一禅师，亦高旻之宗匠也。法一曾参赤山法忍长老，在高旻当首座。后住江浦狮子岭数年，建立道场；远近人士，仰若神明。现年已八十余；住持上海徐家汇之安国寺，道风颇振。

常州之天宁寺，本由宝华山香雪律师，弘扬律宗。自金山大晓实彻于乾隆年间，移住于此，始改为禅宗。古刹重兴；规矩整肃，至今犹能与金山、高旻并称。维持临济宗之法脉；殆非无故也。兹略示其系统于下：

大晓实彻——纳川际海——净德了月——恒赞达如——雪岩悟洁——普能真嵩——定念真禅——青光清宗——冶开清镕

1 原书此处即为方框，表示缺字，下同。

以上诸师：著名者为达如、真嵩、真禅、清镕诸人；达如著《语录》十卷；辑《佛祖心髓》十卷；真嵩著《弥陀易解》一卷；真禅著《语录》一卷。

清镕，字冶开；俗姓许；江苏江都人。十一岁出家。十三岁，依仪征天宁寺师祖莲安和尚。二十岁后，至常州天宁寺，参定念和尚，有省；道心坚固，惺寂自在，遂付法焉。嗣后行脚参方，遍历普陀、九华、五台、终南、峨眉。三十四岁之冬，住终南茅蓬；忽梦师祖莲安和尚有病；拟过冬，至春南归；第二夕复梦，若至春，则祖孙不得相见；乃即荷一担下山，不分昼夜，行四十八天，到仪征谒师祖；终南至仪征，相距数千里，其行走之神速，在清镕自己，亦不知其所以然也。清镕道高行洁，闻风而发心之居士甚众；既为众所信仰，故到处兴复殿宇，不期而款集；如常州天宁之大殿、禅堂，太平寺之文笔峰宝塔，杭州灵隐寺之大殿，上海玉佛寺之念佛堂，皆清镕所兴修。其于慈善赈济事业，尤为尽力；年六十七岁时，值北五省旱灾，犹亲自北上，至灾区放赈。民国九年庚申，得中风症；自后专诵《华严》，每日四卷，以为常课；至十一年冬，诵毕《华严》；预示逝期；于十月二十日入寂。年七十有一。

西天目山之禅源寺，本为元代高峰大师（原妙）之弟子中峰国师（明本）之道场；明末衰废；清代玉林国师重兴之；建立规模与金山、高旻、天宁齐名；而称师子正宗派；盖因高峰手创师子正宗禅寺，在西天目半山之狮子岩也。玉林国师，则就西天目山麓之双清庄，改建丛林；雍正十一年，赐名禅源寺。太平天国之乱，殿宇十毁八九；同治以后，常州天宁寺清宗禅师续兴之，渐复旧观；至今宗风未替。兹示其略系于下：

玉林琇——美发淳——晦石琦——淡如永——玉辉真——定慧知——

广福清——能和果——智长云——见空圆——来悟明——灵慧德

└真静珠　└归元霖

宁波天童山之弘法禅寺，自明末密云圆悟和尚重兴后，门下人才众多，俱出主诸方名刹；由是天童法雨，遍于宇内。圆悟寂后，弟子木陈道忞、费隐通容，互主法席。继续道忞先后主天童法席者，为其弟子本皙与本昼二人本皙虽膺顺治帝之命，留京主隆安寺，然未久归迁山。本昼初嗣平阳法席，晚年乃主天童。本昼受道忞之付，开悟之后，喜为文词；书法得晋人风致；黄宗羲盛称其《直木堂诗集》，谓“入王孟之室”。然以禅门宗匠，而慕世间文学，宗风稍稍替矣。厥后嗣天童者多皙、昼二家后人，袭其祖风，大概能诗者居多。及太平天国之役，寺宇全毁；金山之净心法师，始重兴之。然晚近天童住持敬安和尚，犹以诗名海内，著《八指头陀诗集》行世；盖尚沿本昼之遗风也。

近世临济宗；如天台之国清寺，则高旻达珍禅师，于嘉庆时重兴之；杭州之海潮寺，则金山悟圆禅师，于嘉庆时重兴之；后毁于兵；其法裔普照和尚，重行修复；照之徒智能助之；设分院于上海，即留云寺也。太平天国乱后，各寺皆毁，间有兴复者：如南京赤山般若寺，则金山法忍和尚，于光绪年间所创兴；宁波天童寺，则金山净心班首重兴之：宜兴显亲寺，则金山仁智首座，于光绪年间创兴之；浙江西天目狮子正宗寺，则天宁寺清宗禅师续兴之；最近南京狮子岭，则高旻法一首座所重兴；江西云居山，则金山久参后堂所重兴；是可见近世各方之丛林，大抵皆临济宗；而又皆自金山、高旻、天宁三派所流演也。

法忍禅师，讳本心，直隶蔚州郭氏子。童年好道，投本州朝阳寺出家。同治十一年，南至金山，参观心慧和尚，蒙印可；后任西堂之职。既而与清镕、密融，同往终南山，结茅修禅。清镕归主天宁；密融归主磬山；法忍则重兴句容、赤山之般若寺。其在赤山也，领众耕作，俨如百丈一日不作一日不食。尝示众云：“诸方浩浩，说禅说教；赤山只抬石锄土；设有问西来意，便与锄一柄觅生活。”然每于禅余，为众解大乘要义，透彻骨髓；诱掖后进，谆谆不倦；务使人人因指见月，得意忘诠而后已。光绪三十一年秋，于本山讲《观楞伽笔记》。未几，示疾。乃辞众曰：“吾化缘已毕，将长行矣；汝等各宜惟道自爱。”有弟子问师：“此去依止何地？”师曰：“一切无依，惟依般若。”遂于十月十六日，右胁吉祥而逝。寿六十有四。法忍当年，道风远被；除僧众外，居士之皈依，及住山参学者亦不少。太平天国乱后。宗门下之高僧，法忍盖称最焉。

密融，字微军，广东揭阳蔡氏子。幼孤；稍长，读书外塾。偶于门首遇断臂僧，因闻佛法；便超然有出尘志。弱冠，母殁，营葬毕；入山寻断臂僧落发。居月余，堂从兄弟十余辈，访至；敦迫令归；谓已订婚，何可出家。佯诺之，乘夜遁去。入闽之黄柏山。辛苦励行，年余，受具戒。慕江南金山道风，辞师参访。披一衲，科头赤足，徒步行乞；几一年，达江天寺。主僧令随众入堂，看念佛是谁；不入，遂病；病三阅月，屡濒于危。一日昏愦中；忽闻榻前两禅和，互举话头，不觉痛哭；曰：“倘吾从此死者，岂非虚有此行哉？”匍匐叩维那，请入堂。慰之令退，伏不起。主僧怜之，许令方便随众。震威一喝，咄：“父母未生以前，如何是尔本来面目？”融忽若有省。屡入室，呈所见，皆捧出。由是疑情耿耿，双目炯然；不与之食不知食；不推之卧不知卧；行步触壁不知痛；木木如陈死人。如是者久之；一日，豁然洞然，如净琉璃；内外身心，不隔纤尘。堂中诸师，更复鞭策提撕，不容停着。时则夙疾顿瘳；言谈举止，若另一人。读诵经藏，恍同夙契。任禅堂要职数年，或他出参方，仍归任原职；因大众翕服故也。后与赤山忍、天宁镕等八人，入终南山坐禅。及镕南归主天宁，邀融同返主磬山。嗣又主杭之海潮。去而入紫阳山中，结茅养道；蓬蒿弥望，蛇虺出没，人迹鲜至。有陆绅者，偶误道入山，见而敬之；为之辟草莱，平道路，筑庵五六间，名曰常寂光兰若；四事供养，静居九年。初融与上海留云寺有夙约；至是，坚请住持，不得已，许之。职满，僧俗不舍，留而暂居。诸山延请，皆不赴。既不领众，每日礼诵坐禅外，即念观世音菩萨；看《起信论》，以三四日看一遍为恒课；亦时为僧俗讲之；曰："此入道初门，亦究竟了义，可谓彻始彻终者也。"性宽和，无疾言遽色。至于教导学人，则壁立千仞，绝不容情。其教人也；或单提向上；或劝生净土；或演畅经教；或敷陈因果；对机而说，不限一格。以故四众之景仰者，踊跃奔趋，惟恐失之。融尝立愿，劝十万人念佛，同生极乐；凡发心者，令对佛前，书明每日念佛若干声，永永不退；融为之作证；约十余载，便满其数。民国八年，赴粤宏法；因入南华礼六祖大师肉身而归。徇众弟子意，住常寂光。十年春，撄病；久不愈。四月十五日，入寂。先一日，谓侍者曰："汝辈好住，吾将去矣。"将入寂，端坐绳床；召僧俗弟子至前；曰："修道即是报恩；自能了生死，始能教人了生死也；汝等勉旃。"乃吉祥卧；令大众念佛，自亦同念。须臾，朗笑一声而逝。寿六十有八。

北京龙泉寺之清一禅师，亦最近临济宗之高僧也。清一，名古念；俗姓舒；湖北钟祥县人。幼时家贫，佣作养母。弱冠，父母俱逝；遂为僧。后行脚至天目；遇广福禅师，留心参究，寝食俱废，如是六十日，未能有悟；一日，宴坐，闻击香板声；身心豁然，执念顿销；五官百骸，如土委地；乃慨然曰："古称见月忘指，觉照大千而无生死者，非虚语也。"起而证之师；遂蒙印可。于是远游金山、九华，结茅五台六年；后游京师，居龙泉寺；遍览《大藏》经典，道闻日高，请益者日众；清一对机说法；王公舆台，一以无心应之。晚年，居广济寺，僧俗皈依者千余人；京师佛法，由是大振。民国五年之冬，广济寺建水陆道场；清一既示疾；犹登座说法，语如泉涌，显示生平不言之旨；道场既毕；即于质明，端坐而逝。寿七十有四。有所辑《宗镜捷要》四卷行世。

清一本临济宗；其居五台时，有福建鼓山耀灵禅师者，远来五台；与清一语，有如夙契；因脱衲衣赠清一，珍重言别。一著之经年；忽于衣之裂缝中露一纸，具载曹洞宗法脉，应相传授。清一知耀灵悲曹洞宗无人，不远千里，密为付嘱；故兼荷两宗云。

（乙）曹洞宗

近世曹洞宗：惟宗镜门下之云门圆澄、寿昌慧经二支，略可考见。今依次述之：

云门圆澄之嗣法弟子七人：其中百丈明雪，雪传破暗净灯；灯三主焦山法席；传古樵智先，始改披剃子孙制，为十方传贤制；焦山于是为丛林；近代焦山曹洞宗之振兴，实先之力也。

智先，字古樵；仪征张氏子。年十一，投焦山松寥阁出家，依破暗灯；阅无梦无想主人在什么处公案，疑甚，行坐不安；忽一日，登山，失足倾仆，豁然大彻。灯命充监院，后继主法席。住山四十年，百废具举；僧至者如归。兹略示焦山系统于下：

古樵智先——鉴堂德镜——硕庵行载——敏修福毅——碧岩祥洁——济舟澄洮——澹宁清镜——巨超清恒——秋屏觉灯——性源觉诠——墨溪海荫——月辉了禅——流长悟春——芥航大须——云帆昌道

以上诸师：著名者为福毅、澄洮、了禅、大须诸人。

福毅，字敏修；武昌李氏子。年十五，祝发汉阳归元寺，受具。志慕宗乘，至焦山参硕庵。命看无字话；十余年无所入；大病几死；忽猛省曰："狗子佛性无，乾坤一火炉；拟议刚半步，彻底尽焦枯。"呈诸硕庵，得蒙印可。后主焦山。乾隆二年，值镇江大旱，至扬州募米三万余石赈之。年八十五，无疾而化。

澄洮，字济舟；武昌梁氏子。受具于归元寺。杖锡游方，遍历吴楚名山；参碧岩三年；一日，闻江涛声，忽然省悟。后继法席；专以本分事接人。乾隆帝两次南巡；奏对称旨，宠锡有加。乾隆五十五年庚戌秋，某日晨起，沐浴更衣；对众说偈；翌日而逝。寿六十有六。

了禅，字月辉；盱眙雷氏子。咸丰癸丑，太平天国兵，焚金山、北固，率众至焦山。了禅与其徒悟春，死守不去；往敌营陈说利害，竟得免焚烧。自太平兵至，江南诸刹，无一存者；独焦山获免，了禅之力也。

大须，字芥航；盐城儒家蔡氏子。年十二，出家；至焦山，为月辉所器重，嘱悟春付以法。咸丰辛酉，主定慧寺；值太平之乱初平，常住屡空，禅堂与各庵多违言；大须开诚布公以处之，乃大和睦。专以焚修文字两途，诱掖后进；创说戒法，兼宏净土，不为高远，使人由浅入深；各丛林皆相仿效；焦山法席，于是重振。入寂于光绪十五年己丑之夏，年五十有六。

与明雪同门之化山明盂；传慈云佷亭净挺。净挺，钱塘徐氏子；参盂和尚，一语洞明大法。康熙年间，住嘉善慈云寺，传洞山之正脉；宗说兼通，敲唱双举。著有《阅经十二种》：曰《华严经颂》《梵网戒光》《楞伽心印》《维摩饶舌》《圆觉连珠》《楞严问答》《药师灯焰》《弥陀舌相》《金刚三昧》《心经句义》《法华悬谈》《涅槃末后句》。

寿昌慧经之弟子四人：最著者为博山元来、鼓山元贤二派；在清初均盛极一时。今分述之：

博山元来，名大舣，字无异，舒城人。其道大振于明末；吴越江闽之间，学士大夫，礼足求戒者，先后不下数万人；曾至桐城金陵，迎者塞途。入寂时未有分明传法之人；然其首座瀛山智訚，则弟子之著名者，与智訚同门者，有福州长庆宗宝独禅师；传庐山归宗天然函昰禅师；罡为番禺曾氏子；康熙年间人。著有《楞伽心印》八卷、《楞严经直指》十卷。嗣法门人有今释、今辩，为博山第四世；以后则不可考矣。此外尚有罗峰大师弘丽者，亦博山嗣孙。康熙年间，开法于岭南日新山；乃洞宗之佼佼者。有《法语》行世；晚年著《圆觉经句释正白》六卷；居士王应华为之叙云："打翻圭峰窠臼，阐扬洞上宗风。"可以见其概矣。兹示博山略系如下：

- 博山元来
  - 瀛山智訚
  - 嵩乳道密
    - 洪福灵焰烛——洪福隐知闻
    - 檀度南庵依——檀度天根本
  - 长庆宗宝独
    - 归宗天然函昰——海幢阿字无
      海幢云庵云
    - 龙泉剩人可
  - 独峰道严

鼓山一派，宗风之盛；比于博山，有过之无不及。元贤、道霈，两代媲美；曹洞宗之大振于清初，皆此师资之力也。

元贤，字永觉；建阳蔡氏子。幼习儒；年二十，为邑名诸生；嗜周程张朱之学；读书山寺，闻诵《法华偈》；即知周孔外，别有此一大事。往参寿昌经；参究有得；年四十，裂青衿出家。一日，与寿昌问答，身心豁然，如开千重锁相似；自此彻见玄奥。寿昌遂传以法。住鼓山三十年，道望孤高，曹洞纲宗，于焉大振；座下常数百众，皆勉以真参实悟；问道受戒者数万人。入寂于顺治丁酉十四年，寿八十。著有《寱言》《补灯录》《继灯录》《禅余内外集》，共八十余卷；更有《楞严经疏》《金刚经疏》《心经指掌》《四分约义》《律学发轫》《弘释录》等书。

道霈，字为霖，建安丁氏子。年十四，出家；十八参方，历诸讲肆。后参鼓山贤，看庭前柏树子，三年无所入。辞别出游两浙。复归鼓山，充维那；一日，与师问答，被呵出，一夜不安；至四鼓，卷帘出门，忽然大彻；自此商榷玄奥，无不吻合。贤年八十，付属大法；寂后遂继其席。住鼓山二十余年，海内瞻依，以为东南一大法窟。著有《拂语录》《餐香录》《圣箭堂述古》诸书行世。

道霈于经疏，著述甚富。昔智者大师有《仁王般若经疏》，安史之乱，佚失；宋初，四明祖师多方求之，勿获；数百载至元丰初，有海客自日本携归中国；霈以经疏各行，艰于寻对；因取天台旧疏合之，而订其错误，辑《仁王般若经合疏》三卷。又于七十岁时，纂《华严疏论要语》一百二十卷。年将八十，复著《法华经文句纂要》七卷。其自叙中，推尊天台大师，自称私淑比丘；有云“少年行脚，尝历讲肆；于台贤性相之旨，得其纲领；后入禅专事参究，而诸教乘束之高阁；又十载罢参后，再取当年所习教法读之，方知原是自家祖翁田地；自是复加钻研，首事《华严》，次事《法华》”云云。可知道霈于教乘则出入台贤两宗者也。又著有《般若波罗蜜多心经请益记》一卷；《四十二章经指南》《佛遗教经指南》《沩山警策指南》各一卷。兹示鼓山略系于下：

永觉元贤——为霖道霈——惟静道安——恒涛大心——圆玉兴五——象失法印——淡然法文——常敏法濬——遍照兴隆

鼓山自为霖、恒涛盛极之后，渐见衰替。迨遍照时，又得重兴，百废具举；旧日规模，完全恢复；此乾隆年间事也。太平天国乱后，则一蹶不振矣。

最近有古月禅师，住鼓山；颇多灵异：其系统虽不可考，殆洞宗之后劲也。古月，字圆朗；闽侯县朱氏子。年十八持斋；二十岁后，往鼓山出家；留心参究，得悟心要。习静于灵峤岩，夜间他僧恒见岩上放光如白昼；岩有巨蛇猛虎，均为古月降伏；为人治病，辄愈。闽中士大夫，多来参谒；缁白皈依者，无虑数千人；鼓山由是复臻隆盛，开设道场，与金山、高旻同规；兼修净土法门。古月晚年，或住崇福寺，或住涌泉寺，或隐岩洞，结茅而居，种茹以食；踪迹隐显不定。于民国八年己未七月，预言逝期；届时沐浴焚香，念佛坐脱。寿七十有七。

（三）华严宗

华严宗至明末，虽尚有学者；然式微已甚。迨清初有柏亭大师出，为此宗之巨擘。是时华严典籍，多已散佚；大师搜考之博，撰述之富，其功不在五祖下焉。

大师，名续法，后名成法，字柏亭，别号灌顶，俗姓沈；仁和亭溪人。父讳相，母张氏。清顺治三年，师方六岁；遇水不溺，贼斫不伤。九岁，礼杭城慈云寺明源和尚为师；朝暮课诵大小经忏；兼通四书、《诗》《易》。十六，剃染；十九，具戒。平居尝论天台、贤首之异同，折衷于明源。源曰："汝当审二派之所以异，而毋滥狃其所以同；能审其所由异，自辩其所由同，而并参其非同非异者而证悟焉；则功圆俄顷，见佛于尘毛矣；何彼此纷歧之异执也。"于是师豁然顿悟。益精研《楞严》《梵网》《圆觉》《般若》《华严》《法华》诸经；《四分律》《起信论》等；昼夜无倦容；不唯一家教观，朗然洞晓；即诸宗歧途，亦深入融会。凡登讲座，听者云集；应四方之请无虚岁；所至不一地；所演说者亦非一经。一衲十年；一履三载；虽至年老，手不停披；春秋五十，注释已六百余卷；于雍正六年四月朔，示寂于天竺山之慈云寺。寿八十有八。传法弟子有二十余人；最著四人：培丰、慈裔、正中、天怀。大师注释经典甚多；兹列其重要者如下：

《华严别行经圆谈疏钞记》十二卷

《楞严经序释圆谈疏》二十五卷

《贤首五教仪》六卷

《五教仪开蒙》一卷

《贤首五教断证图》一卷

《贤首五教仪科注》四十八卷

《法界颂释》一卷
《法界观镜纂注》二卷
《法界宗莲花章》一卷
《华严镜灯草》一卷
《五祖略记》一卷
《楞伽记》三十八卷
《楞伽悬谈》十卷
《大乘起信论疏记会阅》十卷
《起信论摘要》二卷
《药师经疏钞》六卷
《观音疏钞》八卷
《金刚经直解》五卷
《法相图录》一卷
《四十二章经疏钞》五卷
《观经直指疏》十卷
《兰盆会纂》八卷
《瑜伽施食经疏》十卷
《观音疏》一卷
《弥陀略注》一卷
《如意咒经略疏》二卷
《心经二解》一卷
《尊胜经疏》一卷
《势至疏钞》一卷
《像想章疏》一卷
《八大人觉经解》一卷

《遗教经疏》四卷

《大悲咒释》一卷

《准提咒释》一卷

《佛祖纲宗》四卷

《贤宗十要》二卷

《持验因果记》一卷

《念佛异征记》一卷

《乐邦净土咏》一卷

《醒世善言》一卷

《西资归戒仪》一卷

《瑜伽归戒仪》一卷

《系念仪》一卷

《放生仪》一卷

《焰口仪》一卷

《焰口摘释》一卷

此外如《法华圆谈科注》《万佛忏》《弥陀忏》《七佛药师忏》《改订观音忏》《仁皇忏》《金刚开蒙注》《开道注》《开悟注》《上竺志》《慈云志》《仁寿志》《楞严志》，著述尚多；更有《华严宗佛祖传》十四卷，甫经脱稿，未及付梓，而师猝然坐化。

自柏亭大师研考《藏经》，于华严宗之源流始末，辨析异同，此宗系统，始厘然分明。兹略示于下：

法顺（初祖）初名杜顺，号帝心和尚——智俨（二祖）别号云华和尚——法藏（三祖）贤首国师——澄观（四祖）清凉国师——宗密（五祖）圭峰大师——彻微——海印——法灯——长水——伯长——中和——佛智——玉峰——性宗——竹坡——洁庵——珍林——聚英——春谷——一云——古峰——止翁——达庵——鲁山——遍融——袾宏莲池大师——

明理——太真——明源——续法——培丰
　　　　　　　　　　　　　——慈裔
　　　　　　　　　　　　　——正中
　　　　　　　　　　　　　——天怀

清初华严宗中，尚有著名者数人，特不能详其系统；如金台传讲沙门大义，撰《法华经大成》十卷；自叙云：“初游吴越诸大禅师之门；后讨《华严悬谈》，考核十门五教；间尝留意《法华》；遍考诸注疏，融会诸说；间有管见，而是集渐成；惟吾宗顺祖立三观；云华开十门；贤首判五教；清凉疏之钞之，一乘圆极之理大备；推本穷源，深有望于后之学贤宗者。”大义又号半翁法师；康熙年间人也。又云中来舟，号广度法师；主京师旃檀寺，自称贤首二十八世；三十余年，未尝辍讲席。尝以《本生心地观经》，自唐以来，未有疏解；因考证群经，融会诸论，准长水楞严义例，积三年之功，著成《疏解》八卷；于康熙三十五年丙子成书。更有拈花寺达天和尚通理，著述甚多：先注《法华经指掌疏》七卷；始于雍正二年；中间因事断续，凡二十余年，稿经三易，至乾隆十一年丙寅方脱稿。后住香界寺开讲《楞严》；颇嫌《楞严正脉》，前后次第，与清凉大相径庭，不合贤宗家法；因制《楞严经指掌疏》十卷；研精极思，始于乾隆三十年，至四十一年而成书。并著《金刚经新眼疏经偈合释》一卷、《圆觉经析义疏》四卷。

以上诸人：殆皆弘华严教于北方。至南方则有雪浪法师之门人巢松、一雨，盛唱于三吴；蕴璞大振于金陵；昧智独揭于江西；心光宣扬于淮北；可谓盛极一时。西蜀沙门佛闲者，雪浪之第三世也；复力弘教乘，时称贤首中兴；受业者指不胜屈。闲讲《法华》，曾抚卷三叹；创立科文，成《法华经科拾》七卷；其弟子知一继述其旨，名曰《拾遗》；俾贤首一源，滴滴真乳；复如日再中；其功不小也。复有中峰读彻苍雪法师，号南来：滇南人；标贤首宗于吴西山支硎之间；入寂于顺治丙申十三年。此皆清初南方传华严教义者之略可考见者也。

然华严宗虽中兴于清初，而不久复衰。至清末石埭杨文会仁山出；贤首之著述，经其一再搜求于日本，十得五六，为之去伪存真，分别刊行；所辑《华严著述辑要》，大半皆中土久佚之本；晚岁，更得二祖之《搜玄记》，三祖之《探玄记》，乃手辑《贤首法集》一百数十卷，以《探玄记》冠其首；此记自宋元以来，无人得见之；今复归本国，于是贤宗一脉相传之经疏，至此复备。其于贤宗教理，亦复深造自得，于古义颇有发挥，推为晚近中兴华严宗之人，殆无愧也。

清光绪、宣统年间：有月霞法师者，亦以研究《华严》著闻。月霞原名显珠，曾参常州天宁寺冶开和尚为法嗣。俗姓胡，湖北黄冈县人。十九岁出家；参宗门向上事；历金山、高旻、天宁诸名刹。后至河南太白山，构一茅蓬，自种自食；一日，阅《维摩经》，入定两日；第三日，徒众启请，方觉。复至终南山，结茅安居；昼则开垦，夜则坐而不卧，如是三年，开成稻田二百亩。有人请师出山，参谒南京赤山法忍长老；既至，长老位以首座，令分座说法；由此留心教典：初究台宗，不能惬心；继研华严宗，于杜顺和尚之法界观，贤首清凉诸疏钞，均深有契悟；遂以“教宏贤首，禅继南京”，为大江南北人士所称许。月霞曾创办江苏、湖北各处僧教育会；又在南京办僧立师范学堂；民国光复时，毁于兵。月霞到处讲经说法，足迹远至日本、暹罗、仰光、锡兰；曾至印度，礼祇树给孤独园；跪诵《金刚经》一昼夜。晚年，在杭州海潮寺，创华严大学，讲《华严经》及《楞伽经》《起信论》等；三年圆满，移居常熟虞山兴福寺，续办华严大学；因积劳过甚，力不能支；率弟子十余人，遁迹西湖玉泉寺，习静养痾；日间耳闻弟子朗诵《华严》，夜间主伴入华严法界观；如是月余，习以为常。于民国六年冬月三十日入寂，寿六十岁。

（四）天台宗

天台宗自明季蕅益大师以后，一变而为灵峰派，兼开净土法门。然在清初，尚有宏传天台教观诸师；《宗统编年》顺治庚寅七年下有云："其时西溪、天竺古德内衡两法师，皆宏台宗教观，行业霭著。"惜未详载其事迹；乾隆年间，有性权法师，撰《天台四教仪注辅宏记》十卷；咸丰年间，有智诠法师，撰《玄签证释》十卷；皆台宗之大德；其与灵峰系统有关系与否？则不可考。在康熙年间，有灵乘、灵耀两师；其著述中，皆自称嗣兴天台教观第五世；考其渊源，则属灵峰无疑也。

灵乘，号运遐法师；著《地藏菩萨本愿经纶贯》及《科注》各一卷；自叙有"《地藏本愿经》，自唐以来无注疏；于病中注是经，凡成六卷；年逾耳顺，遂综《纶贯》而释题，仍辑《科注》以销句；显我佛之悲心，昭地藏之本愿，辅法门之阙典，慰后昆之孝思"云云。灵耀，号全彰法师；著有《四教仪集注节义》一卷；叙云："玉冈师之注四教仪文也；虽广集成言，而一气呵成；第随文解释之外，另出手眼，与诸家有异同处；义似未显；余从而科解之，名曰节义；盖惟解盘根错节，不事细碎科条也。"又著《摩诃止观贯义科》二卷；叙云："荆溪注三部，均提大义；而于辅行事实，尤为详晰；但于科章，殊鲜联贯；天溪老人立科讲授，文旨昭明，未成而逝；因于讲次，缀辑前闻，参以管见，成止观科上下卷；名曰《贯义》者，惟使止观义理，联贯昭明耳。"文中所云玉冈师天溪老人，殆灵耀之师欤？又著《金刚经部旨》二卷、《楞严观心定解》十卷；又以《药师经》向无注疏，著《药师经直解》一卷；又融会《盂兰盆经》新旧二疏，著《盂兰盆经析中疏》一卷；又著《法华经释签缘起序指明》

一卷；灵乘为之跋，称为“法弟全彰，作签序指明，深服其识见道力，远迈古人”云云。是知二人确系同门；考台宗自高明寺百松大师以下，传授法脉偈，有六十四字；其首四句云：“真传正受，灵岳心宗；一乘顿观，印定古今。”百松真觉，为重兴天台教观之第一世；传灯为第二世；蕅益为第三世法脉正字；其第五世为灵字；是可知灵乘、灵耀所以自称嗣兴天台教观第五世，实后灵峰二世，必系一脉无疑也。兹示灵峰下略系于下：

蕅益智旭——苍辉受晟——警修灵铭——履源岳宏——素莲心珠——道来宗乘——宏海一辅——智德乘勋——禅远顿永——观竺观义——所澄印鉴——迹端定融——谛闲古虚

谛闲法师，名古虚，号卓三；黄岩朱氏子。早岁从舅氏学医；以医病不能医命之理由，问舅氏，不能答；于是有出世志。二十二岁，母殁，即出家。圆具后，依敏祖听讲《法华》，未及终卷，已悟一心三观之旨。年二十八，即升座讲经。既而两度掩关，坚持禅观；出关则应各丛林之邀请；或讲《法华》，或讲《楞严》，或讲《弥陀》；自此四十八年，皆为法师宏扬教观之时，法席遍于南北，且远至哈尔滨，可谓盛矣。自同治大乱初平；法师之师及诸同门，即受江浙诸山延聘，岁岁宏经；至法师而益盛。闻法发心者，不可胜数。故六十余年来，关系佛教之振兴，其力殊伟。民国元年，法师住持宁波之观宗寺，兴废继绝，规模大具；寺中有禅堂，有念佛堂，有观宗讲舍；中分研究、宏法两部：研究部则造就讲师；宏法部则接引初机；至今法徒之分座四方者，不下数十人；可知法师虽秉台宗，而于教、禅、净三者，乃融会贯通，不立门户者也。民国四年及七年，法师两至北平；一度讲《楞严》，一度讲《圆觉》；缁素之听讲者，至座不能容；名公巨卿，多列席肃听。法师律己至严，每日诵《普贤行愿品》《金刚经》《圆觉经》《十六观经》以为常课，并念佛万遍。每逢朔望，加诵《梵网经》，终身未尝稍闲。民国二十一年八月三日，师预知时至，向西合掌，云佛来接引。唤侍者沐浴更衣，索楮笔写偈曰："我经念佛，净土现前，真实受用，愿各勉旃。"写毕，趺坐而逝。年七十五岁。

法师著有《楞严经序指味疏》（一卷）、《圆觉经讲义》（二卷）、《华严经普贤行愿品辑要疏》（一卷）、《金刚经新疏》（一卷）、《始终心要解》（一卷）、《观音普门品讲义》（一卷）、《二玄略本》（一卷）、《念佛三昧宝王论义疏》（一卷）、《观经疏钞演义》（一卷）、《水忏申义疏》（三卷）。

（五）净土宗

净土宗之持名念佛，自唐代善导提倡之后，既普被于一般社会；宋明以后，则无论禅、律、台、华各宗，皆兼修念佛法门；是则净土可谓诸宗融合之归宿处矣。近代各宗大德比丘之兼宏净土者，已见各宗之下，可以勿论；其专力阐扬净土者，亦指不胜屈；举其最著名者：清初则有省庵、梦东二师；清末则有古昆法师；最近则有印光法师；至于居士之精修净土者，如周梦颜、彭绍升、杨文会等，前章已述之；兹不复赘。

省庵法师，名实贤，字思齐；常熟时氏子。世业儒；师初生即不茹荤；总角时有出尘之志；十五岁出家；于经典过目不忘。二十四岁，圆具；严习毗尼，不离衣钵；日止一食；胁不帖席；率以为常。后谒绍昙法师，听讲《唯识》《楞严》《止观》，昼夜研穷，于三观十乘之旨，性相之学，无不通贯；昙师即授记莂，传灵峰四世天台正宗焉。既而禁足于真寂寺，日阅三藏梵策，夕课西方佛名；三年期满，每应各丛林之请，升座讲经；历十余载，江浙缁素；倾心归师。晚年，更屏绝诸缘，纯提净土；结长期，严规约；昼夜六时，互相策励；人皆谓永明再来也。乾隆五十八年癸丑佛成道日，谓弟子曰："我于明年甲寅四月十四日，当生净土。"自此掩关，昼夜课佛十万声；及期出关，嘱付院事；十二日，断饮食，敛目危坐；五更，具浴更衣；面西趺坐，合掌称佛名而寂。春秋四十有九。著《净土诗》一百八首、《西方发愿文注》一卷、《续往生传》一卷、《东海若解》一卷、《劝发菩提心文》一卷、《舍利涅槃诸忏》，并行于世。

梦东禅师，名际醒，字彻悟，一字讷堂，号梦东；京东丰润马氏子。幼而颖异，长喜读书，经史群籍，靡不淹贯。二十二岁，因大病，悟幻质无常，发出世志；病已，遂出家。历参诸名宿，预讲筵，于性相二宗，《法华》《楞严》《圆觉》《金刚》等；圆觉顿开，了无滞碍。既而参粹如纯禅师，明向上事；乃传其法，为临济宗三十六世；磬山修七世也。每忆永明大师，乃禅门宗匠；尚归心净土，日课十万弥陀，期生安养；遂主张莲宗；日限尺香晤客；过此，惟礼拜而已。嘉庆间，退居红螺山资福寺；本期习静终老，而衲子之追随者众，遂成丛林。如是十年；一日，集众付院务；诫弟子曰："念佛法门，三根普被，无机不收；吾数年来，与众苦心建此道场，本为接待方来，同修净业；凡吾所立规模，永宜遵守，不得改弦易辙；庶不负老僧与众一片苦心也。"于是示寂。手结弥陀印，安详而逝。时嘉庆十五年十二月也。寿七十。著有《念佛伽陀》一卷、《梦东禅师遗集》二卷一名《彻悟禅师语录》，内容略有异同。

观省庵、梦东二师：一则台宗嫡系；一则临济宗嫡裔；然皆以本宗兼修念佛，皆专力于净土法门，予后世以绝大之影响；诚有见于末世众生，根器浅薄，非净土不能当机也。至今海内丛林，以净土立宗历世规模勿失者，世人咸知红螺山资福寺；是则梦东禅师之遗泽，不其远欤！

道光时，红螺资福寺沙门达默，著《净土生无生论会集》一卷；自叙云："会集者，谓释题一科，皆出彻祖之笔；若不集之，恐失传也；论中著述，尽采台宗之意；若不会之，恐失详也；今会而集之，作斯名焉。"达默，盖梦东禅师之法孙也。

古昆，字玉峰，号恋西比丘；咸同年间人；自称幽溪传法后裔，极推崇幽溪之《生无生论》；笃志净土，故自愿嗣幽溪之法也。其病中发愿词云：“古昆于癸酉年三月初五日，身染重病，直至秋间。夜不安眠，口不开味；生死之事，未知如何；想我此生，别无所能；只有净土一门，极力相信；诚恐宿业深重，现生不能如愿；岂不孤负佛恩，枉被法服，虚消一切信心；供养佛袈裟下，失却人身，最堪痛惜；异方便中，不成道业，宁不悲伤；故于九月二十三日，在天台教观，启建四十九日七期；禁止言语，不敢放逸；每日早晨，敬燃臂香三炷，供养阿弥陀佛。”是可见其对于净土之恳切矣。著有《净土随学》二卷；《净土必求》《莲宗必读》《念佛要语》《念佛四大要诀》《净土自警录》《净土神珠》《西归行仪》《永明禅师念佛诀》《念佛开心颂》《上品资粮》，各一卷。

省元法师，山东蓬莱县人。俗姓贺氏，名宪章。慧而好学，考入邑庠，旋食饩。与友赴乡试，荐不售。友抑郁以殁，师为经纪其丧事，悟生死无常，遂有出世志。渡海至辽阳千山，依中会寺思禅师数年。又赴高丽访师。至营口，遇道士赵了梦，一见，即称师有仙骨。继复遇舒龙禅师，授以教外别传，乃回中会寺，皈依思公座下，剃度为僧。时年二十九岁也。既而诣天津海光寺法启和尚，受具足戒。闻房山县上房山境地幽胜，宜于修养，遂往山上兜率寺，住堂参学。比移云梯庵住静。日只中午稀饭一餐，搬柴运水，悉躬亲之。一日，正担水回庵间，忽忘身心，虚空粉碎，大地平沉，自此寂照真境，时复现前。后往昌平银山，居数年。来北平，住极乐、通明、广化、庆宁、嘉兴等寺，均未久。迨民国七年，孙静庵、周志甫两居士，请师住拈花寺，愿终身供养。师乃闭关三年，出关后，十方四众问法者踪相接，师皆随机开示，特注重念佛法门云：

文字般若，口头三昧，都是不中用的。惟自行住坐卧之中，单提一句阿弥陀佛，默默持念，不用出声，不可闭眼，只要字字分明，时时寂照，不疾不徐，勿忘勿助，无间无杂，密密绵绵，直至一心不乱，忽然离念，寂光真境，任运现前，那时正信不疑，决定发愿往生矣。

未几仍闭关，阅六年之久。于民国二十一年，旧历九月二十七日子时圆寂。临终三日前，预知时至，告人曰，老僧自有安闲法，八苦交加总不防。及往生时至，趺坐西望，念佛含笑而逝。逝后异香满室，大众叹为希有。师遗命弃骨东海，荼毗之日，五色舍利，多至千数粒云。

印光法师，名圣量，别号常渐；陕西郃阳人，俗姓赵氏。少为儒生，有声庠序。年二十一，悟世相无常，出家圆光寺。由是遍参知识，叩向上事；淹通宗教，专力提倡净业；初驻红螺山；既而卓锡普陀法雨寺；一衲之外，身无长物；终岁居藏经楼，脱粟粝食，影不出山者二十年；二六时中，唯持弥陀名号。尝云："自量己力，非仗如来宏誓愿力，决难即生定出生死；从兹唯弥陀是念，唯净土是求；纵多年以来，滥厕讲席，历参禅匠，不过欲发明净土第一义谛，以作上品往生资粮而已；所恨色力衰弱，行难勇猛；而信愿坚固，非但世间禅讲诸师，不能稍移其操；即诸佛现身，令修余法，亦不肯舍此取彼，违背初心。"法师之推尊净土，于此可见。居普陀时，虽与世鲜通；然缁白闻名而求开示者日众；法师口宣笔答，凡所为文，字字从性海中流出，而仍无一语无来历。会高鹤年朝普陀，得师文稿数篇，刊于上海《佛学丛报》。浙西徐文蔚，复搜求师之文字，汇印成册，名《印光法师文钞》行世。于是读其文而向慕者益多；皈依弟子几遍海内。法师体貌魁梧，道风峻肃；与人语，直割肺腑；虽达官贵人，绝无假借。尤尽力于慈救事业；凡水旱赈济、监狱讲道、放生池、慈幼院等，往往经法师之提倡，即底于成。又以近代战祸不息，皆众生杀业太重，不明因果所致；刊送《安士全书》，以期挽回人心，多至数十万部。今年已六十余，精修不懈，方今修净业者，无不奉为准则焉。

（六）法相宗

法相宗极盛于唐；宋元以后渐衰，其情状无由得知。明代虽有明昱、智旭，颇事研究，著述亦富；然玄奘以后，窥基、慧沼、智周，一脉相传之论疏窥基之《成唯识论述记》《成唯识论枢要》，慧沼之《成唯识论了义灯》，智周之《成唯识论演秘》，经唐武宗焚毁，中土佚失数百年；明昱等未之见也；故明代唯识家之著述虽富，而不免讹舛。自杨文会创设金陵刻经处；此类论疏，均自日本取回，刊行流通；学者始得窥见玄奘本旨。法相宗之得以复兴，亦由于此。

法相宗依据六经（《楞伽》《阿毗达摩》《华严》《密严》《解深密》《菩萨藏》）、十一论（《瑜伽师地》《显扬圣教》《庄严》《辨中边》《五蕴》《杂集》《摄大乘》《百法明门》《二十唯识》《成唯识》《分别瑜伽》），文奥义繁，近代沙门中研究者较少；居士等则以其科条严密，系统分明，切近科学，故研究者较多；最著者为南京之内学院，欧阳渐实主之；专研法相，不涉他宗；于玄奘以来学说，整理疏通，不遗余力；入院研究者甚多。渐著有《唯识抉择谈》《唯识讲义》行世。北京则有三时学会，韩德清实主之；曾开讲《成唯识论》，听者颇众。德清著有《唯识三十颂略解》《十义量》等书行世。此近代法相宗重兴之情状也。

（七）三论宗

三论一宗，宏传中土最早；故世谓达摩未来以前，此土通达性宗者，实由三论。迨嘉祥大师出，此宗之盛，遂达于极点；至唐代为玄奘之法相所掩，此宗乃衰；同时禅宗大行，而此般若性空之旨，当然为禅宗所并；于是三论一宗，名存实亡矣。

嘉祥有《中观论疏》《百论疏》《十二门论疏》，为研究三论者重要典籍；自唐武宗会昌法难后，此疏久佚；宋明以来学子，不得见此书者数百年；故三论奥义，亦几无人能晓。自杨文会创金陵刻经处；嘉祥三疏，亦得由日本取回，翻刻印行；由是般若第一义空之旨，得复明于今日。江西黎养正（端甫），于此宗研究颇深；惜早殁，遗著亦散失；近有钱塘张尔田刊行其《八不十门义释》（一卷），可窥见一斑。今之学人，亦有从而研究之者；或者三论一宗，有复兴之望欤。

（八）密宗

密教自唐以后即衰；宋代施护、法贤等，虽曾翻译密部经论；而未见有金刚阿阇黎，开坛传受；故志磐作《佛祖统纪》，即谓“唐末乱离，经疏销毁；今其法盛行于日本，而吾邦所谓瑜伽者，但存法事”云云。可见密教，在唐后即仅存瑜伽焰口，为民间作法事之用；而其宗久亡矣。

自元以后，喇嘛教入中土，极盛一时；及其末流，弊害滋多；明太祖洪武初元，遂敕令禁止传授密教；而于敕封喇嘛羁縻蒙藏之政策，则一依元代遗规；此时之来中国者，皆红教喇嘛也。清兵入关，其部落夙奉黄教喇嘛；卒借其宗教之力，绥定蒙藏，入主中夏；故利用喇嘛教以怀柔藩属，其政策亦因袭元明旧制；而设置喇嘛官属，额定俸给，则更加详备。喇嘛教对于朝廷，则因政策关系，未能宣扬教义，随处设坛传法；对于民间，则因喇嘛皆用西藏言文，不通汉语；传授教法，率皆限于蒙古及满族；汉人之为喇嘛者，其数不多；故喇嘛教之势力，能借朝廷之保护，称盛一时，而于民间之影响颇少。迨至近岁，有白普仁、多格西二喇嘛；道行愿力，为众所服。于是南北信士，发心研究藏文，学习教法者，乃逐渐增多。

有清之末，我国佛教徒，鉴于日本密教流传之盛，颇有重兴此宗愿望。杨文会之弟子，南昌桂念祖，首先赴日本留学，从云照、庆淳诸阿阇黎游，专求此法；不幸学未成而病殁。近年沙门中有显荫、大勇、持松先后赴日本高野山，留学数年，得传法灌顶以归。显荫以勉学过度，回国未久，殁于上海。大勇、持松二师，在长江各省，传授教法；从学者甚多。大勇又以日本密教，由中国惠果阿阇黎，传于弘法大师；而惠果又传自金刚智、善无畏，间接又间接；且在日本流传及千余年，中间不无迁变。而西藏喇嘛教，则由印度莲花生菩萨直接传接；于是决心入藏，先在北平创设藏文书院，招青年比丘，学习藏文。民国十四年，秋，率全院生徒数十人，自四川徒步赴西藏。藏人疑其有政治作用，阻之，遂止于川边之打箭炉。积诚所感，疑团旋释。十六年，春，拟赴拉萨，行至藏边甘孜地方，又为守边之英吏所阻；乃就甘孜札伽寺之大喇嘛，学习密宗，后得传阿阇黎法位。同行徒众，因水土不服，多所丧亡，迄今健存者只十余人。大勇亦以积劳成疾，于十八年八月十日，殁于札伽寺。年仅三十有七。

居士中则有广东潮州之王弘愿，曾邀日本权田雷斧，至潮州传授密教；弘愿又亲往日本丰山学习；又有四川之程宅安，亦往日本丰山学习；王、程二居士，均得传法灌顶，可以设坛授徒；从学者亦多。是则我国之密教，由沙门、居士两方之努力，重兴之机，盖不在远；倘能会通东密、藏密，使之发扬光大；则密教前途，殆未可量也。